웹 코딩 시작을 위한
맞춤 안내서

오늘부터
자바스크립트

웹 코딩 시작을 위한 맞춤 안내서

오늘부터 자바스크립트

지은이 곽문기, 하호진
펴낸이 정규도
펴낸곳 (주)다락원

초판 1쇄 발행 2021년 6월 28일

편집총괄 최운선
책임편집 박소영

디자인 스튜디오 헤이,덕
일러스트 윤수훈

다락원 경기도 파주시 문발로 211
내용문의: (02)736-2031 내선 275
구입문의: (02)736-2031 내선 250~252
Fax: (02)732-2037
출판등록 1977년 9월 16일 제406-2008-000007호

정가 23,000원

ISBN 978-89-277-4768-0 93000

http://www.darakwon.co.kr
다락원 홈페이지를 통해 인터넷 주문을 하시면 자세한 정보와 함께 다양한 혜택을 받으실
수 있습니다.

사진출처 www.shutterstock.com
www.w3counter.com
stackoverflow.com

웹 코딩 시작을 위한
맞춤 안내서

오늘부터
자바스크립트

곽문기 · 하호진 지음

다락원

4차 산업 혁명 시대의 필수 경쟁력인 사고력과 문제 해결 능력을 키우는 SW 교육!

4차 산업 혁명, 인공지능, 빅 데이터(Big Data), 사물 인터넷, 클라우드(Cloud)는 주변에서 흔하게 들리는 용어입니다. 혁명이라는 말까지 쓰면서 전에 없었던 어마어마한 변화가 일어나고 있다고 말합니다. 정보 통신 기술(ICT)의 발전은 그것들의 중심에 있습니다. 엄청난 속도와 크기로 정보를 생산하여 이들을 연결하는 과정에서 가치가 올라가고 이전에는 미처 알지 못했던 유용한 정보를 발견하고 있습니다.

4차 산업 혁명 시대에서 필수 경쟁력은 '컴퓨팅 사고력'과 '문제 해결 능력'입니다. 우리의 생활 속에 스며있는 ICT 기술을 잘 활용하기 위해서는 우리가 직접 컴퓨터가 되어 문제를 생각하고, 그 문제를 해결하는 방법을 찾아야 합니다.

창의적 문제 해결 과정은 미래를 살아갈 우리 학생들에게 중요한 능력이 될 것이며, 이러한 경쟁력을 효율적으로 갖추기 위해서는 SW(소프트웨어) 교육이 필요합니다.

널리 사용되고 시각적인 웹 프로그래밍 언어, 자바스크립트(JavaScript)

컴퓨터에 어떤 임무를 맡기기 위해서는 컴퓨터가 이해할 수 있는 언어로 명령을 입력해야 하는데, 이를 코딩(coding)이라고 합니다. 코딩을 처음 시작하는 학생들이 쉽게 배울 수 있도록 만들어진 교육용 프로그래밍 언어에는 '스크래치(scratch)'와 '엔트리(entry)'가 있습니다.

프로그램 구성이 익숙해지면, 다음 단계로 널리 사용되고 시각적으로 즐겁게 배울 수 있는 웹 프로그래밍인 자바스크립트(JavaScript)가 있습니다.

웹 페이지를 구성하는 HTML과 CSS에 활력을 불어넣는 자바스크립트는 브라우저와 코드를 만들 수 있는 간단한 편집기만 있으면 표현이 가능합니다. 또 복잡한 절차 없이 브라우저를 통해 코딩의 결과를 바로 확인할 수 있으며, 흥미롭고 다양한 표현이 가능합니다.

이 책은 총 4장으로 이루어져 있습니다.

'1장 도전! 웹 코딩'에서는 웹 페이지를 구성하는 HTML과 CSS 그리고 자바스크립트의 역할과 기능을 소개합니다.

'2장 자바스크립트와 친해지기 - 연산편'에서는 변수와 함수 그리고 조건문과 반복문 등 프로그래밍을 위한 약속과 규칙을 다양한 예제와 함께 살펴봅니다.

'3장 자바스크립트와 친해지기 - 웹 코딩편'에서는 HTML, CSS와 함께 브라우저에서 웹 페이지를 구성하는 시각적인 인터랙션을 구성하는 방법을 배웁니다.

마지막 '4장 자바스크립트로 게임 만들기'에서는 가위바위보 게임, 볼 바운스 게임 등 시각적이고 흥미로운 게임을 함께 만들어 봅니다.

처음 시작을 위한 책이라 쉽게 구성하였고, 뒷부분까지 잘 학습한다면 어느새 혼자서도 아이디어를 내어 재미있는 코드 구성을 할 수 있을 것으로 기대합니다.

책에서 사용한 예제와 이미지 등은 다락원 홈페이지(www.darakwon.co.kr)에서 다운로드하여 사용할 수 있습니다.

 Thanks To ....

이 책이 나오기까지 도움과 힘이 되어 주신 다락원 어린이 출판부의 최운선 부장님, 박소영 대리님 그리고 사랑하는 아내 김나정과 훌쩍 커버린 아들 동현이에게 고마움과 사랑을 전합니다.

이 책의 구성

이 책은 자바스크립트를 처음 학습하는 학생들도 쉽게 이해하고, 따라서 코드를 구성할 수 있도록 구성하였습니다. 본격적인 학습에 앞서 '비주얼 스튜디오 코드'와 '구글 크롬 브라우저'를 설치한 후 학습을 시작합니다. 예제 파일은 다락원 홈페이지(www.darakwon.co.kr) '학습자료'에서 다운로드할 수 있습니다.

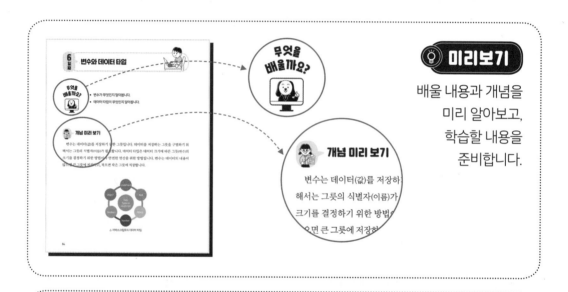

미리보기

배울 내용과 개념을 미리 알아보고, 학습할 내용을 준비합니다.

핵심 용어 한 번에 알아보기

이해하기 쉽도록 본문 학습과 관련된 코딩 용어를 표로 정리하여 제시하였습니다.

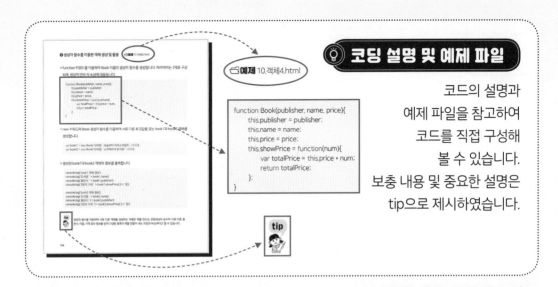

코딩 설명 및 예제 파일

코드의 설명과
예제 파일을 참고하여
코드를 직접 구성해
볼 수 있습니다.
보충 내용 및 중요한 설명은
tip으로 제시하였습니다.

연습 문제 도전하기

연습 문제를 풀어보며
앞에서 학습했던
코딩 내용을 복습하고
정리할 수 있습니다.

부록 🔍 연습 문제 풀이, HTML 태그, 핵심 정리 등 앞에서 학습한 내용을
한번에 정리해 볼 수 있도록 구성하였습니다.

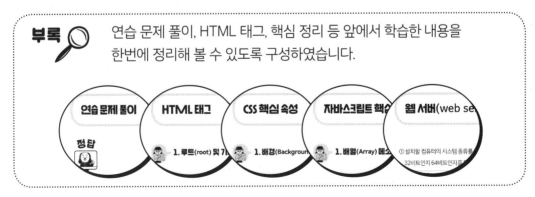

차례

1장

도전! 웹 코딩

1장 도전! 웹 코딩

저 물고기를 잡아야 해.

오빠 이겨라!

끄갸아ー!!

여러분 게임 속에 오신 걸 환영합니다. 여왕님께 모셔다 드리겠습니다. 따라오세요.

여러분들이 사는 세상에서 4차 산업 혁명, 인공 지능, 빅 데이터, 사물 인터넷, 클라우드 등은 흔한 말이 되었습니다. 스마트폰, 스마트 공장, 스마트 도시, 스마트 이동 기구 등 거의 모든 영역에서 스마트(Smart)라는 용어가 사용되고 있으며, 그 중심에 정보통신기술(ICT)의 발전이 있습니다.

저희가 어떻게 된 거죠?

여러분에게 도움을 청하기 위해서 웹 세상으로 불렀어요.

웹 세상에 안 좋은 일이 있나요?

디지털 리터러시 (Digital Literacy)와 문제 해결 능력이 부족한 악당들이 웹 세상을 공격하고 있어요.

자바스크립트를 통해 디지털 리터러시 (디지털 기술에 대한 이해와 활용 능력)와 문제를 해결하는 능력을 키워서 웹 세상을 행복하게 만들어 주세요.

네~

그렇구나.

코딩아! 너 왜 여기 있어?

여왕님이 불러서 먼저 와 있었어.

자바스크립트는 우리가 늘 사용하고 있는 브라우저 (Browser)에서 동작하는 프로그래밍 언어야. 흔히 홈페이지를 만드는 언어라고 알려진 HTML과 함께 사용하여 웹 페이지를 구성하고, 브라우저 화면에서 다양한 이벤트와 동작을 만들어 내는 역할을 해.

자바스크립트를 배우면 브라우저 화면을 통해 많은 것을 할 수 있어. 아! 자바스크립트를 배우려면 자바스크립트 맨을 찾아야 해.

오빠, 빨리 찾으러 가자!

좋았어!

왈! 왈!

자바스크립트 맨을 찾습니다

사례금 : 10,000,000원

왈! 왈!

그럼 모두 잘 다녀오세요. 돌아오려면 삼지창을 사용하세요.

자바스크립트 맨을 찾아서 꼭 성공하고 올게요!

무엇을 배울까요?

- 인터넷과 월드 와이드 웹(WWW)을 알아봅니다.
- 클라이언트(Client)와 서버(Server)의 차이를 살펴봅니다.
- 웹 표준(web standard)이 무엇인지 살펴봅니다.
- 도구(tools)가 무엇인지 살펴봅니다.
- 앞으로 다룰 에디터와 함께 자주 사용되는 코드 편집기들을 살펴봅니다.

1) 인터넷과 월드 와이드 웹(WWW)이란?

우리가 흔히 사용하는 인터넷(Internet)은 전 세계 컴퓨터를 연결하는 네트워크입니다. 유선이든 무선이든 TCP/IP라는 프로토콜을 사용하여 컴퓨터를 연결하는 물리적인 연결망으로, 도로나 철로와 같은 역할을 합니다.

프로토콜(Protocol)은 정보를 이쪽에서 저쪽으로 보내고 받기 위해 사용하는 약속입니다. 학교에서 선생님이나 친구를 만나면 보통 인사를 하는 것처럼, 컴퓨터와 같은 통신기기끼리 정보를 주고받을 때 사용하는 일련의 순서와 규칙 등을 의미합니다. 반면에 흔히 웹(Web)이라고도

△ 인터넷과 웹의 차이

표현하는 월드 와이드 웹(World Wide Web, WWW)은 문자, 이미지, 소리, 동영상 등의 콘텐츠(Contents)를 의미합니다. 도로나 철로로 사람이나 물건이 이동되는 것처럼 인터넷을 통해 콘텐츠가 전송됩니다. 이로 인해 우리는 브라우저로 다양한 콘텐츠를 즐길 수 있게 됩니다.

자동차와 기차가 물건을 싣고 다니는 것처럼 웹 페이지(web page)는 다양한 콘텐츠를 싣는 인터넷의 자동차나 기차라고 할 수 있습니다. 웹 페이지는 문자, 이미지, 소리, 동영상과 같은 콘텐츠를 멋지게 디자인하여 화면에 나타냅니다. 이 화면은 전자적 인쇄물로, 쉽게 말하면 책이나 잡지의 페이지와 같습니다.

△ 책 페이지

△ 웹 페이지

보통의 인쇄물은 인디자인(InDesign)이나 쿼크익스프레스(QuarkXPress)와 같은 특별한 편집 도구를 사용하거나 한컴 오피스(아래아한글), 워드(Word) 등과 같은 문서 편집기를 이용해서 만들고 종이로 출력하여 완성합니다. 반면에 웹 페이지는 HTML(Hypertext Markup Language)이라는 형식으로 구성하고 브라우저를 통해 화면에서 콘텐츠를 보고 즐길 수 있게 합니다. 보통 웹 페이지는 HTML 편집기로 구성합니다.

2) 클라이언트(Client)와 서버(Server)의 차이 살펴보기

 여러분은 매일매일 어떤 역할(role)을 하면서 지내고 있나요? 집에서의 역할과 학교에서의 역할 그리고 운동이나 게임을 할 때도 자기가 맡은 역할이 있을 것입니다.

 인터넷 세계에서는 클라이언트(Client)와 서버(Server)라는 두 가지의 역할이 있습니다. 클라이언트는 요청(request)하는 역할로, 브라우저의 주소창에 URL을 입력하고 Enter↵를 눌러 URL의 웹 페이지를 보내 달라고 요청합니다. 서버는 웹 페이지를 저장하고 있는 특별한 저장소입니다. 클라이언트의 요청에 대하여 해당 웹 페이지를 클라이언트의 브라우저로 보내주는 응답(response) 역할을 합니다.

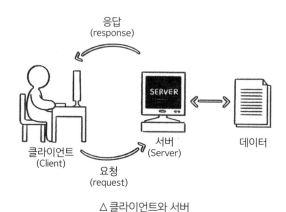

△ 클라이언트와 서버

 다음은 URL(Uniform Resource Locator)의 형식입니다. URL은 인터넷상에서 사용하는 웹 페이지나 콘텐츠 등 자원(리소스, resource)의 위치입니다. 브라우저의 주소창에 URL을 입력하면 원하는 웹 페이지를 요청할 수 있습니다. 우리가 살고 있는 집 주소처럼 URL은 웹 페이지가 저장된 서버와 그 서버 안의 위치를 나타내는 주소입니다.

http://site.com:81/path/page?a=1&b=2#hash

| 프로토콜 protocol | 호스트명 hostname | 포트 port | 경로 pathname | 검색 search | 해시 hash |

△ URL의 형식

URL의 형식은 아래와 같이 구분됩니다.

구분	설명
프로토콜(protocol)	인터넷의 웹 페이지를 전송하기 위해 사용하는 규칙과 약속
호스트명(hostname)	웹 페이지를 갖는 특정 서버의 이름 또는 식별자
포트(port)	서버를 구별하기 위한 번호. 웹 서버는 80번이나 기본값으로 보통 생략함
경로(pathname)	서버 내부의 웹 페이지가 있는 위치
검색(search)	동적 화면을 위한 변수 쌍. 보통 JSP, PHP 등 웹 프로그래밍에서 사용함
해시(hash)	웹 페이지 내에서 특정한 위치의 이름 또는 식별자

3) 웹 표준(web standard)이란?

　웹 페이지를 효율적이며 효과적으로 만들기 위해서는 몇 가지 약속을 지켜야 하는데, 이 약속을 '웹 표준'이라고 합니다. 웹 표준은 다양한 접속 환경을 가진 인터넷 사용자들이 서로 다른 운영 체제나 브라우저를 사용하더라도 동일한 웹 페이지의 결과를 보여 줍니다. 웹 페이지는 표준을 만들고 관리하는 표준화 단체인 W3C(World Wide Consortium, https://www.w3.org)에 나와 있는 기술과 규칙에 따라 만들어집니다.

　웹 페이지는 HTML, CSS, 자바스크립트(JavaScript)를 이용하여 구성합니다. 이들 언어는 모든 브라우저에서 개발자가 의도한 구조와 형식이 잘 나타날 수 있도록 각자의 역할이 있습니다. HTML은 건물의 기둥이나 벽처럼 화면의 구조를 나타내는 역할이고, CSS는 건물 안의 인테리어처럼

△ HTML, CSS, 자바스크립트(JavaScript)

화면의 표현 부분을 나타내는 역할입니다. 자바스크립트는 화면에서 움직임과 같이 동적인 구성을 맡고 있습니다.

웹 페이지를 만들 때, 구조와 표현의 역할을 분리하면 복잡성을 줄일 수 있습니다. 웹 페이지를 만드는 개발자와 웹 페이지를 이용하는 사용자 모두에게 효율적입니다.

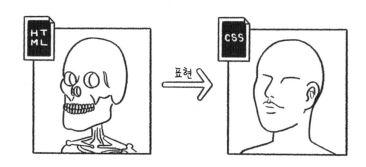

표현

웹 페이지 구성 요소	역할	표준화 단체
HTML	웹 페이지의 구조와 콘텐츠	W3C
CSS	웹 페이지의 표현과 디자인(스타일)	W3C
자바스크립트	웹 페이지의 행위(움직임)와 이벤트	ECMA

웹 페이지에서 구조와 표현의 분리는 자동차에서도 비슷하게 찾아볼 수 있습니다. 자동차의 구조는 크게 뼈대인 '섀시(chassis)'와 몸통인 '보디(body)'로 구분합니다. 섀시는 HTML이고, 보디는 CSS에 비유할 수 있습니다. 웹 페이지는 하나의 섀시에 서로 다른 모양의 보디를 씌워 다양한 자동차를 만드는 원리와 같습니다.

△ 자동차의 섀시와 보디

4) 도구(tools)란?

웹 페이지를 열람하기 위해서는 브라우저를 이용합니다. 브라우저는 구글의 크롬(Chrome), 마이크로소프트의 인터넷 익스플로러(Internet Explorer)와 엣지(Edge), 애플의 사파리(Safari) 등 다양한 종류가 있습니다. 우리나라는 네이버에서 만든 웨일(Whale) 브라우저 등이 있습니다.

사람들은 웹 페이지를 화면에 정확히 표출하는 안정된 브라우징 기능과 다양한 기능 제공여부 등을 고려하여 개인적인 선호도에 맞는 브라우저를 사용하고 있습니다. 브라우저는 웹페이지를 보여주는 역할뿐만 아니라 게임, 인터넷 결제, 스마트 워크(smart work) 등 인터넷 애플리케이션을 실행하는 기반 구조로 확장된 '웹 플랫폼(web platform)'으로 활용됩니다.
세계적으로 많이 사용하는 브라우저는 다음과 같습니다.

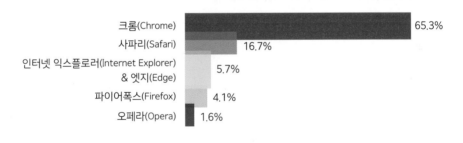

△ 웹 브라우저 시장 점유율(출처: W3 Counter)

다음은 프로그램 개발자들에게 유명한 커뮤니티이자 지식인 사이트로 알려진 '스택오버플로우(Stack Overflow)'에서 발표한 개발 도구와 개발 환경에 대한 선호도입니다.

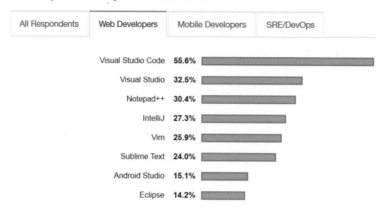

△ 개발 도구 및 개발 환경 선호도(2019년)

5) 자주 사용되는 코드 편집기 살펴보기

❶ 비주얼 스튜디오 코드(Visual Studio Code)

code.visualstudio.com

마이크로소프트(Microsoft)사가 개발한 소스 코드 편집기로 최근 사용층이 많이 증가하고 있습니다. 공개 소프트웨어입니다.

❷ 서브라임 텍스트 3(Sublime Text 3)

www.sublimetext.com

속도와 기능 면에서 아주 우수한 텍스트 에디터로 개발자들이 선호합니다. 유료이지만 구매하지 않더라도 모든 기능을 제한 없이 사용할 수 있습니다.

❸ 노트패드 플러스 플러스(Notepad++)

notepad-plus-plus.org

윈도우용 텍스트 에디터로 유료 프로그램 못지않은 기능을 갖추고 있습니다. 공개 소프트웨어입니다.

2일째 웹 페이지 만들기

무엇을 배울까요?

- 웹 페이지를 만들기 위해 준비를 해 봅니다.
- 브라우저와 코드 편집기 준비 방법을 배웁니다.
- 웹 페이지를 무작정 만들어 봅니다.
- 학습 참고 사이트를 살펴봅니다.

1) 준비하기

웹 페이지를 만들거나 만들어진 웹 페이지를 보려면 도구가 필요합니다. 웹 페이지를 만들기 위해서는 HTML, CSS, 자바스크립트(JavaScript) 그리고 자바스크립트의 편집을 도와주는 코드 편집기가 필요합니다. 만들어진 웹 페이지를 보려면 웹 페이지를 모니터 화면에 표시해 줄 브라우저가 필요합니다. 미리 약속된 HTML, CSS, 자바스크립트 등의 코드를 브라우저 화면에 표현하는 과정을 렌더링(rendering)이라고 합니다.

준비물	설명	설치
코드 편집기	HTML, CSS, 자바스크립트 언어를 이용하여 웹 페이지 구성을 도와주는 코드 편집기	비주얼 스튜디오 코드
브라우저	완성된 웹 페이지를 모니터 화면에 표시해주는 도구	구글 크롬 브라우저

❶ 비주얼 스튜디오 코드(Visual Studio Code) 설치하기

● 비주얼 스튜디오 코드 홈페이지(code.visualstudio.com)에서 최신 버전의 프로그램을 내려받습니다. 컴퓨터의 운영 체제(OS)에 맞는 프로그램을 선택하여 설치하도록 합니다.

 tip

현재 최신 버전의 프로그램은 (VSCodeUserSetup-x64-1.54.2.exe)입니다.

● 내려받은 파일을 클릭하여 컴퓨터에 설치합니다. '사용권 계약'의 동의와 윈도우 탐색기에 메뉴 추가는 아래 이미지와 같이 체크합니다.

● 프로그램이 컴퓨터에 설치되는 과정입니다. 나머지 설치 단계는 특별한 부분이 아니므로 생략하겠습니다.

● 비주얼 스튜디오 코드의 설치가 완료된 후, 처음 실행한 코드 편집기의 화면입니다.

❷ 구글 크롬 브라우저(Chrome browser) 설치하기

● 구글 크롬 홈페이지(https://www.google.com/chrome/)에서 최신 버전의 프로그램을 내려받습니다.

● 구글 크롬 브라우저의 사용권에 대한 동의 및 설치를 진행합니다.

● 프로그램의 '설치 중' 문구가 끝나면 크롬 브라우저의 설치가 모두 완료됩니다.

2) 무작정 만들기

코드 편집기인 비주얼 스튜디오 코드와 크롬 브라우저의 설치가 완료되었습니다. 이제 웹 페이지를 만들 준비가 모두 끝났습니다. 앞으로 비주얼 스튜디오 코드는 에디터로 표현하고, 크롬 브라우저는 브라우저라고 표현하겠습니다. 그럼 첫 번째 웹 페이지를 만들어 봅시다.

❶ 웹 페이지를 저장할 폴더와 에디터를 사용할 환경 만들기

● 웹 페이지를 저장할 폴더를 생성합니다. 여기서는 로컬 디스크(C:)에 '자바스크립트'라는 폴더 를 만들었습니다. 폴더의 경로는 'C:₩자바스크립트'입니다.

● 에디터 화면의 왼쪽 검은색 바탕의 퀵 메뉴의 사각형 아이콘(확장)을 클릭하거나 Ctrl + Shift + X 를 동시에 눌러서 추가 기능(확장 팩)을 설치하는 화면으로 이동합니다.

● 검색창에 'korean language'를 입력하고 [Enter↵]를 누르면, 맨 위의 [Korean Language Pack for Visual Studio Code]가 뜹니다. 이것을 클릭한 후, [install]을 클릭하여 설치합니다.

● 한글 언어팩의 설치가 완료되면, 화면 아래쪽에 창이 뜹니다. '한글 언어팩을 적용하기 위해 에디터를 재시작합니다.'라는 영문 메시지가 나오면 [Restart] 버튼을 클릭하여, 에디터에 한글 언어팩을 적용합니다.

● 한글 언어팩이 적용되면, 다음과 같이 한글로 구성된 메뉴와 설명 등을 볼 수 있습니다.

● 에디터 화면의 색상 등을 설정해 봅니다. 메뉴에서 **[파일 > 기본 설정 > 색 테마]**를 선택합니다. **[색 테마 선택 창]**에서 원하는 색 테마를 선택하면 다양한 분위기와 색깔의 에디터를 구성할 수 있습니다.

tip

이 책에서는 [밝은 테마 > Light(Visual Studio)]를 선택하였습니다.

❷ 에디터로 첫 번째 웹 페이지 만들기 　🗁**예제** 02.첫번째페이지.html

● 메뉴에서 **[파일 > 새 파일]**을 선택하여 빈 화면으로 시작합니다.

● 에디터 화면의 오른쪽 아래에 **'일반 텍스트'**라고 적혀 있습니다. 이는 현재 적용된 파일의 속성 (확장자)이 txt라는 뜻입니다. 우리는 html 문서를 만들 것이므로 적용할 파일 속성을 변경합 니다.

● **'일반 텍스트'** 글자를 클릭하면, 언어 모드(mode)를 선택하는 창이 뜹니다. 검색창에 html을 입 력하거나 찾아서 html을 선택합니다.

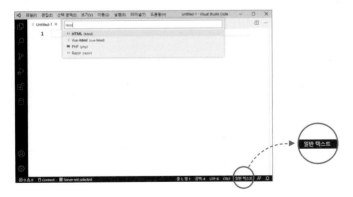

● 다음의 코드를 에디터의 첫 줄에 차례대로 입력합니다.

```
<!DOCTYPE html>
<html lang="ko">
<head>
<meta charset="UTF-8">
<title>웹 페이지의 제목</title>
</head>
<body>
<h1>나의 첫 번째 웹 페이지</hl>
</body>
</html>
```

tip 먼저 웹 페이지를 만들고, 브라우저로 확인해 봅니다. 코드에 대한 설명은 '3일째'에서 자세히 다룹니다.

● 에디터의 메뉴에서 **[파일 > 저장]**을 선택하여 방금 만든 웹 페이지를 조금 전에 생성한 폴더에 파일로 저장합니다. 처음 만든 파일이므로 '**첫번째페이지.html**'이라고 저장합니다.

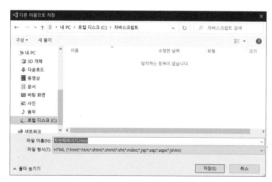

tip 폴더 이름이나 파일 이름은 가급적 한글이 아닌 영어로 하는 것이 좋습니다. 실제로 홈페이지를 운영할 때 사용자의 접근 환경에 따라 오류가 생길 가능성이 있습니다.

❸ 만들어진 첫 번째 웹 페이지를 브라우저로 확인하기

● 컴퓨터의 파일 탐색기를 이용하여 '첫번째페이지' 파일이 저장된 폴더로 이동합니다. 파일 위에서 마우스를 올려놓고, 오른쪽 버튼을 클릭합니다.

● 콘텍스트 메뉴(context menu)가 나타납니다. 콘텍스트 메뉴는 상황에 따라 다른 메뉴 구성이 나타나는 특징이 있습니다.

● 콘텍스트 메뉴에서 **[연결 프로그램 > Chrome]**을 클릭하면, 크롬 브라우저에서 우리가 만든 웹 페이지를 확인할 수 있습니다.

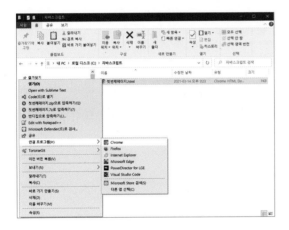

 tip 파일을 더블 클릭해서 브라우저로 확인할 수 있지만, 브라우저가 여러 개 설치된 환경에서는 [기본 브라우저]로 보이게 됩니다.

● 에디터에서 확장 팩을 설치하여, 바로 브라우저로 결과를 보도록 합니다.

● 퀵 메뉴의 사각형 아이콘(확장)을 클릭한 후, 검색창에 'open in browser'를 입력하고 찾습니다.

● **[설치]** 버튼을 눌러 설치한 후, **[활성화하려면 다시 로드]** 버튼을 클릭하여 설치를 완료합니다.

● 에디터의 편집 창 위에 마우스를 올려놓고, 마우스 오른쪽의 버튼을 클릭하면 콘텍스트 메뉴가
  나옵니다. 콘텍스트 메뉴 중 **[Open In Default Browser]**를 클릭하면, 기본 브라우저로 바로
  결과를 확인할 수 있습니다.

tip

에디터 확장 팩을 설치하면 파일 탐색기에서 해당 폴더로 이동하지 않고 바로 확인할 수 있어서 편리합니다.

크롬 브라우저로 확인한 결과입니다. 브라우저 탭의 문서 제목과 화면 영역의 글자를 확인해 보세요. 코드에서 입력한 두 부분의 한글이 나타나 있습니다. 그럼 이제 여러분들은 웹 페이지를 만들 수 있습니다.

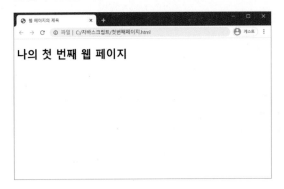

3) 유용한 사이트 살펴보기

❶ 생활 코딩

www.opentutorials.org

일반인들의 프로그래밍 학습을 도와주는 무료 온·오프라인 프로그래밍 강의 서비스로, 동영상과 웹 문서 형태로 정보를 제공합니다.

❷ TCP School

www.tcpschool.com

코딩을 처음 시작하는 학생들을 위한 온라인 실습형 코딩 학습 공간입니다.

❸ MDN 웹 문서

developer.mozilla.org

파이어폭스(Firefox)라는 브라우저를 개발한 단체에서 운영하는 웹 기술 학습 사이트입니다. 한글 번역이 잘되어 있어서 학습하기 편리합니다.

❹ W3Schools Online Web Tutorials

www.w3schools.com

웹 프로그래밍 학습 사이트입니다. 코드의 예제가 알기 쉽게 제시되어 있고, 코드와 실행
출력창을 동시에 확인할 수 있습니다.

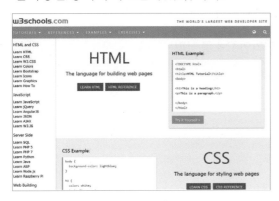

❺ The Modern Javascript Tutorial

javascript.info

자바스크립트 전문 학습 사이트입니다. 사이트가 영어로 되어 있지만, 자바스크립트 학습
에 도움이 되는 사이트입니다.

3일째 웹 페이지의 튼튼한 뼈대 HTML

무엇을 배울까요?

- HTML에 대해 자세히 알아봅니다.
- HTML의 블록 요소와 인라인 요소를 살펴봅니다.
- 선택자에 대해 자세히 알아봅니다.

1) HTML(Hypertext Markup Language)이란?

HTML은 웹 페이지에서 구조나 뼈대의 역할을 위해 만들어진 프로그램 언어입니다. 프로그램 언어는 역할이나 수행 결과에 따라 '화면의 구성(UI - User Interface, 사용자 인터페이스)을 위한 언어'와 '연산(compute)을 위한 언어'로 구분됩니다. HTML과 CSS는 화면 구성을 위해 만들어진 프로그램 언어이고, 자바스크립트는 연산을 위한 프로그램 언어입니다.

HTML	설명
Hypertext [하이퍼텍스트]	하이퍼(hyper)는 과도하거나 지나침을 의미하는 말로, 텍스트(Text)와 연결하여 의미 전달을 위한 글자 이상의 여러 가지 의미와 기능을 갖는 텍스트입니다.
Markup Language [마크업 언어]	태그(tag)를 이용하여 문서나 데이터의 구조를 표현하는 언어입니다. 태그는 <title>내용</title>의 형태로 표현하며, 대표적인 마크업 언어로 XML, HTML 등이 있습니다.

HTML은 태그를 이용하여 문서를 표현하는 언어로, 웹에서 특별한 기능과 형태의 문서가 표현되도록 도와줍니다. 보통 모니터로 문서를 표현하기 때문에 책자가 갖는 구조 및 영역과 같은 형태로 나타냅니다. 예를 들면 제목, 단락, 인용, 이미지 등을 표현하는 기능이 있습니다.

△ 홈페이지

2) HTML 다루기

HTML은 용도에 따라 쓰임을 정의한 태그(tag)를 이용하여 다음과 같이 구성합니다.

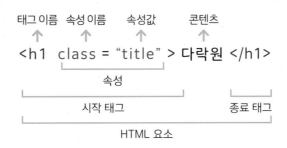

❶ HTML의 구성 요소

구성 요소	설명
HTML 요소 (HTML element)	웹 페이지의 구조나 영역을 정의하는 요소로, 문서의 제목, 단락, 링크, 이미지, 인용 등 다양한 영역을 표현합니다.
시작(열기) 태그(start tag)	HTML 요소의 시작을 표현합니다. 생략할 수 없습니다.
종료(닫기) 태그(end tag)	HTML 요소의 마지막을 표현합니다. 태그에 따라 생략 가능합니다. 콘텐츠 없이 사용되는 `<img>`, `<link>` 등은 종료 태그를 생략할 수 있습니다.
콘텐츠(content)	HTML 요소의 내용을 표현하는 문자열 또는 다른 HTML 요소로 표현됩니다. 텍스트 노드(text node)라고 말하기도 합니다.
태그 이름(tag name)	HTML 요소의 이름을 나타냅니다.
속성(attribute)	HTML 요소에 의미나 기능을 더할 때 사용합니다. 속성의 형태는 속성 이름과 속성값을 연결하여 표현합니다.
속성 이름(attribute name)	속성의 종류를 표현합니다.
속성값(attribute value)	속성의 종류에 대한 값을 표현합니다.

❷ HTML의 구조와 쓰임

몇 개의 HTML 요소를 겹쳐 사용할 때는 HTML 요소의 콘텐츠 영역에 다른 HTML 요소를 넣어서 표현합니다. 마치 러시아의 전통 인형처럼 큰 인형 안에 작은 인형이 들어있듯이 표현합니다.

```
<h1 class="title">
    <a href="http://www.darakwon.co.kr">다락원</a>
</h1>
```

❸ 웹 페이지 구조

```
<!DOCTYPE html>     ──→ 문서의 종류
<html lang="ko">    ──→ 문서의 시작

<head>
<meta charset="UTF-8">              문서의 정보
<title>웹 페이지의 제목</title>
</head>

<body>
<h1>나의 첫 웹 페이지</h1>           문서의 내용
</body>

</html>
```

구성 요소	설명
<!DOCTYPE html>	문서의 종류를 나타냅니다. 이 표현은 최근 HTML 버전인 HTML5로 구성되어 있으며, 브라우저에 알리는 역할을 합니다. 브라우저는 HTML5의 규격(specification)에서 정한 약속대로 화면을 렌더링(표현)합니다.
<html>	HTML 문서의 시작을 알리는 루트(root) 요소입니다. <html> 내부는 문서의 정보를 표현하는 <head>와 문서의 내용을 표현하는 <body>로 구성됩니다.
<head>	문서의 제목, 인코딩 형태 등 문서의 정보를 나타냅니다.
<body>	문서의 내용을 표현하는 부분으로, 실제 모니터에 표현되는 부분을 정의합니다. 화면의 내용에 따라 사용하는 태그가 많아집니다.

❹ 자주 사용하는 HTML 태그

구분	태그 이름	설명
HTML 요소	\<html\>	HTML 문서의 시작을 정의합니다.
head 영역	\<head\>	문서의 정보를 정의합니다.
	\<meta\>	HTML 문서의 메타데이터(metadata)를 정의합니다. 메타데이터는 데이터를 위한 데이터로, 데이터의 종류나 분류 등을 정의합니다.
	\<link\>	문서와 외부 리소스(보통 CSS 파일)와의 관계를 정의합니다.
	\<title\>	문서의 제목을 정의합니다.
	\<style\>	문서에 대한 CSS를 정의합니다.
	\<script\>	문서에 대한 자바스크립트를 정의합니다.
body 영역	\<body\>	문서의 내용(body)을 정의합니다.
	\<div\>	내용(body)의 영역을 정의합니다. 블록 요소의 기본 형태입니다.
	\<span\>	내용(body)의 영역을 정의합니다. 인라인 요소의 기본 형태입니다.
	\<h1\> ~ \<h6\>	내용(body)의 제목 부분을 정의합니다.
	\<p\>	문단(paragraph)을 정의합니다.
	\<ul\>	순서화되지 않는 목록(unordered list)을 정의합니다.
	\<ol\>	순서화된 목록(ordered list)을 정의합니다.
	\<li\>	\<ul\> 또는 \<ol\>의 자식(child) 요소로 각 목록(list)을 정의합니다.
	\<a\>	문서 또는 내용(body) 중의 이동(hyperlink)을 정의합니다.
	\<img\>	이미지를 정의합니다.
	\<button\>	클릭이 가능한 버튼을 정의합니다.
	\<em\>	글자(text)를 강조합니다. 이탤릭체처럼 기울임 형태로 표현합니다.
	\<strong\>	중요한 글자로 표현합니다. 굵은(bold) 글씨체 형태로 표현합니다.
	\<canvas\>	자바스크립트로 그림이나 도형 등의 그래픽을 그릴 수 있습니다.
	\<svg\>	이미지 파일 형식 중 벡터 방식의 SVG(Scalable Vector Graphics) 형식을 정의하는 영역입니다.
	\<br\>	다음 줄에서 시작하도록 합니다.

tip　HTML 문서를 만들 때 주의할 점

- **용어**: 우리말 번역의 차이로 다르게 이해될 수 있으므로, 용어의 영문명을 기억해야 합니다.
- **소문자 표현**: 태그 이름, 속성 등의 영문자는 소문자를 사용합니다. <!DOCTYPE html>는 예외입니다.
- **큰따옴표 사용**: 속성을 표현할 때, 속성값은 큰따옴표(" ")를 사용하도록 합니다. 작은따옴표(' ')를 사용해도 되지만, 자바스크립트에서 문자열을 나타내는 표현은 보통 작은따옴표를 사용하기 때문에 구분하여 표현하는 것이 편리합니다.
- **종료 태그 사용**: 콘텐츠(텍스트 노드)가 필요 없는 태그를 제외하고는 반드시 종료(닫기) 태그를 사용하여 브라우저에 시작과 끝을 알려줍니다.
- **들여쓰기**: 모니터에 표현할 콘텐츠가 많아지면 태그의 사용이 늘어나므로, 요소의 시작과 끝의 표현이 잘 드러날 수 있도록 에디터에서 탭(tab)을 이용하여 들여쓰기합니다.

3) 블록 요소와 인라인 요소　🖮**예제** 03-01.블록과인라인.html

HTML 요소를 이용하여 화면에 글자, 이미지, 동영상을 표현하고 영역을 구분합니다. 화면에 영역을 표현하는 방법에는 '블록 요소(block element)'와 '인라인 요소(inline element)'가 있습니다.

구분	설명
블록 요소 (block element)	항상 새로운 줄에서 시작하며 너비가 브라우저 너비의 전체(full)로 표현됩니다. <div>, <h1>, <p>, <li> 등이 있습니다.
인라인 요소 (inline element)	새로운 줄에서 시작되지 않으며, 너비는 콘텐츠가 차지하는 영역만으로 표현됩니다. <span>, <a>, <strong>, <img> 등이 있습니다.

● 블록 요소 태그 2개(div, p)와 인라인 요소 태그 2개(span, img)를 이용하여 웹 페이지를 작성합니다. 화면의 표현을 위해 CSS를 사용했지만, 지금은 몰라도 좋습니다.

```
<body>
    <div>div 태그 - 블록요소</div>
    <p>p태그 - 블록요소</p>
    <span>span태그 - 인라인요소</span>
    <img src="logo.jpg">
</body>
```

예제 파일을 브라우저에서 확인하면 블록 요소와 인라인 요소가 명확하게 비교됩니다.

빨간색으로 표시된 영역이 블록 요소이고, 파란색으로 표시된 영역이 인라인 요소입니다. 이와 같이 2가지 형태로 화면의 영역을 만들어 웹 페이지를 만들어 가게 됩니다.

 tip HTML로 표현하는 화면의 공간은 모두 사각형으로 인식됩니다. 보이는 화면이 다른 모양일지라도 사각형 공간에서 다른 형태가 보이는 것입니다.

4) 박스 모델(box model) 📂**예제** 03-02.박스모델.html

HTML 요소는 상자(box)로 생각해 볼 수 있습니다. CSS에서는 박스 모델(box model)이라는 용어로 화면의 디자인과 레이아웃(layout)을 설명합니다.

❶ 박스 모델의 구조

●박스 모델은 HTML 요소의 구조를 사각형의 형태로 정의하며, 세부 영역으로 콘텐츠(Content), 패딩(Padding), 보더(Border), 마진(Margin)이 있습니다. CSS에서는 이 세부 영역을 조절하여 HTML 요소의 모양과 형태를 정의합니다.

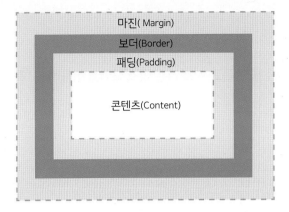

HTML 요소의 세부 영역 명칭

- **콘텐츠**(Content): 박스의 내용으로 문자나 이미지 등이 표현되는 공간입니다.
- **패딩**(Padding): 콘텐츠를 둘러싸는 공간입니다.
- **보더**(Border): 콘텐츠와 패딩을 둘러싸는 경계입니다.
- **마진**(Margin): 보더 바깥쪽의 여백 공간입니다.

읽을거리

오래전 웹 표준을 따르지 않던 마이크로소프트의 인터넷 익스플로러(ie)와 웹 표준을 따르는 다른 브라우저 간에 논쟁이 있었습니다. 그것은 바로 HTML 요소의 너비(width)를 결정하는 문제였습니다. 웹 표준(W3C box model)에서는 HTML 요소의 너비를 콘텐츠의 너비로 정의했는데, 인터넷 익스플로러(ie)에서의 너비는 [왼쪽 보더+왼쪽 패딩+콘텐츠+오른쪽 패딩+오른쪽 보더]로 정의하여 브라우저 간 레이아웃이 서로 다르게 표현되는 문제가 있었습니다.

지금은 W3C에서 정의한 웹 표준으로 정리가 되었지만, 웹 표준이 중요한 이유를 알게 한 사건이라 하겠습니다.

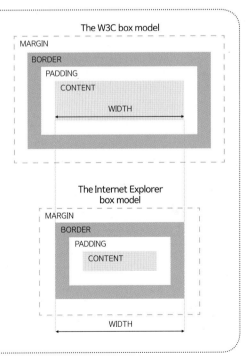

❷ 박스 모델 예제 살펴보기

● <div> 태그를 이용하여 두 개의 구별되는 요소를 만들고, 서로 다른 박스 모델을 적용해 봅니다.

```
<div id="w3c">W3C의 박스 모델</div>
<div id="ie">인터넷 익스플로러의 박스 모델</div>
```

● 다음은 CSS 구문입니다. [box-sizing]이라는 CSS 속성을 이용하여 박스 모델을 결정합니다.
content-box는 W3C의 박스 모델이고, border-box는 마이크로소프트의 인터넷 익스플로러
에서 사용했던 박스 모델입니다. 현재 박스 모델의 기본값은 content-box입니다.

```
#w3c{
    box-sizing: content-box;
    width: 400px;
    margin: 50px;
    border: 10px solid ■ red;
    padding: 20px;
}
#ie{
    box-sizing: border-box;
    width: 400px;
    margin: 50px;
    border: 10px solid ■ blue;
    padding: 20px;
}
```

 tip 이와 관련된 사용법은 '4일째'에 나옵니다. 미리 한번 내용을 살펴보세요.

브라우저의 결과 화면입니다. W3C의 박스 모델과 인터넷 익스플로러의 박스 모델은 너비 (width)가 차이 납니다. 그래서 지금도 화면 개발자들은 너비 값을 사용하는 레이아웃 영역에서는 보더와 패딩값을 잘 쓰지 않거나 조심해서 적용합니다.

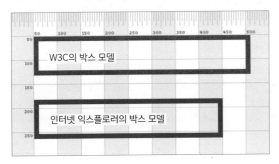

tip 여러 브라우저에서 동일한 화면이나 동작을 하도록 만드는 작업을 크로스 브라우징(cross browsing)이라고 합니다.

5) 선택자(selector)   📂 **예제** 03-03.선택자.html

선택자는 여러분의 이름과 같은 역할을 하는 특별한 이름이라고 생각할 수 있습니다. 이름은 타인 등이 여러분을 구별하고 부르기 위한 용도로 사용됩니다. 선택자 역시 HTML 요소를 특정해서 효과나 동작 등을 적용하기 위해 사용합니다. CSS나 자바스크립트에서 흔히 사용하며 아주 중요한 개념입니다. 어떤 방법이 있는지 알아봅니다.

❶ 영역 구별하기

● \<body\> 태그 내부에 몇 개의 태그를 이용하여 다음과 같이 구성합니다. \<h1\>은 웹 페이지의 제목을 위한 태그이며, \<div\>는 영역을 구분하기 위해 사용하는 태그입니다. 그리고 \<ul\>과 \<li\>는 순서가 없는 목록(리스트)을 표현하기 위해 사용하는 태그입니다.

```
<!DOCTYPE html>
<html lang="ko">
    <head>
        <meta charset="UTF-8">
        <title>선택자</title>
    </head>
    <body>
        <h1>선택자</h1>
        <div>
            <ul>
                <li>첫째</li>
                <li>둘째(나)</li>
                <li>셋째</li>
            </ul>
        </div>
    </body>
</html>
```

● 위의 웹 페이지는 다음과 같은 간단한 결과가 모니터에 표현됩니다. 제목과 목록(리스트) 3개로 구성된 화면입니다.

선택자

- 첫째
- 둘째(나)
- 셋째

● 예제 파일을 살펴보면 HTML 요소 간 관계를 다음 이미지와 같은 관계로 생각해 볼 수 있습니다. <html> 태그로부터 시작되고 <head>와 <body>가 다음 요소로 관계를 맺는 것을 볼 수 있습니다.

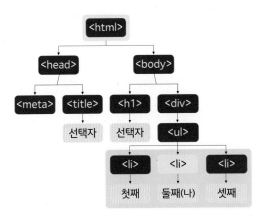

tip

나무처럼 생겨 트리(tree) 구조라고 합니다.

● HTML 요소는 '가계도'와 비슷한 구조를 갖습니다. 아버지, 할아버지처럼 수직 또는 포함 관계를 갖는 부분과 형제자매처럼 수평 관계를 갖는 부분으로 이루어져 있습니다.

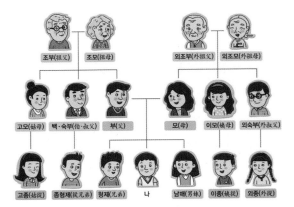

HTML 문서의 특정 영역이나 요소를 가리키는 선택자는 5가지 유형으로 나눌 수 있습니다. 단순 선택자, 결합 선택자, 속성 선택자, 의사-클래스 선택자(pseudo-class) 그리고 의사-요소 선택자(pseudo-elements)가 그 유형입니다.

단순 선택자는 태그 이름, 아이디(id), 클래스(class)로 요소를 선택하는 방법으로 간단하고 명확한 표현입니다. 아이디(id)는 하나의 파일로 구성된 문서에서 중복 없이 한 번만 표현해야 하는 식별자로 주민등록번호, 학번, 사번 등에 비유할 수 있습니다. 클래스(class)는 홍길동과 같은 이름이나 지명과 같이 중복이 가능한 식별자입니다.

결합 선택자는 복수의 단순 선택자를 결합하여 표현하는 방법으로 그들 간의 관계로 요소를 특정합니다.

속성 선택자는 요소(element)를 구성하는 속성(attribute) 이름이나 속성의 값으로 요소를 선택합니다.

의사-클래스 선택자와 의사-요소 선택자에서 표현되는 의사(pseudo)는 '가짜', '유사'라는 뜻으로 요소의 특정한 상태나 부분을 표현하기 위해 사용됩니다. 의사-클래스 선택자는 마우스가 특정 요소를 가리킬 때처럼 특정 상태를 나타낼 때 사용되고, 의사-요소 선택자는 문단의 첫 글자 또는 첫 줄처럼 특정 부분을 가리킬 때 사용됩니다.

❷ 자주 사용되는 선택자 알아보기

선택자	사용 방법	설명
.class	.table	class="table" 속성을 갖는 모든 요소를 선택합니다.
#id	#firstname	id="first" 속성을 갖는 하나의 요소를 선택합니다. id 속성의 값은 같은 페이지에서 유일한 값이어야 합니다.
*	*	모든 요소를 선택합니다.
요소	div	모든 <div> 요소를 선택합니다.
요소, 요소	div, p	모든 <div> 요소와 모든 <p> 요소를 선택합니다.
요소 요소	div p	<div> 요소 내부의 모든 <p> 요소를 선택합니다. 수직 관계가 있는 경우로 자식 및 자손을 모두 포함합니다.
요소 > 요소	div > p	<div> 요소의 자식(child)으로 모든 <p> 요소를 선택합니다. 자식만 해당됩니다.
요소 + 요소	div + p	<div> 요소 뒤에 오는 모든 <p> 요소를 선택합니다. 수평 관계가 있는 경우로 동생이라고 생각하면 됩니다.
요소1 ~ 요소2	p ~ ul	<p> 요소 앞에 오는 모든 <ul> 요소를 선택합니다. 수평 관계가 있는 경우로 형/언니라고 생각하면 됩니다.
[속성]	[title]	title 속성을 갖는 모든 요소를 선택합니다.
[속성 이름=속성값]	[target=_blank]	target="_blank" 형식의 속성을 갖는 모든 요소를 선택합니다.
: 상태	a:hover	마우스가 올라간 링크(<a>)를 선택합니다.
:: 부분	p::first-line	모든 <p> 요소의 첫 번째 줄을 선택합니다.

 tip 앞에서 살펴본 관계 등을 이용하여 여러 가지 선택자 형태를 구성할 수 있습니다. 선택자 표현에서 기호(symbol)와 띄어쓰기 등을 주의해서 살펴보세요.

4 일 째 웹 페이지를 멋있게 표현하는 CSS

무엇을
배울까요?

- CSS가 무엇인지 알아봅니다.
- CSS를 다루어 봅니다.
- CSS의 속성 중 플로팅(float), 포지셔닝(position), 레이아웃(layout)을 살펴봅니다.

1) CSS란?

CSS(Cascading Style Sheets)는 웹 페이지에서 표현이나 스타일을 나타내기 위해 만들어진 프로그램 언어로 HTML 요소가 모니터나 프린터로 출력될 때 어떻게 보이도록 할지 정의합니다. CSS를 이용하여 웹 페이지의 구조와 표현을 분리하면 코드의 복잡성을 줄일 수 있고, 자주 사용하는 코드를 재사용할 수 있습니다. 또한 html 문서(웹 페이지)에서 외부 CSS 파일 형태로 연결할 수 있어 CSS 문서를 재활용할 수 있습니다.

CSS	설명
Cascading[캐스케이딩]	CSS의 가장 중요한 의미를 담고 있는 단어로, 상속이나 우선순위를 통하여 문서의 양을 줄이는 등 효율적으로 디자인할 수 있도록 합니다.
Style Sheets[스타일 시트]	HTML 요소가 화면이나 프린터 등의 출력 시에 보이는 스타일을 정의합니다.

 tip CSS는 애니메이션이나 변환(transition) 등 다양하고 강력한 효과를 제공합니다. 이 책은 자바스크립트를 소개하는 도서이므로 CSS의 핵심 일부를 소개합니다.

2) CSS 다루기   🗂 **예제** 04-01.CSS활용.html

CSS는 <style> 요소 내부에서 정의합니다. <style> 요소는 <head>나 <body> 내부에서 모두 가능하지만, 보통 <head> 내부에 위치합니다. 다음은 CSS를 정의하는 문법입니다. HTML이나 CSS에서 속성이라는 용어는 HTML에서는 어트리뷰트(attribute)를, CSS에서는 프로퍼티(property)라는 영어 단어를 번역한 것입니다. 의미적으로 차이가 있지만 모두 속성이라는 단어로 표현하겠습니다.

❶ CSS를 정의하는 문법

● 선택자에 대하여 표현을 선언하는 형태입니다. 중괄호({ }) 안에 속성 이름과 속성값을 콜론(:)으로 연결하고, 마지막에 세미콜론(;)으로 종료를 표시합니다.

```
<style>
    선택자{
        속성 이름(property): 속성값(value);
    }
</style>
```

● 선택자와 속성 이름 그리고 속성값을 실제로 사용했을 경우의 예입니다. 선택자로 대상을 가리키고, 속성 이름과 속성값으로 표현을 정의합니다.

```
div, p{
    width: 500px;
    border: 1px solid red;
}
```

tip 선택자의 표현은 자바스크립트에도 나오기 때문에 꼭 알아 두어야 합니다.

- head, body에 <style>를 이용하여 표현할 수 있습니다. 또한 <link>를 이용하여 외부의 별도 CSS 파일을 <head> 내부에 추가할 수 있습니다.

- 다음 3가지 중에서 하나를 선택해 사용합니다. <body> 내부는 제외하고 ❶이나 ❷ 중에서 사용합니다.

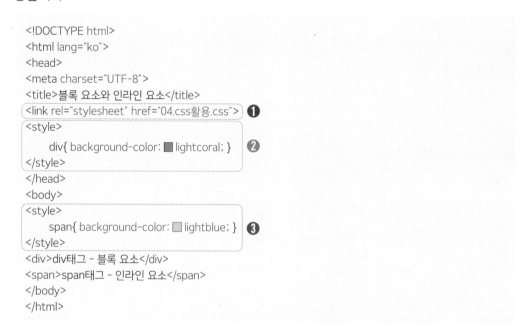

```
<!DOCTYPE html>
<html lang="ko">
<head>
<meta charset="UTF-8">
<title>블록 요소와 인라인 요소</title>
<link rel="stylesheet" href="04.css활용.css">  ❶
<style>
     div{ background-color: ■ lightcoral; }  ❷
</style>
</head>
<body>
<style>
     span{ background-color: ■ lightblue; }  ❸
</style>
<div>div태그 - 블록 요소</div>
<span>span태그 - 인라인 요소</span>
</body>
</html>
```

tip CSS가 익숙해지면 외부 파일 형태로 CSS 파일을 연결하여 활용하는 것을 추천합니다. CSS를 재활용하여 다른 html 문서에도 똑같이 적용할 수 있습니다.

❷ 자주 사용하는 CSS 속성

구분	속성 이름	설명
box-model	padding	콘텐츠를 둘러싸는 공간을 설정합니다. ▶ padding: 10px 20px 30px 40px;
	border	콘텐츠와 패딩을 둘러싸는 경계를 설정합니다. ▶ border: 1px solid red;
	margin	보더의 바깥쪽 공간을 설정합니다. ▶ margin: 10px 20px 30px 40px;
	height	요소의 높이를 설정합니다. ▶ height: 100px;
	width	요소의 너비를 설정합니다. ▶ width: 80%;
text	text-align	텍스트의 가로 방향 정렬을 설정합니다. ▶ text-align: center;
	text-indent	텍스트 영역 첫 번째 줄의 들여쓰기를 설정합니다. ▶ text-indent: 2em;
	text-overflow	텍스트가 요소 영역의 범위보다 커서 넘칠 경우를 설정합니다. ▶ text-overflow: ellipsis;
font	font-family	텍스트(문자열)의 폰트(font, 글씨체)를 정의합니다. ▶ font-family: Arial, 굴림, sans-serif;
	font-size	폰트의 크기를 설정합니다. ▶ font-size: 16px;
	font-style	폰트의 스타일을 설정합니다. ▶ font-style: italic;
	font-weight	폰트의 굵기를 설정합니다. ▶ font-weight: bold;
background	background-image	요소의 배경 이미지를 설정합니다. ▶ background-image: url("logo.png");
	background-color	요소의 배경색을 설정합니다. ▶ background-color: #336699;
	background-position	요소의 배경 이미지의 위치를 설정합니다. ▶ background-position: center;
	background-repeat	요소의 배경 이미지가 반복적으로 보이도록 설정합니다. ▶ background-repeat: repeat-x;

float	float	요소의 플로팅을 설정합니다. ▶ float: left;
	clear	요소의 플로팅 적용을 해제합니다. ▶ clear: both;
position	position	화면에서 요소의 위치 설정 방법을 설정합니다. ▶ position: absolute;
	left, right	포지션이 적용된 요소의 왼쪽/오른쪽 위치를 설정합니다. ▶ left: 30px;
	top, bottom	포지션이 적용된 요소의 위쪽/아래쪽 위치를 설정합니다. ▶ top: 2em;
	z-index	포지션이 적용된 요소의 겹쳐 보이는 순서를 설정합니다. ▶ z-index: 9;

tip **텍스트(text)와 폰트(font)**
- 텍스트(text): 화면에 나타나는 글자의 위치(layout)와 표현 방법을 다룹니다.
- 폰트(font): 글자와 정의된 글씨체의 관계를 다룹니다.

3) 플로팅(float) ▷예제 04-02.float.html

플로팅은 요소의 위치를 설정하는 방법으로, 바다 위에서 위치를 표시하는 부표(buoy)처럼 화면에서 콘텐츠의 위치를 설정합니다.

❶ HTML 구성

● 클래스 선택자는 그룹을 지정하는 역할을 합니다. box라는 이름의 <div> 영역을 2개 만들고, 그 안에 각각 이미지를 추가합니다. 각 이미지는 클래스 이름을 left와 right로 지정합니다.

```
<div class="box">
    <img src="logo.jpg" class="left" alt="다락원 로고">다락원은 외국어 교육 전문 출판사입니다. 영어,
    일본어, 중국어, 한국어, 제2외국어 교재와 온라인 강의, 학습 자료 등 모든 것을 갖추고 있습니다. 최근에
    는 다양한 분야의 어린이 책을 만들고 있습니다.
</div>
<div class="box">
    <img src="logo.jpg" class="right" alt="다락원 로고">어린이 책 중에는 코딩 교육을 쉽게 배울 수 있는
    20일 안에 끝내는 코딩 교육을 담은 책들이 있습니다. 스크래치야 반가워와 파이썬아 반가워를 통해 스
    크래치와 파이썬을 배울 수 있습니다.
</div>
```

❷ CSS 구성

● CSS로 구문을 추가해서 지정된 3개의 클래스를 구성합니다.

● box는 영역의 구분을 위해서 높이와 마진, 그리고 배경색 등을 설정합니다.

● left와 right는 플로팅(float) 속성을 사용하여 각각 설정합니다.

```
.box{
    padding: 10px;
    margin: 10px;
    background-color: ▨ lightgray;
}
.left{ float: left; }
.right{ float: right; }
```

tip   플로팅(float)은 보통 콘텐츠 영역을 구성하기 위해 흔하게 사용되는 방법입니다.

❸ 화면 결과

● 플로팅 속성이 적용된 요소는 바다 위에 떠 있는 부표처럼 보입니다.

△ float 적용 전　　　　　　　　　△ float 적용 후

4) 플로팅(float) 속성 사용법　🖘 **예제** 04-03.clear.html

　플로팅 속성은 float 속성으로 적용하고, clear 속성으로 해제합니다.
다음은 float 속성을 해제하는 예제입니다.

❶ HTML 구성

● \<main>, \<section>, \<article> 등은 HTML5에서 새롭게 추가된 것으로, 레이아웃(layout)을 위한 태그입니다. 보통 레이아웃은 그리드(grid) 디자인 형태로 논이나 밭의 모양처럼 영역을 구성합니다.

● 여기에서는 float 속성을 적용하여 4칸짜리 영역을 만들어 봅니다.

```
<main>
      <section>컬럼#1</section>
      <section>컬럼#2</section>
      <section>컬럼#3</section>
      <section>컬럼#4</section>
```

```
    <article>컬럼#5</article>
  </main>
```

❷ CSS 구성

- <main>은 컨테이너(container) 역할로 영역의 경계를 설정합니다.

- <section>은 <main> 안에 같은 크기의 4칸짜리 영역을 만듭니다. 너비를 23%, 왼쪽과 오른쪽 등의 마진을 1%로 설정하여 25%의 영역 4개를 구성하면 꼭 들어맞게 구성할 수 있습니다.

- <article>은 <section> 아래의 너비를 100% 영역으로 만들기 위해서 <section>에 적용했던 float를 해제해야 합니다.

- clear 속성을 사용하여 float 속성의 값이 left이면 'clear:left;'로 right이면 'clear:right;'로 설정 합니다. both는 left나 right를 모두 해제할 수 있습니다.

```
main{
    border: 5px solid ■ #666;
}
section{
    float: left;
    width: 23%;
    height: 100px;
    margin: 1%;
    background-color: ■ lightblue;
}
article{
    clear: both;
    height: 50px;
    margin: 1%;
    background-color: ■ lightcoral;
}
```

❸ 화면 결과

- 예상했던 화면 디자인이 만들어졌습니다. float를 적용하고 clear로 해제하여 콘텐츠 영역을 구성하였습니다.

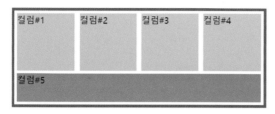

- clear를 적용하지 않았을 때의 화면 결과입니다. 플로팅(float)은 레이아웃을 구성하는 데 있어서 아주 효과적이긴 하지만, 다루기 쉽지 않습니다.

> 최근 CSS에서는 flexbox나 grid로 레이아웃을 구성하도록 소개합니다.

5) 포지셔닝(position) 1 📄 예제 04-04.position1.html

영역을 설정하는 방법에는 position 속성이 있습니다. float보다 세밀한 위치 제어가 가능하여 많이 사용하는 방법이지만, float 속성을 모두 대체할 수는 없습니다.
다음은 position 속성에 관련된 예제입니다.

❶ HTML 구성

● position 속성을 비교하기 위해 <div> 안에 클래스 이름을 relative와 absolute로 설정한 2개의 <div>를 구성합니다.

```
<div class="container">
    <div class="relative"></div>
    <div class="absolute"></div>
</div>
```

❷ CSS 구성 1

● 위치 파악을 쉽게 하기 위해 <body>에 평면자(grid.png)를 배경 이미지로 만듭니다. 그리고 배경색이 다른 50px 길이의 사각형 영역을 만듭니다.

```
body{
    background: url("grid.png") no-repeat;
    margin: 0
}
.container{ padding: 50px; }
.relative, .absolute{
    width: 50px;
    height: 50px;
    background-color: ■ coral;
```

```
    }
    .relative{ }
    .absolute{
        background-color: ■ royalblue;
    }
```

❸ 화면 결과

● position 속성을 적용하지 않은 상태에서는 (50,50)에서 시작하며 클래스 이름이 relative인 코
랄(coral)색 사각형과 (50,100)에서 시작하며 클래스 이름이 absolute인 로얄블루(royalblue)색
사각형이 만들어졌습니다.

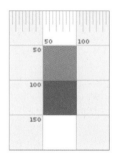

❹ CSS 구성 2

● position 속성을 적용합니다. 클래스 relative는 position을 relative(상대)로 설정하고, 클래스
absolute는 absolute(절대)로 설정합니다.

● 위치를 왼쪽에서 오른쪽으로 50px만큼 이동하고, 위쪽에서 아래쪽으로 50px만큼 이동합니다.

```
.relative{
    position: relative;
    left: 50px;
    top: 50px;
}
.absolute{
    background-color: ■ royalblue;
    position: absolute;
    left: 50px;
    top: 50px;
}
```

❺ 최종 결과

● position 속성의 값이 relative인 코랄색 사각형은 적용 전 위치인 (50,50)으로부터 50px 만큼
씩 이동하여 (100,100)에서 시작합니다.

● absolute인 로얄블루색 사각형은 화면의 (0,0)인 원점으로부터 50px 만큼씩 이동하여 (50,50)
에서 시작합니다.

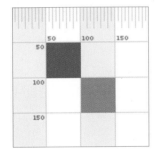

 tip 상대(relative)와 절대(absolute)의 차이는 기준점으로 확인하면 됩니다. 상대(relative)는 적용 전 원래의 자
리가 기준점이고, 절대(absolute)는 원점(0,0)이 기준점이 됩니다. 이것의 차이를 이용하여 요소의 위치를 조
절할 수 있습니다.

6) 포지셔닝(position) 2 📁 예제 04-05.position2.html

상대(relative) 속성값은 내부 요소들의 원점 역할을 합니다. 다음의 예제를 통해서 상대 (relative)와 절대(absolute)에 관한 특성을 좀 더 알아봅니다.

❶ HTML 구성

● 상대(relative)의 특징을 알아보기 위해 두 가지 형태로 구성합니다. 하나는 relative 안에 absolute를 두고, 나머지 하나는 absolute만을 별도로 만들어 차이점을 살펴봅니다.

```html
<div class="container">
    <div class="relative">
        <div class="absolute"></div>
    </div>
    <div class="absolute"></div>
</div>
```

❷ CSS 구성 1

● relative 안에 absolute를 포함하기 위해 클래스 relative의 높이와 너비를 100px로 설정합니다.

```css
body{
    background: url("grid.png") no-repeat;
    margin: 0
}
.container{ padding: 50px; }
.relative{
    width: 100px;
    height: 100px;
    background-color: ■ coral;
}
```

```
.absolute{
    width: 50px;
    height: 50px;
    background-color: ■ royalblue;
}
```

❸ 화면 결과

● 너비 100px을 갖는 클래스 relative는 (50,50)에서부터 사각형이 시작하고, 그 안의 클래스 absolute도 (50,50)에서 파란색(royalblue)의 사각형이 시작됩니다.

별도로 만들어진 클래스 absolute는 클래스 relative가 끝나는 지점인 (50,150)에서 사각형이 만들어졌습니다.

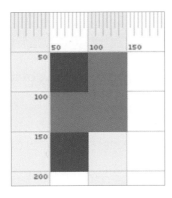

❹ CSS 구성 2

● position 속성을 적용합니다. 클래스 relative는 position을 relative(상대)로 설정하고, 클래스 absolute는 absolute(절대)로 설정합니다.

● 각각 위치를 왼쪽에서 오른쪽으로 50px 만큼 이동, 위쪽에서 아래쪽으로 50px 만큼 이동합니다.

```
.relative{
    width: 100px;
    height: 100px;
    background-color: ■ coral;
    position: relative;
    left: 50px;
    top: 50px;
}
.absolute{
    width: 50px;
    height: 50px;
    background-color: ■ royalblue;
    position: absolute;
    left: 50px;
    top: 50px;
}
```

❺ 최종 결과

● position 속성값이 relative인 사각형(코랄색)은 적용 전 위치인 (50,50)으로부터 50px 만큼씩 이동하여 (100,100)에서 시작합니다.

● 클래스 외부의 absolute 사각형(로얄블루색)은 화면의 (0,0)인 원점으로부터 50px 만큼씩 이동하여 (50,50)에서 시작합니다. 그러나 클래스 외부의 absolute 사각형은 부모가 relative 속성을 갖기 때문에 기준점이 바뀌어 (100,100)으로 부터 50px 만큼씩 이동하여 (150,150)에서 시작하는 사각형을 만들게 됩니다.

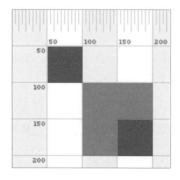

7) 레이아웃(layout)

CSS는 HTML 요소의 표현(스타일)과 화면 레이아웃을 정의하는 방법을 제공합니다. 앞에서 살펴본 float 속성과 position 속성도 레이아웃을 제공하는 기본적인 속성입니다. 다음 예제를 통해 float 속성을 이용하여 화면의 레이아웃을 디자인하는 방법을 알아봅니다.

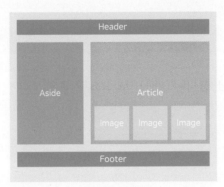

△ 화면의 레이아웃

태그 이름	HTML5	설명
<div>		내용(body)의 영역을 정의합니다. 블록 요소의 기본 형태입니다.
<span>		내용(body)의 영역을 정의합니다. 인라인 요소의 기본 형태입니다.
<main>	○	문서의 메인 콘텐츠를 정의합니다.
<header>	○	문서나 영역의 머리말 영역을 정의합니다.
<footer>	○	문서나 영역의 꼬리말 영역을 정의합니다.
<section>	○	문서의 콘텐츠 영역을 정의합니다.
<article>	○	한 꼭지 글의 영역을 정의합니다.
<aside>	○	문서에 대한 추가 또는 별개의 콘텐츠 영역을 정의합니다.
<nav>	○	내비게이션 영역에서 링크를 정의합니다. 쉽게 말해서 메뉴 영역입니다.

 tip   <div>와 <span>을 제외한 나머지 태그는 HTML5에서 새롭게 추가된 요소로 화면의 레이아웃을 명시적으로 구성하기 위하여 사용합니다.

❶ HTML 구성   📁 **예제** 04-06.layout-float1.html

● <div>를 이용하여 레이아웃을 만들고, 각 영역을 구별하기 위해 id 속성을 추가하여 구성합니다.

```html
<div id="container">
    <div id="header">#header</div>
    <div id="nav">#nav</div>
    <div id="main">#main</div>
    <div id="footer">#footer</div>
</div>
```

tip   최근 HTML5에서는 영역을 나누기 위한 HTML 요소를 새롭게 정의하여 사용하도록 하고 있습니다.

❷ CSS 구성

● 각 영역 안에 콘텐츠를 배치하지 않고, 높이(height) 속성을 추가해서 만듭니다.

● #nav와 #main 영역은 컬럼(column) 형태로 2개의 영역이 나란하게 배치하기 위해 float 속성을 적용합니다.

● 각 영역을 색깔과 height 속성으로 구별하여 화면을 구성합니다.

```css
#container{
    width: 80%;
    margin: 0 auto;
}
#header{
    height: 100px;
    background-color: ■ lightcoral;
}
#nav, #main{
    height: 200px;
    float: left;
}
```

```
#nav{
    width: 30%;
    background-color: ■ lightblue;
}
#main{
    width: 70%;
    background-color: ■ lightgreen;
}
#footer{
    clear: left;
    height: 80px;
    background-color: ■ lightgray;
}
```

❸ 화면 결과

- 사이트의 로고와 최상위 메뉴인 내비게이션을 담을 #header 영역과 하위 메뉴인 내비게이션
  을 담을 #nav 영역, 그리고 웹 페이지의 메인 콘텐츠를 담을 #main 영역을 구성합니다.

- 마지막으로 사이트 소개와 기타 알림을 담을 #footer 영역으로 구성된 간단한 레이아웃입니다.

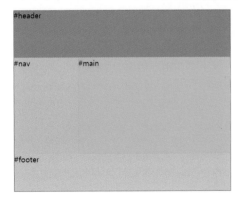

❹ 레이아웃 HTML 구성   🗂 **예제** 04-07.layout-float2.html

● HTML5에서 추가된 레이아웃을 위한 요소를 이용하여 재구성한 HTML 문서입니다. 최근 웹
페이지는 이러한 레이아웃을 위한 요소를 사용하여 웹 페이지를 구성하고 있습니다.

```
<div id="container">
    <header>#header</header>
    <nav>#nav</nav>
    <main>#main</main>
    <footer>#footer</footer>
</div>
```

8) 플렉스 박스(flexbox) 1   🗂 **예제** 04-08.layout-flexbox1.html

    플렉스 박스는 'Flexible Box'를 의미하는 말로, 유연한 레이아웃을 구성하는 방법을 제
공합니다. 플렉스 박스는 컬럼(column)을 만들고, 세밀한 위치 정렬이 가능합니다. 또 float
나 position 속성을 사용하는 것보다 쉽게 사용할 수 있어서 최근 CSS에서 많이 사용되고 있
습니다.
다음 플렉스 박스에 대한 간단한 예제를 만들어 봅니다.

❶ 플렉스 박스(flexbox) 구성

● 작은 영역인 아이템(item)과 아이템을 감싸는 컨테이너(container) 영역으로 구성되어 있습니다.

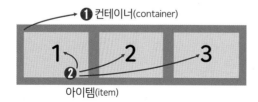

❷ HTML 구성

● 아이템과 컨테이너 영역을 HTML 요소를 이용하여 구성합니다.

```
<div id="flex-container">
    <div>flexbox#1</div>
    <div>flexbox#2</div>
    <div>flexbox#3</div>
</div>
```

❸ CSS 구성

● 플렉스 박스의 적용은 display 속성값으로 flex를 입력하는 것만으로 가능합니다.

● 아이템 영역을 쉽게 구별하기 위해서 배경색과 마진, 그리고 높이와 너비를 추가하여 CSS를 구성합니다.

```
#flex-container{
    display: flex;
    background-color: ■ lightgreen;
}
#flex-container > div{
    background-color: ■ lightcoral;
    margin: 20px 10px;
    height: 50px;
    line-height: 50px;
    width: 20%;
    text-align: center;
    color: □ white;
}
```

❹ 화면 결과

● float 속성을 사용하는 것보다 간단하게 블록 요소의 아이템을 수평으로 정렬합니다.

9) 플렉스 박스(flexbox) 2

플렉스 박스에서 아이템을 세로로 정렬하는 방법과 균등한 여백으로 가로 정렬하는 방법을 예제로 만들어 봅니다.

❶ 아이템을 세로로 정렬하는 방법 📁**예제** 04-09.layout-flexbox2.html

● 컨테이너에 flex-direction 속성을 추가합니다.

● column으로 값을 할당하여 아이템을 세로로 정렬합니다.

```
#flex-container{
    display: flex;
    flex-direction: column;
    background-color: ■ lightgreen;
}
```

- flex-direction 속성에 따라 아이템을 세로로 정렬합니다.

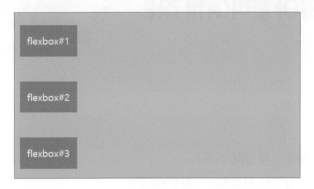

❷ 아이템을 균등한 여백으로 가로 정렬하는 방법　🗀 **예제** 04-10.layout-flexbox3.html

- 컨테이너에 justify-content 속성을 추가합니다.

- center로 값을 할당하여 아이템을 정렬하고, 균등한 여백을 갖도록 구성합니다.

```
#flex-container{
    display: flex;
    justify-content: center;
    background-color: ▌lightgreen;
}
```

- justify-content 속성에 따라 아이템이 균등한 여백을 갖도록 정렬합니다.

5일째 웹 페이지를 살아 움직이게 하는 자바스크립트

무엇을 배울까요?

- 자바스크립트가 무엇인지 살펴봅니다.
- 자바스크립트를 배우기 전에 무작정 따라해 봅니다.

1) 자바스크립트란?

자바스크립트는 웹 페이지가 살아 움직이는 것처럼 동적인 화면 구성을 위해 만든 프로그램 언어입니다. 브라우저에서 바로 결과를 나타낼 수 있어 쉽고 재미있게 배울 수 있습니다.

자바스크립트는 프로그램 언어 해석기인 인터프리터(interpreter)가 코드를 직접 해석해서 바로 수행하는 형태로, C언어나 자바(JAVA)처럼 기계어로 변환하는 단계인 컴파일(compile)이 아닙니다. 자바스크립트 언어 해석기는 브라우저에 포함되어 있으며, 브라우저의 종류에 따라 성능 등의 차이가 있을 수 있습니다. 자바스크립트는 자바(JAVA) 언어와 이름만 비슷할 뿐 용도와 쓰임에는 전혀 관계가 없습니다.

자바스크립트는 브라우저를 기반으로 동작하는 언어로 크게 2가지 영역을 포함합니다.

영역	설명
프로그래밍	일반적인 프로그래밍 언어가 갖는 연산 기능(computing)
웹 페이지	웹 문서의 요소를 제어하고 관리하는 기능

2) 자바스크립트 다루기   📁**예제** 05-01.자바스크립트.html

자바스크립트는 <script> 요소 내부에서 정의하며, <script> 요소는 <head>나 <body> 내부에서 모두 가능합니다.

다음은 자바스크립트를 사용하는 간단한 방법입니다.

- 자바스크립트는 <head> 영역 안(❶, ❸)이나 <body> 영역 안(❷, ❹)에서 <script> 태그를 이용하여 프로그래밍할 수 있습니다.

- <script> 안에 직접 프로그램을 작성(❶, ❷)해서 사용할 수 있으며, <script>의 src 속성을 이용하여 외부 파일 형태로 만든 자바스크립트 파일(.js)을 연결(❸, ❹)하여 사용할 수 있습니다.

```
<!DOCTYPE html>
<html lang="ko">
<head>
<meta charset="UTF-8">
<title>자바스크립트</title>
<script src="myscript1.js"></script>          ❸
<script>
// 자바스크립트 코드                            ❶
</script>
</head>
<body>
<script src="myscript2.js"></script>          ❹
<script>
/*
    자바스크립트 코드                          ❷
*/
</script>
</body>
</html>
```

tip 코드의 양이 많고, 다른 웹 페이지에서도 재활용이 가능하다면 외부 파일 형태로 구성하여 사용하는 것이 효율적입니다.

💡 **읽을거리**

코드 재활용(code reusability)

기능이나 역할별로 잘 만들어진 코드 모둠을 다른 프로젝트에서 다시 사용할 수 있다면, 개발 시간도 단축되고 비용도 적게 들어갈 것입니다. 여러 번의 시행착오를 거치면서 다듬어진 코드이다 보니 오류가 거의 나지 않을 만큼 코드의 품질도 좋을 것입니다. 시간과 비용 그리고 품질의 조합이 최적화된다면 가장 멋진 프로젝트가 되겠죠? 어떻게 하면 코드를 효율적이고 효과적으로 만들지 생각해 보세요.

3) 자바스크립트 맛보기 1   📁 **예제** 05-02.무작정따라하기1.html

자바스크립트가 어떻게 웹 페이지를 살아 움직이게 하는지 살펴봅니다. 코드의 쓰임은 앞으로 살펴볼 것이므로 가벼운 마음으로 따라해 보세요.

❶ HTML 구성

● 아이디 box를 갖는 \<div\>를 구성하고 onclick 속성을 추가하여 changeColor(this)라고 할당합니다.

● onclick은 자바스크립트와 연결하는 속성입니다. 해당 영역을 클릭했을 경우 이벤트를 발생시켜 changeColor()라고 정의된 자바스크립트 함수를 실행하도록 합니다.

```
<div id="box" onclick="changeColor(this)"></div>
```

❷ CSS 구성

● 아이디 box의 CSS 구성은 높이와 너비 그리고 배경색과 커서의 모양을 설정합니다.

```
<style>
#box{
    width: 100px;
    height: 100px;
    background-color: ■ lightcoral;
    cursor: pointer;
}
</style>
```

 tip cursor 속성은 커서의 모양을 설정합니다. cursor를 pointer로 설정하면 손 모양으로 변경하여 사용자에게 클릭 등의 이벤트가 있음을 알려주는 역할을 합니다.

❸ 자바스크립트 구성

● HTML 요소에 추가된 onclick에서 연결된 함수를 정의합니다. 여기서는 단순히 클릭한 해당 영역의 배경색을 다른색(lightgreen)으로 변경합니다.

```
<script>
function changeColor(obj){
    obj.style.backgroundColor = 'lightgreen';
}
</script>
```

❹ 화면 결과

● 브라우저 위에 사각형 영역이 나타납니다.

- 사각형 영역에 마우스를 가져가면 마우스 모양이 화살표에서 손 모양으로 바뀝니다.

- 사각형 영역을 마우스로 클릭하면 배경색이 연한 초록색(lightgreen)으로 변경됩니다.

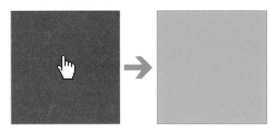

❺ 전체 코드

- HTML과 CSS 그리고 자바스크립트를 모두 이용하여 만든 웹 페이지의 전체 코드입니다.

```html
<!DOCTYPE html>
<html lang="ko">
<head>
<meta charset="UTF-8">
<title>자바스크립트</title>
<style>
#box{
    width: 100px;
    height: 100px;
    background-color: ■ lightcoral;
    cursor: pointer;
}
</style>
<script>
function changeColor(obj){
    obj.style.backgroundColor = 'lightgreen';
}
</script>
</head>
<body>
<div id="box" onclick="changeColor(this)"></div>
</body>
</html>
```

4) 자바스크립트 맛보기 2 📁**예제** 05-03.무작정따라하기2.html

　　다른 방법으로 자바스크립트가 어떻게 웹 페이지를 살아 움직이게 하는지 살펴봅니다. 코드의 쓰임은 앞으로 살펴볼 것이므로 가벼운 마음으로 계속 따라해 보세요.

❶ HTML 구성

● 아이디 book을 갖는 <img>를 구성하고 src 속성을 이용하여 이미지를 할당합니다.

```
<img id="book" src="scratch.jpg" alt="스크래치야반가워!">
```

 현재 문서와 같은 위치의 폴더에 있어서 이미지 파일명(scratch.jpg)만 붙였습니다. 다른 곳에 있다면 그곳까지의 경로를 파악해서 연결해야 합니다.

❷ CSS 구성

● 아이디 book의 CSS 구성은 cursor 속성을 손 모양으로 하고, 책 이미지에 그림자 효과를 나타내는 box-shadow 속성을 추가합니다.

```
<style>
#book{
    cursor: pointer;
    box-shadow: 5px 5px 2px ■ #888;
}
</style>
```

 브라우저에서 이미지의 그림자 효과를 확인하세요.

❸ 자바스크립트 구성

● querySelector()라는 자바스크립트가 제공하는 선택자를 이용하여 HTML 요소의 연결 코드 없이 외부에서 연결하는 방법으로 구성합니다.

● 아이디 book의 <img> 요소의 src 속성의 값을 다른 이미지 이름으로 바꾸도록 합니다.

```
<script>
document.querySelector('#book').onclick=function(){
    this.src = 'python.jpg';
}
</script>
```

❹ 화면 결과

● 브라우저에 나타난 책(스크래치야 반가워!) 이미지 영역에 마우스를 가져가면 마우스 모양이 화살표에서 손 모양으로 바뀝니다.

● 책 이미지를 클릭하면 다른 이미지(파이썬아 반가워!)로 변경됩니다.

❺ 전체 코드

● HTML과 CSS 그리고 자바스크립트를 모두 이용하여 만든 웹 페이지의 전체 코드입니다.

```html
<!DOCTYPE html>
<html lang="ko">
<head>
<meta charset="UTF-8">
<title>자바스크립트</title>
<style>
#book{
    cursor: pointer;
    box-shadow: 5px 5px 2px ▉ #888;
}
</style>
</head>
<body>
<img id="book" src="scratch.jpg" alt="스크래치야반가워!">
<script>
document.querySelector('#book').onclick=function(){
    this.src = 'python.jpg';
}
</script>
</body>
</html>
```

● 구조와 표현 그리고 동작(움직임)에 대한 각각의 역할이 이해되었나요?

그럼 다음 장에서 본격적으로 자바스크립트를 배워 봅시다.

💡읽을거리

너무도 다른 웹 개발자와 웹 디자이너

자바스크립트 등 코드를 다루는 웹 개발자와 이미지, 디자인 등과 같은 화면 요소를 다루는 웹 디자이너는 서로 소통하면서 프로젝트를 수행해야 하는 파트너입니다. 하지만 화성인과 금성인의 관계로 표현될 만큼 성향이 아주 다릅니다. 웹 개발자는 개발 사안을 깊게 바라보는 성향이 있는 반면에, 웹 디자이너는 넓게 바라보는 성향 때문일 것이라 여겨집니다.

2장

자바스크립트와 친해지기
– 연산편

```
int N = 16;
int blocksize = 16;

printf( "%s" , a);

cudaMalloc( (void**)&ad, csize );
cudaMalloc( (void**)&bd, isize );

bal_
ello(char *a,

cudaMemcpy( ad, a, csize, cudaMemcpyHostToDevice );
emcpy( bd, b, isize, cudaMemcpyHostToDevice);

threadIdx.x] += b[threadIdx.x];

dim3 dimBlock( blocksize, 1 );
dim3 dimGrid( 1, 1 );

in()

r a[N] = "Hello    printf( "%s" , a);
b[N] = {15,

*ad;
*bd;

st int csize = N*sizeof(char);
st int isize = N*sizeof(int);}
lude <stdio.h>

int N = 16;

cudaFree( bd );

printf( "%s\n", a);
```

2장 자바스크립트와 친해지기 - 연산편

날 구해 줘서 고마워.

하하, 별말씀을요.

자바스크립트 맨! 우리에게 자바스크립트를 알려 줘.

당연하지. 다 알려 줄게!

자바스크립트의 역할은 무엇인가요?

자바스크립트는 웹 페이지에서 동적인 처리를 하는 역할이라고 생각하면 돼. 예를 들면, '버튼을 클릭하면 웹 페이지에 날짜를 보여 줘!'라고 명령을 내리는 거야.

동적인 처리라니 매우 어려울 것 같아요.

그렇지 않아. 자바스크립트는 매우 간단하며 배우기 쉽다고! 복잡한 절차 없이 바로 프로그램의 결과를 브라우저를 통해 볼 수 있어. 하지만 자바스크립트를 사용하기 위한 몇 가지 문법들을 배워야 해.

그럼 자바스크립트를 사용할 수 있도록 문법을 알려 주세요.

음, 알겠어. 자바스크립트 용어와 기호들에 대한 약속, 표현 방법 등을 알려 줄게.

나한텐 식은 죽 먹기지~

먼저 선택, 반복, 함수, 객체 등의 기본 개념을 이해하고, 프로그램을 만드는 개념과 원리, 기술을 익혀서 창의적이고 효율적으로 만들어 보자. 나를 따라와!

네, 알겠어요.

무엇을 배울까요?

- 변수가 무엇인지 알아봅니다.
- 데이터 타입이 무엇인지 알아봅니다.

 개념 미리 보기

변수는 데이터(값)를 저장하기 위한 그릇입니다. 데이터를 저장하는 그릇을 구별하기 위해서는 그릇의 식별자(이름)가 필요합니다. 데이터 타입은 데이터 크기에 따른 그릇(변수)의 크기를 결정하기 위한 방법이자 안전한 연산을 위한 방법입니다. 변수는 데이터의 내용이 많으면 큰 그릇에 저장하고, 적으면 작은 그릇에 저장합니다.

△ 자바스크립트의 데이터 타입

배울 항목 살펴보기

배울 항목	구분	설명
변수	키워드 var	var myBox = 'Hello World';

	전역 변수와 지역 변수	var myContainer = 10; // 전역 변수
		
		function myFunction(){
		    var myContainer = '안녕'; // 지역 변수
		}

데이터 타입	문자열(String)	'hello world'
	숫자형(Number)	123, 3.14
	불린형(Boolean)	true, false
	undefined	변수가 할당되지 않았거나 값을 알 수 없는 경우
	널(Null)	아무런 값이 없음을 명시적으로 정의한 경우
	오브젝트(Object)	변수에 할당된 값이 여러 개를 가질 수 있는 경우

 **따라 하기**

○ **새로운 파일 만들기**

비주얼 스튜디오 코드(Visual Studio Code)로 예제를 구성해 봅니다. 그리고 html 형식으로 파일을 저장한 후, 브라우저를 통해서 결과를 확인합니다.

● 에디터의 메뉴에서 **파일 > 새 파일**을 선택하여 새로운 파일을 시작합니다.

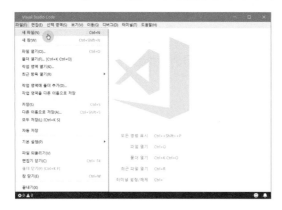

● 에디터 오른쪽 아래의 **일반 텍스트**를 클릭한 후, 문서의 형식을 HTML로 설정합니다.

 tip　브라우저의 기본 문서는 HTML입니다. 자바스크립트는 기본 문서의 일부분으로 코드를 구성합니다.

● 문서의 기본 코드(템플릿)를 복사하여 문서를 준비합니다.

tip EMMET 확장 기능을 사용합니다. 에디터의 첫 줄에 html:5를 입력한 후, Enter↵를 클릭하여 템플릿을 추가합니다.

● 10번째 줄에 제목을 쓴 후, 메뉴에서 **파일 → 저장**을 선택하여 HTML 형식으로 저장합니다.

● 파일을 저장한 후, 키보드에서 Alt+B를 동시에 눌러 기본 브라우저에서 결과를 확인합니다.

tip 에디터의 확장 기능에서 open in browser를 설치한 후, Alt+B를 누르면 기본 브라우저로 결과를 출력할 수 있습니다.

이후 모든 예제는 동일한 방법으로
새로운 파일을 만들어서 구성하세요!

변수 ☐ **예제** 06.변수.html

변수는 데이터를 저장하기 위한 그릇(저장소)입니다. 데이터를 담는 그릇을 구별하기 위해서는 그릇의 식별자(이름)가 필요합니다.

❶ 변수 사용하기

● 변수를 의미하는 var 키워드를 사용하여 변수를 만듭니다.

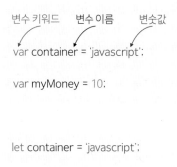

```
변수 키워드    변수 이름    변숫값

var container = 'javascript';

var myMoney = 10;


let container = 'javascript';

let myMoney = 10;
```

> **tip**
> ● var는 변수를 의미하는 variables를 축약하여 사용하는 키워드입니다. var 뒤에 나오는 단어는 변수 이름입니다.
> ● 최근 자바스크립트에는 let이라는 키워드가 추가되었습니다. var와 비슷한 용도로 사용됩니다.

● 변수 이름은 데이터가 저장되는 여러 변수를 구별하기 위해서 붙입니다.

```
// 한글은 사용 금지!
var 변수이름 = 10;

// 첫 글자로 숫자 사용 금지!
var 234box = 10;
```

```
// $, _ 이외의 심벌 사용 금지!
var my&box = 10;

// 예약어는 사용 금지!
var return = 10;
```

- 변수 이름은 서로 구별하기 위해 사용한다는 의미에서 '식별자'라고 합니다.
- 변수 이름은 글자(알파벳), 숫자 그리고 $(달러), _(언더 바)의 심벌(symbol)로 구성합니다. 첫 글자에 숫자를 사용하지 않습니다.
- 예약어(keyword)는 var, if, return 등 특별한 의미가 있는 단어로, 변수와 함수의 이름으로 사용할 수 없습니다.

● '=' 기호는 대입 연산자로, '='를 중심으로 오른쪽의 값을 왼쪽에 대입한다는 의미입니다.

수학 시간에 자주 볼 수 있는 =(등호, equal)는 프로그래밍 언어에서 ==로 표현합니다.

❷ 전역 변수와 지역 변수

● 변수가 유효하게 사용할 수 있는 범위에 따라 전역 변수와 지역 변수로 구분합니다.

```
var myContainer = 10; // 전역 변수

function myFunction(){
    var myContainer = '안녕'; // 지역 변수
}
```

전역 변수는 전체 영역에서 변수와 변숫값이 유효하게 사용되고, 지역 변수는 정해진 영역 안에서만 유효하게 사용됩니다. 예를 들어 지역 변수가 함수 안에서 사용되었다면 그 함수의 범위 안에서만 유효합니다.

❸ 변수의 값 확인하기

● 변수를 선언하기 전과 선언한 후에 변수의 값을 확인합니다.

```javascript
console.log(container);
var container = 'javascript';
console.log(container);

var myMoney = 10;
```

● 브라우저(크롬) 화면에서 마우스 오른쪽 버튼을 클릭한 후, [검사]를 선택합니다. 크롬 개발자 도
구에서 [Console] 탭을 클릭하여 출력 결과를 확인합니다.

 tip 콘솔(Console)창은 프로그램이 예상대로 실행되는지를 확인하는 디버그(debug)를 위한 출력창입니
다. 크롬 브라우저에서 **[Chrome 맞춤설정 및 제어 > 도구 더 보기 > 개발자 도구]**를 선택하거나
[Ctrl+Shift+I(영문자 아이)]를 동시에 눌러 확인할 수 있습니다.

● 변수를 선언하기 전에는 undefined가 출력되어 현재 변수에 값이 할당되지 않았음을 알려줍
니다. 값이 할당된 후에는 container 변수에 저장된 값이 제대로 출력됩니다.

● 변수 이름이 같은 전역 변수와 지역 변수의 값을 설정하고, 이를 콘솔(Console)창에 출력합니다.

```javascript
var myContainer = 10; // 전역 변수

function myFunction(){
    var myContainer = '안녕'; // 지역 변수
    console.log('지역 변수', myContainer);
}

myFunction(); // 함수 호출
console.log('전역 변수', myContainer);
```

tip 변수의 이름이 같은 경우에 우선순위가 달라질 수 있습니다. 또한, 변수의 이름이 같을지라도 선언된 위치에 따라 변수의 유효 범위가 달라질 수 있습니다.

● 브라우저(크롬) 화면에서 마우스 오른쪽 버튼을 클릭한 후, **[검사]**를 선택합니다. 크롬 개발자 도구에서 **[Console]** 탭을 클릭하여 출력 결과를 확인합니다.

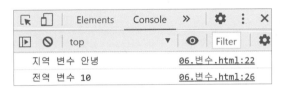

데이터 타입

변숫값은 변수에 할당(저장)되는 값으로, 여러 가지 종류의 형식을 가지고 있습니다. 이를 데이터 타입이라고 합니다. 자료의 양이 많을 때는 큰 데이터 타입에 저장하고, 적을 때는 작은 데이터 타입에 저장합니다.

❶ 데이터 타입 사용하기   🗀**[예제]** 06.데이터타입1.html

● 데이터 타입은 프로그램을 실행할 때, 변숫값의 종류에 따라 컴퓨터 메모리에 저장되는 크기를 확보하기 위해 구분합니다.

```
// 문자열(String)
var guestName = '홍길동';
// 숫자(Number)
var age = 15;
// 블린(Boolean)
var flag = true;
// 오브젝트(Object)
var lists = [1, 2, 3];
var lists = {one:1, two:2, three:3};
```

tip 정수보다 실수의 범위가 더 넓으며, 참(true)과 거짓(false)만 있는 불린(boolean)이 가장 작습니다.

● 데이터 타입은 안전한 연산을 위하여 필요합니다.

```
var w = 5 + 10;
console.log(w);

var x = 5 + '10';
console.log(x);

var x2 = 5 + '명';
console.log(x2);

var y = true + 1;
console.log(y);

var z = '자바스크립트는 ' + '재미있다!';
console.log(z);
```

- 같은 타입의 숫자는 서로 숫자 연산을 할 수 있습니다.
- 숫자와 문자열의 연산은 숫자를 문자열로 취급하여 연산을 합니다.
- 문자열 연산은 서로 붙여서 표현하는 방법입니다.
- 불린과 숫자의 연산은 불린의 true를 1, false를 0으로 변환하여 연산합니다.

● 브라우저(크롬) 화면에서 마우스 오른쪽 버튼을 클릭한 후, **[검사]**를 선택합니다. 크롬 개발자 도구에서 **[Console]** 탭을 클릭하여 출력 결과를 확인합니다.

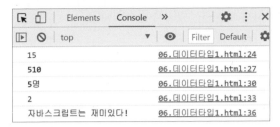

● undefined와 null은 특별한 데이터 타입입니다. undefined는 변수에 어떤 값도 할당되지 않았음을 나타내고, null은 값 없음을 나타냅니다.

```
var initial;
console.log(initial);

var nothing = null;
console.log(nothing);

console.log(nothing2);
```

● 브라우저(크롬) 화면에서 마우스 오른쪽 버튼을 클릭한 후, **[검사]**를 선택합니다. 크롬 개발자 도구에서 **[Console]** 탭을 클릭하여 출력 결과를 확인합니다.

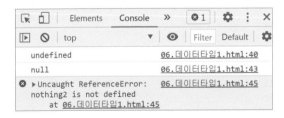

tip 선언되지 않은 변수를 호출하는 경우에는 오류가 발생합니다.

❷ 데이터 타입 확인하기   🗂️**예제** 06.데이터타입2.html

● typeof는 데이터의 데이터 타입을 확인할 때 사용하는 연산자이자 함수입니다.

```
console.log('edward', typeof 'edward');
console.log('10', typeof 10);
console.log('3.14', typeof 3.14);
console.log('true', typeof true);
console.log('false', typeof false);
console.log('myBox', typeof myBox);
console.log('null', typeof null);
console.log('nudefined', typeof undefined);
console.log('[1,2,3]', typeof [1,2,3]);
```

 tip

연산자 형식의 typeof 데이터와 함수 형식의 typeof 데이터로 사용합니다.

● 브라우저(크롬) 화면에서 마우스 오른쪽 버튼을 클릭한 후, **[검사]**를 선택합니다. 크롬 개발자 도구에서 **[Console]** 탭을 클릭하여 출력 결과를 확인합니다.

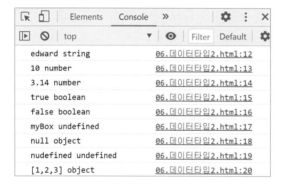

 tip

null 값의 경우 객체(object)로 표현되는 점을 주의하세요.

● 나누기 연산을 할 때, 분모에 0(영, 제로)이 들어가면 연산을 할 수 없으므로 무한대(Infinity)를 돌려줍니다.

● 숫자와 다른 데이터 타입과의 연산에서 더하기(+)를 제외한 나머지 연산을 할 때에는 숫자 계산이 아니라는 것(NaN)을 돌려줍니다.

```
// 무한대(Infinity)
console.log(1/0);

// 숫자 계산이 아닐 경우(NaN)
console.log(3 * '홍길동');

console.log(isNaN(3));
console.log(isNaN('3'));
console.log(isNaN('홍길동'));
```

tip
- NaN은 'Not a Number'라는 의미로, 숫자가 아님을 나타냅니다.
- 자바스크립트의 내장 함수 중에서 isNaN( )은 괄호 안의 값이 숫자인지 아닌지를 판명하여 숫자이면 false, 숫자가 아니면 true를 반환합니다.
- isNaN('3')의 경우 따옴표를 이용하여 문자로 표현했지만, 사실 숫자이므로 숫자로 취급됩니다.

● 브라우저(크롬) 화면에서 마우스 오른쪽 버튼을 클릭한 후, [검사]를 선택합니다. 크롬 개발자 도구에서 [Console] 탭을 클릭하여 출력 결과를 확인합니다.

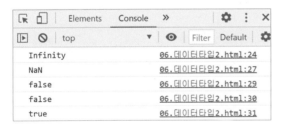

자바스크립트는 다른 프로그램 언어와 비교하면 문법이 간단하여 쉽게 배우고 다룰 수 있습니다. 하지만 최소한의 문법은 잘 익혀야 여러분의 생각을 논리적으로 표현하는 데 도움됩니다.

1 다음의 결과로 데이터 타입의 undefined와 null의 공통점과 차이점을 확인해 보세요.

📁**예제** 06.연습문제1.html

```
var myBox;
var yourBox = null;

console.log(myBox, typeof myBox);
console.log(yourBox, typeof yourBox);

console.log('==', null == undefined);
console.log('===', null == undefined);
```

❷ 변숫값에 ' '와 '   '를 할당하고 값과 데이터 타입을 비교해 보세요.

📁 **예제** 06.연습문제2.html

```
var myBox = '';
var yourBox = '        ';

console.log(myBox == yourBox);

console.log(typeof myBox, typeof yourBox);
```

 변수 myBox는 따옴표 안에 아무런 값이 없이 붙여서 표현했고, 변수 yourBox는 따옴표 안에 스페이스로 공백을 5칸으로 넣어 값을 표현했습니다.

무엇을 배울까요?

- 다양한 연산자에 대해서 알아봅니다.
- 연산자의 활용에 대해서 알아봅니다.

개념 미리 보기

연산자를 사용하여 식을 계산하고 결과를 얻는 과정을 '연산'이라고 합니다. 예를 들어 곱하기와 나누기 등의 다양한 연산자를 사용하여 삼각형의 넓이 연산을 수행할 수 있습니다.

자바스크립트를 이용하여 연산을 수행하기 위한 다양한 연산자에 대해서 알아봅니다.

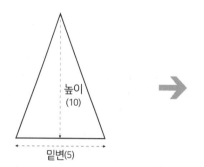

△ 삼각형의 넓이 = 밑변 * 높이 * 1/2

```
// 삼각형의 밑변
var base = 5;
// 삼각형의 높이
var height = 10;
// 삼각형의 넓이
var area = 0;

// 면적 = 밑변 * 넓이 * 높이 * 1/2
area = base * height / 2;
console.log('삼각형의 면적: ' + area);
```

△ 자바스크립트 연산자를 이용한 삼각형의 면적 계산

배울 항목 살펴보기

배울 항목	기본형	설명
산술 연산자	+, −, *, /, %	더하기(5 + 3), 빼기(5 − 3), 곱하기(5 * 3), 나누기(5 / 3), 나머지(5 % 3)
대입 연산자	=, +=, −=, *=, /=, %=	x = 5, x += 1, x −= 2, x *= 7, x /= 3, x %= 3
비교 연산자	==, >, <, >=, <=	같다 (x == 5) 크다 (x > 5), 작다(x < 5) 크거나 같다 (x >= 5), 작거나 크다 (x <= 5)
논리 연산자	||(or), &&(and), !(not)	true || true, true && false, !true
증감 연산자	++, −−	1증가(x ++), 1감소(x −−)
삼항 조건 연산자	(조건식)? 실행문1:실행문2;	3개의 항으로 구성되는 연산자 예 (age>18) ? '투표 가능' : '투표 불가능';

 **따라 하기**

다양한 연산을 수행하기 위해서 자바스크립트에서 제공하는 산술, 대입, 비교, 논리, 증감, 삼항 조건 연산자에 대해서 알아봅니다.

❶ 산술 연산자 📂 **예제** 07.연산자1.html

● 산술 연산자는 더하기(+), 빼기(-), 곱하기(*), 나누기(/), 그리고 나머지(%)로 구성됩니다.

● 2개의 문자열에 대한 덧셈 연산은 2개의 문자열을 연결합니다.

```
// 변수 선언 및 초기화
var x = 10, y = 4, z;

// 연산 수행 및 결과 출력
z = x + y;
console.log('x + y = ' + z );
z = x * y;
console.log('x * y = ' + z );
z = x % y;
console.log('x % y = ' + z );

x = '홍';
y = '길동';
console.log(x+y);
```

 tip
● 산술 연산자는 피연산자가 2개 필요하기 때문에 이항 연산자라고도 합니다.
● 10%4는 10을 4로 나눈 나머지 값을 반환하므로, 결과는 2입니다.

100

● 브라우저(크롬) 화면에서 마우스 오른쪽 버튼을 클릭한 후, **[검사]**를 선택합니다. 크롬 개발자 도구에서 **[Console]** 탭을 클릭하여 출력 결과를 확인합니다.

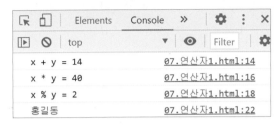

❷ 대입 연산자　　📁 **예제** 07.연산자2.html

● 대입 연산자는(=) 오른쪽의 연산된 데이터를 왼쪽의 변수에 저장할 때 사용합니다.

● 축약 연산자(+=, -=, *=, /=, %=)는 대입 연산자와 산술 연산자를 축약한 형태입니다.

```
var x = 20;
console.log('x = ' + x);
x += 5;  // x = x + 5;
console.log('x += 5 -> x = ' + x);
x *= 5;  // x = x * 5;
console.log('x *= 5 -> x = ' + x);
x %= 5;  // x = x % 5;
console.log('x %= 5 --> x = ' + x);
```

tip
● 축약 연산자는 산술 및 대입 연산자를 이용하여 풀어서 사용할 수 있습니다.
● x값에는 연산 결과가 대입되고, 그 결과가 연산에 계속 사용되고 있음에 주의하세요.

● 브라우저(크롬) 화면에서 마우스 오른쪽 버튼을 클릭한 후, **[검사]**를 선택합니다. 크롬 개발자 도구에서 **[Console]** 탭을 클릭하여 출력 결과를 확인합니다.

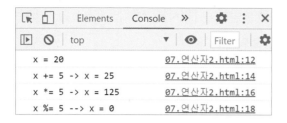

● 산술 연산자와 대입 연산자를 이용하여 삼각형의 넓이를 계산해 봅니다.

```
// 삼각형의 밑변
var base = 5;
// 삼각형의 높이
var height = 10;
// 삼각형의 넓이
var area = 0;

// 면적 = 밑변 * 넓이 * 높이 * 1/2
area = base * height / 2;
console.log('삼각형의 면적: ' + area);
```

● 브라우저(크롬) 화면에서 마우스 오른쪽 버튼을 클릭한 후, **[검사]**를 선택합니다. 크롬 개발자 도구에서 **[Console]** 탭을 클릭하여 출력 결과를 확인합니다.

❸ 비교 연산자   📁 **[예제]** 07.연산자3.html

● 2개의 데이터를 비교(크다, 작다, 같다)하여 참(true)과 거짓(false)의 논리형 데이터로 반환합니다.

```
var x = 5,  y = 8;
console.log('x == y ->' + (x == y));
console.log('x == y ->' + (x == y));
console.log('x > y ->' + (x > y));
console.log('x < y ->' + (x < y));

x = 5;
console.log('x == \'5\' ->' + (x == '5'));
console.log('x === \'5\' ->' + (x === '5'));
```

- ===은 데이터와 데이터형이 같은지를 비교하여 논리형 데이터로 반환합니다.

==와 ===의 차이점

x == '5'는 2개의 데이터가 같으므로, 참(true)을 반환합니다. 그러나 x === '5'는 하나가 정수형 데이터이고, 나머지 하나는 문자형 데이터이기 때문에 거짓(false)을 반환합니다.

- 브라우저(크롬) 화면에서 마우스 오른쪽 버튼을 클릭한 후, **[검사]**를 선택합니다. 크롬 개발자 도구에서 **[Console]** 탭을 클릭하여 출력 결과를 확인합니다.

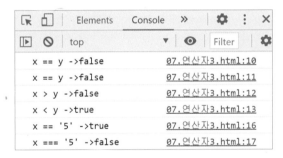

❹ **논리 연산자**   📂**[예제]** 07.연산자4.html

- 논리 연산자(||, &&, !)는 주어진 조건식을 판단하여 참(true)과 거짓(false)의 논리형 데이터로 반환합니다.

```
var x = true, y = false;
console.log('x || y -> ' + (x || y));
console.log('x && y -> ' + (x && y));
console.log('!x -> ' + (!x));
```

- ||(or)는 2개의 피연산자 중에 하나라도 참(true)이면 참(true)을 반환합니다.
- &&(and)는 2개의 피연산자 모두가 참(true)이어야 참(true)을 반환합니다.
- !(not)는 피연산자 논리 데이터 값의 반대 결과를 반환합니다.

● 브라우저(크롬) 화면에서 마우스 오른쪽 버튼을 클릭한 후, [검사]를 선택합니다. 크롬 개발자 도구에서 [Console] 탭을 클릭하여 출력 결과를 확인합니다.

❺ 증감 연산자   🗂 예제 07.연산자5.html

● 증감 연산자는 변수 이름에 ++나 --를 붙여서 변수의 데이터를 1씩 증가(++)시키거나, 1씩 감소(--)시키는 연산자입니다.

```
var x = 10, y = 0;
x ++;
console.log('x = '+ x);
x --;
console.log('x = '+ x);
y = x ++;  // x를 먼저 y에 넣고, x를 1 증가시킴
console.log('x = '+ x + ', y = ' + y);
y = -- x;  // x를 먼저 1 감소하고, x를 y에 넣음
console.log('x = '+ x + ', y = ' + y);
```

● 브라우저(크롬) 화면에서 마우스 오른쪽 버튼을 클릭한 후, **[검사]**를 선택합니다. 크롬 개발자 도구에서 **[Console]** 탭을 클릭하여 출력 결과를 확인합니다.

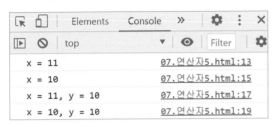

❻ 삼항 조건 연산자   📁**예제** 07.연산자6.html

● 삼항 조건 연산자는 삼항(조건식, 실행문1, 실행문2)으로 구성됩니다. 조건식을 비교하여 실행문1을 실행할지, 실행문2를 실행하지 결정합니다.

```
var x = 10, y = 5;
var result = (x >= y) ? 'x >= y' : 'x < y';
console.log('result => ' + result);
```

● 브라우저(크롬) 화면에서 마우스 오른쪽 버튼을 클릭한 후, **[검사]**를 선택합니다. 크롬 개발자 도구에서 **[Console]** 탭을 클릭하여 출력 결과를 확인합니다.

연습 문제 도전하기

지금까지 자바스크립트 코드를 이용하여 다양한 연산자에 대해서 배웠습니다. 배운 내용을 응용하여 다음 문제를 풀어 보세요.

❶ 몸무게와 신장을 입력받아 BMI를 계산하고, BMI 정상 수치(23)와 비교하여 비만을 판단하는 자바스크립트 코드입니다. 다음 A와 B를 채워 보세요.

📂**예제** 07.연습문제1.html

```
var height = 170;
var weight = 50;
var normal = 23; // BMI 정상 수치

var = BMI = (   A   );
BMI = BMI.toFixed(0);

console.log('신장: ' + height);
console.log('몸무게(kg): ' + weight);
console.log('BMI: ' + BMI);
var result = (   B   ) ? '비만입니다.' : '비만이 아닙니다.';
console.log('판정 결과: ' + result);
```

[출력 결과]

신장: 170	07.연습문제1.html:20
몸무게(kg): 50	07.연습문제1.html:21
BMI: 17	07.연습문제1.html:22
판정 결과: 비만이 아닙니다.	07.연습문제1.html:24

2 증감 및 축약 연산 후에 x, y, z의 값이 어떻게 변화될지 예측해 보세요.

📁 **예제** 07.연습문제2.html

```
var x = 1, y = 1, z = 1
y = x ++;
console.log('1번 x = ' + x + ' y = ' + y);
z = ++ x;
console.log('2번 x = ' + x + ' z = ' + z);
y += z;
console.log('3번 y = ' + y + ' z = ' + z);
```

[출력 결과]

```
1번 x = 2 y = 1        07.연습문제2.html:11
2번 x = 3 z = 3        07.연습문제2.html:13
3번 y = 4 z = 3        07.연습문제2.html:15
```

8일째 조건문과 반복문

무엇을 배울까요?

- 조건문에 대해서 알아봅니다.
- 반복문에 대해서 알아봅니다.

개념 미리 보기

　일반적으로 프로그램은 위에서 아래 방향으로 진행되는데, 이것을 '순차문'이라고 합니다. 그러나 때로는 어떤 조건에 의해서 실행문을 선택(조건문)하거나 실행문을 반복(반복문)하는 경우도 있습니다. 프로그램의 순차적인 흐름을 제어하는 조건문과 반복문에 대해서 알아봅니다.

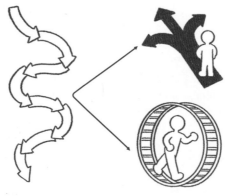

• 조건문
조건에 따라
여러 개의 실행문 중 하나를
선택하도록 프로그램의
흐름을 제어함.

• 순차문
위에서 아래로,
왼쪽에서 오른쪽으로
흐르는 프로그램의 흐름.

• 반복문
조건에 따라
실행문을 반복하도록
프로그램의 흐름을 제어함.

배울 항목 살펴보기

배울 항목	기본형	설명
조건문	if 문	조건식이 참(true)이면 실행합니다.
	if-else 문	조건식이 참(true) 또는 거짓(false)에 따라 실행합니다.
	if-else if 문	여러 개의 조건식에 대해서 참(true) 또는 거짓(false)을 판별하고 실행합니다.
	switch 문	경우(case)의 값을 검사하여 실행합니다.
반복문	for 문	for 문의 조건식이 참(true)일 경우에 실행합니다.
	while 문	while 문의 조건식이 참(true)일 경우에 실행합니다.
	do-while 문	처음에는 조건에 상관없이 실행되며, 두 번째부터는 while 문의 조건식이 참(true)일 경우에만 실행합니다.

 **따라 하기**

조건문

조건문은 순차적인 프로그램의 흐름과는 달리, 선택적으로 실행문을 제어합니다.

❶ **if 문** 📁 **예제** 08.조건문1.html

- if 문은 if의 키워드와 조건식으로 구성되며, 조건식이 참(true)일 경우 실행문을 실행합니다.

  [기본 형식]
  if(조건식) 실행문;

 tip
> 조건식에 사용되는 비교 연산자와 논리 연산자는 '102-104쪽'을 참고하세요.

- x에 10을 저장한 후, if 문을 이용하여 x값이 100보다 작으면, 'x값은 100보다 작습니다.'라고 출력합니다.

  ```
  var x = 10;
  if(x < 100){
      console.log('x값은 ' + x +'입니다.');
      console.log('x값은 100보다 작습니다.');
  }
  ```

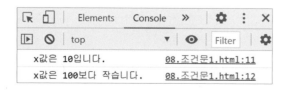

tip
if(x<100)는 '만약 x값이 100보다 작으면'으로 해석할 수 있으며, 이 조건문이 참(true)이면, 해당 실행문이 수행됩니다.

❷ if-else 문    예제 08.조건문2.html

● if-else 문은 if와 else의 키워드와 조건식으로 구성됩니다. 조건식이 참(true)이면 실행문1이 실행되고, 거짓(false)이면 실행문2가 실행됩니다.

[기본 형식]
if(조건식) 실행문1;
else 실행문2;

```
var y = 100;
if(y < 50){
    console.log('y값은 50보다 작습니다.');
}
else{
    console.log('y값은 50보다 큽니다.');
}
```

	Elements Console » ⚙ ⋮ ✕
▶ 🚫 top ▼ 👁 Filter ⚙	
y값은 50보다 큽니다.	08.조건문2.html:21

tip
• 여러 개로 구성된 실행문은 { }(브레이스)로 실행문의 처음과 끝을 묶어 주면, 여러 개의 실행문을 수행시킬 수 있습니다. 실행문이 하나일 경우에는 { }를 사용하지 않아도 됩니다.
• 조건식에는 논리 연산자를 이용하여 다양한 조건식이 들어갈 수 있습니다. 예를 들어, 조건식으로 'y값이 50보다 크고, 70보다 작다면'을 사용하고 싶다면, if(y>50 && y<70) 와 같이 구성하면 됩니다.

● z에 25를 저장한 후, if-else 문을 이용하여 입력된 값이 짝수인지 홀수인지를 판별해 봅니다.

```
var z = 25;
if(z % 2 == 0)
    console.log("z는 짝수입니다.");
else
    console.log("z는 홀수입니다.");
```

tip
- 입력 숫자를 2로 나누어 나머지가 0이면 짝수이고, 0이 아니면 홀수입니다.
- z의 값에 따라 결과가 달라지는 것을 확인해 보세요.

❸ if-else if 문   📂**예제** 08.조건문3.html

● if-else if 문은 2가지 이상의 조건식과 실행문으로 구성됩니다. 조건식이 참(true)이면 해당 실행문이 실행되고, 조건식이 모두 참이 아니면 마지막 else의 실행문이 실행됩니다.

[기본 형식]
if(조건식) 실행문1;
else if(조건식2) 실행문2;
else 실행문3;

● 100m 달리기에서 걸린 시간(초)을 runningTime 변수에 저장하고, if-else if 문을 이용하여 저장된 시간(초)에 따라 다른 메시지를 출력해 봅니다.

```
var runningTime = 15;

if(runningTime <= 10)
    console.log('매우 빠릅니다.');
else if(runningTime <= 12)
    console.log('빠릅니다.');
else if(runningTime <= 15)
    console.log('잘했어요.');
else
    console.log('연습이 필요해요.');
```

tip
- 10초 이하, 12초 이하, 15초 이하와 그 이상으로 분류하여 메시지를 출력합니다.
- runningTime 값에 따라서 메시지의 결과가 달라지는 것을 확인해 보세요.

● 브라우저(크롬) 화면에서 마우스 오른쪽 버튼을 클릭한 후, **[검사]**를 선택합니다. 크롬 개발자 도구에서 **[Console]** 탭을 클릭하여 출력 결과를 확인합니다.

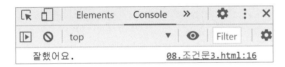

❹ switch 문   📋 **예제** 08.조건문4.html

● switch 문은 식과 case 문으로 구성되며, case 문은 값과 실행문으로 이루어져 있습니다. 식의 값이 case 문의 값과 일치하면, 해당 case 문의 실행문이 수행됩니다.

[기본 형식]
```
switch(식){
   case 값1: 실행문1;
        break;
   case 값2: 실행문2;
        break;
   default: 실행문3
}
```

● 과일 이름을 입력받아 해당 과일의 가격을 알려 주는 프로그램을 구성해 봅니다.

```
var price = 0;
var fruit = '사과';
switch(fruit){
    case '사과' :
        price = 5000;
        break;
    case '바나나' :
        price = 3000;
        break;
    case '배' :
        price = 6000;
        break;
    default :
        console.log('입력된 과일은 팔지 않습니다.');
        break;
}

if(price != 0)
    console.log(fruit + '의 가격은 ' + price + '원입니다.');
```

tip

- 과일 이름은 fruit 변수에 저장되고, 과일 가격은 price 변수에 저장됩니다. 만약 switch 문의 fruit 값과 일치하는 값이 case 문에 없다면, default 문이 실행됩니다.
- price 값은 0으로 초기화됩니다. 과일 이름에 사과, 바나나, 배 이외의 과일이 입력될 경우, price 값이 계속 0이기 때문에 마지막 if 문의 실행문이 실행되지 않습니다.

● 브라우저(크롬) 화면에서 마우스 오른쪽 버튼을 클릭한 후, **[검사]**를 선택합니다. 크롬 개발자 도구에서 **[Console]** 탭을 클릭하여 출력 결과를 확인합니다.

반복문

반복문은 자바스크립트에서 가장 중요한 요소 중 하나로 컴퓨터에 반복적인 작업을 지시합니다. 인간은 반복적인 작업을 하다 보면 실수를 하거나 지칠 수 있습니다. 하지만 컴퓨터는 인간을 대신하여 반복적인 작업을 잘 수행할 수 있습니다.

❶ for 문 ⌨ **예제** 08.반복문1.html

● for 문은 초깃값, 조건식, 실행문, 그리고 증감식으로 구성됩니다. 초깃값은 처음 한 번만 실행되며, 조건식이 참(true)일 동안 실행문과 증감식을 반복하여 실행합니다.

```
[기본 형식]
for(①초깃값;②조건식;④증감식){
    ③실행문;
}
* 실행 순서: ①초깃값 →
            ②조건식 → ③실행문 → ④증감식 →
            ②조건식 → ③실행문 → ④증감식 →
            ②조건식 → 끝

// ②~④가 반복하여 실행되며, ②조건식이 거짓이면, 해당 for 문을 종료합니다.
```

 tip 조건식에는 논리 연산과 비교 연산이 주로 사용됩니다.

● for 문을 이용하여 1부터 5까지 출력해 봅니다.

```
var x;   초깃값  조건식  증감식
for(x = 1; x <= 5; x ++){
    console.log(x);
}      실행문
```

● 브라우저(크롬) 화면에서 마우스 오른쪽 버튼을 클릭한 후, **[검사]**를 선택합니다. 크롬 개발자 도구에서 **[Console]** 탭을 클릭하여 출력 결과를 확인합니다.

 tip 초깃값, 조건식, 증감식을 조정하여 출력에 어떤 변화가 생기는지를 아래 예제를 통하여 확인할 수 있습니다.

● 초깃값을 변경합니다.

● 초깃값을 x = 3으로 설정하면, x값은 3부터 5까지 1씩 증가하며 출력됩니다.

```
console.log('x가 3부터 5까지 출력');
for(x = 3; x <= 5; x++){
    console.log(x);
}
```

● 브라우저(크롬) 화면에서 마우스 오른쪽 버튼을 클릭한 후, **[검사]**를 선택합니다. 크롬 개발자 도구에서 **[Console]** 탭을 클릭하여 출력 결과를 확인합니다.

- 증감식을 변경합니다.

- 증감식을 x =+2로 설정하면 x값은 2씩 증가하며 출력됩니다.

```
console.log('x가 1부터 5까지 2씩 증가하며 출력');
for(x = 1; x <= 5; x += 2){
    console.log(x);
}
```

> **tip**
>
> 증감식에는 다양한 수식이 올 수 있습니다.

- 브라우저(크롬) 화면에서 마우스 오른쪽 버튼을 클릭한 후, **[검사]**를 선택합니다. 크롬 개발자 도구에서 **[Console]** 탭을 클릭하여 출력 결과를 확인합니다.

❷ while 문 - 1 📁 **예제** 08.반복문2.html

- while 문은 조건식이 참(true)일 동안 실행문을 반복하여 실행합니다. 초깃값은 처음 한 번만 실행되며, 조건식이 참(true)일 동안 실행문과 증감식을 반복하여 실행합니다.

```
[기본 형식]
①초깃값
while(②조건식){
    ③실행문;
    ④증감식;
}
```

* 실행 순서: ①초깃값→

②조건식 → ③실행문 → ④증감식 →

②조건식 → ③실행문 → ④증감식 →

②조건식 → 끝

// ②~④가 반복하여 실행되며, ②조건식이 거짓이면, while 문이 종료됩니다.

 tip

while 문의 초깃값은 while 문 조건식 밖에서 선언되며, 증감식에 의해서 조절됩니다.

● while 문을 이용하여 x가 1부터 5까지 증가하면서 x의 제곱을 계산하는 프로그램을 반복문으로 작성해 봅니다.

```
var x = 1;
var result = 0;
while(x <= 5){
    result = x * x;
    console.log(x + '*' + x + '=' + result);
    x++;
}
```

 tip

● x에 초깃값 1을 저장하면, x값이 5 이하일 때까지 while 문 안의 실행문과 증감식이 반복하여 실행됩니다.
● x의 제곱 값을 result에 저장한 후 x에 1을 더하여 while 문의 조건식과 비교합니다.

● 브라우저(크롬) 화면에서 마우스 오른쪽 버튼을 클릭한 후, [검사]를 선택합니다. 크롬 개발자 도구에서 [Console] 탭을 클릭하여 출력 결과를 확인합니다.

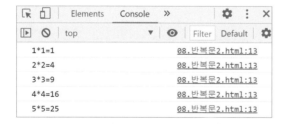

❸ while 문 - 2 　📂**예제**08.반복문3.html

● 구구단의 단을 입력해서 해당 단의 구구단 값을 출력하여 봅니다.

● x에 출력할 구구단의 단을 저장합니다.

● x는 선택된 단을 의미하고, step은 구구단 계산을 위해서 1부터 9까지 증가합니다.

● x에 8을 입력하면 8단이 출력됩니다.

```javascript
var x = 8;
var step = 1;
var result = 0;
while(step <= 9){
    result = x * step;
    console.log(x + '*' + step + '=' + result);
    step++;
}
```

● 브라우저(크롬) 화면에서 마우스 오른쪽 버튼을 클릭한 후, **[검사]**를 선택합니다. 크롬 개발자 도구에서 **[Console]** 탭을 클릭하여 출력 결과를 확인합니다.

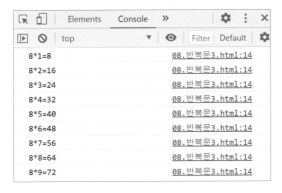

❹ break 문   📂**예제** 08.반복문4.html

● break 문은 실행 중인 반복문을 임의의 조건에 의해서 중단할 때 사용됩니다.

● i가 1부터 10까지 1씩 증가하면서 i의 값을 출력하는 반복문에서 i == 5로 설정하면, break 문이 실행되어 반복문을 중단하도록 작성해 봅니다.

```
for(i = 1; i <= 10; i++){
    console.log(i);
    if(i == 5){
        console.log('break;에 의해서 종료');
        break;
    }
}
```

> **tip**
>
> break 문을 포함하는 i의 조건식을 변경하여, 결과가 어떻게 달라지는지 확인해 보세요.

● 브라우저(크롬) 화면에서 마우스 오른쪽 버튼을 클릭한 후, [검사]를 선택합니다. 크롬 개발자 도구에서 [Console] 탭을 클릭하여 출력 결과를 확인합니다.

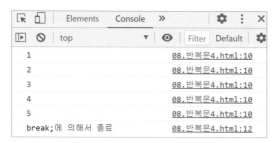

❺ continue 문 📁**예제** 08.반복문5.html

● continue 문은 반복문의 수행 경로를 변경하는 경우에 사용됩니다.

● 1부터 10까지 1씩 증가하면서 숫자 5와 7을 제외하고, 해당 숫자를 출력해 봅니다. continue 문을 이용하면, 쉽게 해당 프로그램을 구현할 수 있습니다.

```
for(i = 1; i <= 10; i++){
    if(i == 5 || i == 7){
        console.log('continue 문에 의해서 실행 제외');
        continue;
    }
    console.log(i);
}
```

 tip 프로그램 실행 중간에 i가 5 또는 7이면 continue 문을 만나게 됩니다. 이 경우에는 continue 문 이후의 실행문을 실행하지 않고, 바로 증감식(i++)으로 점프하여 그다음 반복문을 수행합니다.

● 브라우저(크롬) 화면에서 마우스 오른쪽 버튼을 클릭한 후, **[검사]**를 선택합니다. 크롬 개발자 도구에서 **[Console]** 탭을 클릭하여 출력 결과를 확인합니다.

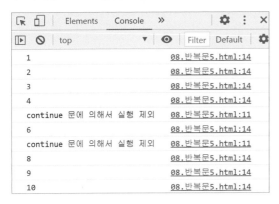

지금까지 자바스크립트 코드를 이용하여 조건문과 반복문으로 구성된 제어문에 대해서 배웠습니다. 배운 내용을 응용하여 다음 문제를 풀어 보세요.

1 week에 요일을 저장하면 요일에 따라 '정상 수업', '수업 없음', '잘못 입력'을 출력하는 프로그램입니다. 다음 A와 B를 채워 보세요.

📂**예제** 08.연습문제1.html

```javascript
var week = prompt('요일을 입력하세요.(월-금)');

if(  A  )
  console.log('정상 수업');
else if(  B  )
  console.log('수업 없음');
else
  console.log('잘못 입력');
```

[출력 결과]

- 괄호 A: 월, 수, 금이 입력되면, [정상 수업]을 출력하도록 조건문을 구성합니다.
- 괄호 B: 화, 목이 입력되면, [수업 없음]을 출력하도록 조건문을 구성합니다.
- else 구문: 만약 A와 B의 조건에 맞지 않으면, [잘못 입력]을 출력됩니다.

2 사용자로부터 아이디를 3번까지 입력받아 입력된 아이디와 저장된 아이디가 같으면 '~님 반갑습니다.'를 출력하고, 다르면 'ID가 잘못 입력되었습니다.'를 출력하는 프로그램입니다. 다음 A와 B를 채워 보세요.

📁**예제** 08.연습문제2.html

```
var ID = 'Car';  // 저장된 아이디
for(var i = 0; i < 3; i++){  // 저장된 아이디와 입력된 아이디가 같은지를 체크
    var idInput = prompt('아이디를 입력하세요.');
    if(  A  ){
        console.log(idInput + '님 반갑습니다.');
        (  B  )
    }else{
        console.log('ID가 잘못 입력되었습니다.');
    }
}
```

[출력 결과]

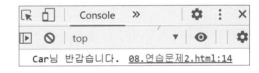

- prompt 사용: 사용자로부터 값을 입력받기 위해 prompt('메시지', '초깃값')를 이용합니다. 입력받은 값은 idInput에 저장됩니다.
- 괄호 A: ID와 idInput의 값이 같은지를 비교하는 코드가 들어갑니다.
- 괄호 B: ID와 idInput의 값이 같으면 해당 메시지를 출력하고, 해당 for 문을 빠져나옵니다.

9일째 함수와 코드의 재활용

무엇을 배울까요?

- 함수에 대해서 알아봅니다.
- 함수를 이용한 코드의 재활용에 대해서 알아봅니다.

 개념 미리 보기

함수(function)는 특정한 일을 하도록 디자인된 코드 블록입니다. 함수를 실행하기 위해서는 함수를 만들어야 하는데, 이것을 '함수를 정의한다.'고 합니다. 그리고 해당 함수는 필요할 때 호출하여 사용하는데, 한번 만든 함수는 계속 사용할 수 있으므로 코드의 재활용성이 높아집니다. 아래 그림은 '클락(clock)'이라는 현재 시각을 알려주는 함수를 정의하고, 현재 시각이 궁금할 때마다 클락 함수를 호출하여 현재 시각을 알아내는 과정입니다.

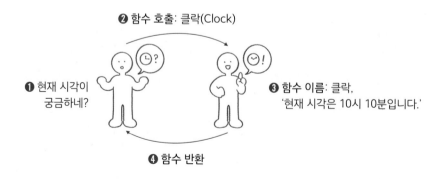

❷ 함수 호출: 클락(Clock)

❶ 현재 시각이 궁금하네?

❸ 함수 이름: 클락, '현재 시각은 10시 10분입니다.'

❹ 함수 반환

배울 항목 살펴보기

배울 항목	기본형	설명

함수	함수 정의	특정한 일을 하는 코드 블록을 의미합니다.
		
		``javascript
		function clock() {
		    var d = new Date();
		    return d.getHours() + '시 ' + d.getMinutes() +'분 ';
		}
		``

	함수 호출	만들어진 함수를 사용하기 위해서 함수를 호출합니다. var currentTime = clock();
변수	지역 변수	함수 안에서 선언되며, 해당 함수 안에서만 사용합니다.
	전역 변수	함수 밖에서 선언되며, 모든 함수에서 사용합니다.

 **따라 하기**

함수

함수(function)는 특정한 일을 하도록 디자인된 코드 블록입니다. 함수를 생성하고 활용하는 방법에 대해서 알아봅니다.

❶ 함수의 정의와 호출 📁 **예제** 09.함수1.html

● 함수의 정의는 function 키워드, 함수 이름과 괄호(( ))로 구성됩니다.

[기본 형식]
```
function 함수 이름(파라미터1, 파라미터2, 파라미터3, …){
    // 실행할 코드
    return;
}
```

 tip 함수의 이름은 문자, 숫자, 특수 문자($)로 구성합니다.

● 괄호는 콤마(,)로 구분되는 파라미터를 포함할 수 있습니다. 파라미터의 값은 함수 호출 시에 순서대로 전달됩니다.

● 함수 실행 중에 return 문을 만나면 해당 함수는 종료됩니다.

● 함수의 이름은 multiplier이며, 2개의 파라미터 x와 y로부터 값을 입력받아 곱셈을 수행하고, 결괏값을 반환하는 기능을 합니다.

```
함수를 만드는
키워드          함수 이름  매개 변수
function multiplier(x, y){
    var result;
    result = x * y;

    return result;
}
```

tip 파라미터는 함수 실행 시 필요한 데이터들을 전달하는 방법입니다.

● 함수를 실행하기 위해 함수를 호출합니다. 함수의 호출은 함수의 이름과 파라미터에 해당하는 값을 순서대로 입력하면 됩니다.

[기본 형식]
함수 이름(값1, 값2, 값3, …);

● multiplier()에 5와 11을 파라미터로 전달하고, 함수 호출의 결과를 result에서 받아 출력하도록 구성해 봅니다.

```
결괏값을
저장하는 변수   함수 호출  매개 변수 전달
var result = multiplier(5,11);
console.log('5 * 11 = ' + result);
```

● 브라우저(크롬) 화면에서 마우스 오른쪽 버튼을 클릭한 후, **[검사]**를 선택합니다. 크롬 개발자 도구에서 **[Console]** 탭을 클릭하여 출력 결과를 확인합니다.

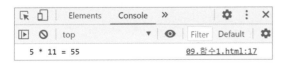

- multiplier()의 파라미터 전달 시 직접 데이터를 전달해도 되고, 변수를 이용하여 전달해도 됩니다.

```
console.log('x와 y 변수 이용');
var x = 5;
var y = 10;
result = multiplier(x,y);
console.log( 'x * y= ' + result);
console.log( 'x * y= ' + multiplier(x,y));
```

 tip 이처럼 multiplier()는 다양한 형식으로 데이터를 파라미터로 전달하는데, 한 번의 함수 정의로 계속하여 사용할 수 있습니다. 이를 '함수의 재활용성'이라고 합니다.

- 브라우저(크롬) 화면에서 마우스 오른쪽 버튼을 클릭한 후, **[검사]**를 선택합니다. 크롬 개발자 도구에서 **[Console]** 탭을 클릭하여 출력 결과를 확인합니다.

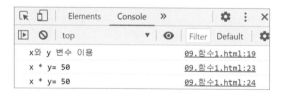

❷ 함수의 정의 및 활용 예제 - 1   📂**예제** 09.함수2.html

- name(이름)과 age(나이)를 입력받아 해당 정보를 출력하는 함수 myIntro()를 정의하고 활용하는 프로그램을 만들어 봅니다.

- 함수의 이름은 myIntro이고, 파라미터로 name과 age를 전달받아 출력하는 함수입니다.

- 2개의 파라미터를 문자열로 설정하고 myIntro()를 호출합니다.

```
function myIntro(name, age){
    console.log('내 이름은 ' + name + '입니다.');
    console.log('내 나이는 ' + age + '입니다.');
}

myIntro('홍길동','12세'); // 함수 호출
myIntro('홍순이','13세'); // 함수 호출
```

 tip 파라미터로 전달되는 데이터에 따라서 myIntro()의 출력 결과가 달라지는 것을 확인해 보세요.

● 브라우저(크롬) 화면에서 마우스 오른쪽 버튼을 클릭한 후, **[검사]**를 선택합니다. 크롬 개발자 도 구에서 **[Console]** 탭을 클릭하여 출력 결과를 확인합니다.

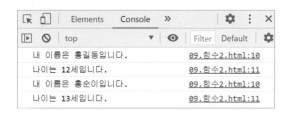

❸ 함수의 정의 및 활용 예제 - 2 📁 **예제** 09.함수3.html

● num1과 num2를 입력받아 큰 수를 반환하는 함수 BigNumber()를 정의하고 활용하는 프로그 램을 만들어 봅니다.

● BigNumber()는 파라미터 num1과 num2를 통해서 2개의 변수를 입력 받습니다. 조건문을 이용하여 2개의 수 중에서 큰 수를 num3에 저장하고 반환합니다.

● BigNumber()에 125와 352를 입력하여 파라미터로 전달합니다. 해당 함수의 반환 값은 big 변 수에 저장하고 출력합니다.

- 변수 a와 b에 200과 100을 입력하고, BigNumber()에 파라미터로 a와 b를 전달합니다. 해당 함수의 반환값을 big 변수에 저장하고 출력합니다.

```javascript
function BigNumber(num1, num2){
    var num3;
    if(num1 > num2)
        num3 = num1;
    else
        num3 = num2;

    return num3;
}

var big;
big = BigNumber(125,352); // 함수 호출
console.log('큰 수: ' + big);
var a,b;
a = 200;
b = 100;
big = BigNumber(a,b); // 함수 호출
console.log('큰 수: ' + big);
```

- 브라우저(크롬) 화면에서 마우스 오른쪽 버튼을 클릭한 후, [검사]를 선택합니다. 크롬 개발자 도구에서 [Console] 탭을 클릭하여 출력 결과를 확인합니다.

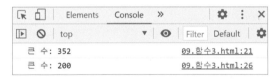

```
큰 수: 352          09.함수3.html:21
큰 수: 200          09.함수3.html:26
```

❹ return 문 활용하기   📂 예제 09.함수4.html

- return 문을 활용한 함수의 정의입니다.

- printStar()는 파라미터 number에 양의 정수를 입력받아 해당 수만큼 _*_를 출력합니다.

- printStar()에 -2를 입력하면 '숫자를 잘못 입력하셨습니다.'라는 메시지를 출력하고 함수는 종료합니다. 그러나 5를 입력하면 함수는 제대로 작동하는 것을 알 수 있습니다.

```
function printStar(number){
    if(number < 1){
        console.log('숫자를 잘못 입력하셨습니다.');
        return;
    }

    var i;
    for(i = 1; i <= number; i++)
        console.log('-*-');
}

printStar(-2); // 함수 호출
printStar(5); // 함수 호출
```

 tip 입력된 number의 값이 1보다 작으면 함수가 제대로 작동하지 않으므로 경고 메시지를 출력하고, return 문을 이용하여 해당 함수를 종료하도록 함수를 구성합니다.

- 브라우저(크롬) 화면에서 마우스 오른쪽 버튼을 클릭한 후, **[검사]**를 선택합니다. 크롬 개발자 도구에서 **[Console]** 탭을 클릭하여 출력 결과를 확인합니다.

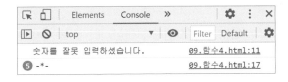

❺ 재귀 함수 활용하기   📁**예제** 09.함수5.html

- 재귀 함수(recursion function)는 함수 정의 안에서 자신을 호출하는 함수입니다. 함수 자체를 반복문처럼 여러 번 호출하면서 다양한 응용 프로그램을 효율적으로 구성할 수 있습니다.

● 재귀 함수를 포함하는 함수를 정의합니다.

sumRecursion()는 num 값을 1씩 증가(num++)시키고, sum에 num 값을 더하는 기능(sum +=num)을 수행합니다. 이때 sumRecursion()를 재귀 호출하며, 해당 함수가 수행하는 기능 (num++, sum += num)을 반복문처럼 연속적으로 수행하도록 프로그램을 구성합니다.

● 연속적인 재귀 함수의 num 값이 10일 경우 return 문을 이용하여 재귀 함수를 종료합니다.

```
var sum = 0;
var num = 1;
function sumRecursion(){
    sum += num;
    console.log('sum = ' + sum);
    if(num == 10){
        return;
    }
    num++;
    sumRecursion(); // 재귀 호출
}
sumRecursion(); // 함수 호출
```

tip 재귀 함수를 이용한 함수의 장점은 프로그램의 이해도 증가, 변수 사용의 감소 등이 있습니다.

● 브라우저(크롬) 화면에서 마우스 오른쪽 버튼을 클릭한 후, [검사]를 선택합니다. 크롬 개발자 도구에서 [Console] 탭을 클릭하여 출력 결과를 확인합니다.

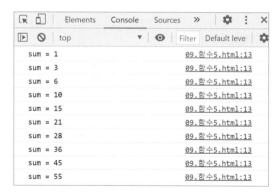

지역 변수와 전역 변수

변수는 유효 범위에 따라 지역 변수(Local Variable)와 전역 변수(Global Variable)로 구분됩니다. 각 변수의 선언 및 활용에 대해서 알아봅니다.

❶ 지역 변수와 전역 변수 📁**예제** 09.함수6.html

- 지역 변수는 함수가 종료되면 사라지는 변수를 말합니다. 변수가 함수 안에서 선언되고, 함수의 안에서만 사용됩니다.

- a() 함수에는 지역 변수 x가 선언되어 있습니다. 함수 안에서 x에 값을 저장하고 출력하면 정상적인 값이 출력됩니다.

```
function a(){
    var x;
    x = 5;
    console.log('함수 안에서 x값 출력: ' + x);
}

// a 함수 호출
a();
```

- 브라우저(크롬) 화면에서 마우스 오른쪽 버튼을 클릭한 후, **[검사]**를 선택합니다. 크롬 개발자 도구에서 **[Console]** 탭을 클릭하여 출력 결과를 확인합니다.

● 만약 지역 변수를 해당 함수 밖에서 접근하면 에러 메시지가 출력됩니다.

```
a();
console.log('함수 밖에서 x값 출력: ' + x);
```

tip 지역 변수는 함수가 종료되면 메모리에서 사라집니다. 그러므로 함수 밖에서 지역 변수에 접근하면 지역 변수가 정의되지 않았다는 에러 메시지('x is not defined')가 출력됩니다.

● 전역 변수는 프로그램 전체에서 사용할 수 있는 변수입니다. 변수가 함수 밖에서 선언되고, 모든 함수의 안과 밖에서 사용 가능합니다.

● 함수 안에서 전역 변수를 사용할 경우: b() 함수는 전역 변수로 선언된 y 변수에 10을 저장하고, y 변수를 출력합니다.

● 함수 밖에서 전역 변수를 사용할 경우: y에는 b() 함수를 통해서 10이 저장되어 있습니다. b() 함수 밖에서 전역 변수 y에 10을 더하여 출력하면, y의 결괏값은 20이 됩니다.

```
console.log('전역 변수 사용 예');
var y = 0;
function b(){
    y = 10; // 함수 안에서 전역 변수 사용
    console.log('b() 안에서 y값은 ' + y);
}

b();
y += 10; // 함수 밖에서 전역 변수 사용
console.log('b() 밖에서 y값은 ' + y);
```

전역 변수 사용 예 09.함수6.html:19
b() 안에서 y값은 10 09.함수6.html:23
b() 밖에서 y값은 20 09.함수6.html:28

❷ 전역 변수와 지역 변수의 이름이 같을 경우   📁 **예제** 09.함수7.html

- 변수 num이 전역 변수로도 선언되고, 지역 변수로도 선언되면 어떤 결과를 출력할지 예제를 통해서 알아봅니다.

- 함수 안에서 선언된 지역 변수 num은 전역 변수 num보다 우선순위를 갖습니다. 함수 안에서 num 값을 출력하면 지역 변수 num 값 10이 출력됩니다.

- 함수 밖에서 선언된 전역 변수 num은 함수 밖에서 유효하며, 함수 안의 num과는 상관없습니다. 따라서 함수 밖에서 num 값을 출력하면 5가 출력됩니다.

```
var num = 5;
function test(){
    var num = 10;
    console.log('1. num = ' + num);
}
test();
console.log('2. num = ' + num);
```

1. num = 10 09.함수7.html:12
2. num = 5 09.함수7.html:15

tip   함수 안에서는 지역 변수가 사용되고, 함수 밖에서는 전역 변수가 사용됩니다.

연습 문제 도전하기

지금까지 자바스크립트 코드를 이용하여 함수의 정의, 호출, 지역 변수와 전역 변수에 대해서 배웠습니다. 배운 내용을 응용하여 다음 문제를 풀어 보세요.

① 2개의 양수를 파라미터 a와 b로 전달받아 a가 b의 배수이면 'a는 b의 배수입니다.'를 출력하고, 배수가 아니면 'a는 b의 배수가 아닙니다.'를 출력하는 multipleCheck(a, b) 함수의 정의입니다. 다음 A와 B를 채워 보세요.

📂 **예제** 09.연습문제1.html

```
function multipleCheck(a, b){
    if(  A  ){
        console.log('양수를 입력하세요.');
        (  B  );
    }
    if(a%b == 0) console.log('a는 b의 배수입니다.');
    else console.log('a는 b의 배수가 아닙니다.');
}
var a = -10, b = 2;
multipleCheck(a, b);
a = 10, b = 2;
multipleCheck(a, b);
```

 • 괄호 A: a와 b의 값이 양수인지를 검사하는 자바스크립트 코드를 넣어 보세요.
• 괄호 B: 만약 a와 b의 값이 양수가 아니면, 함수를 종료하는 실행문을 넣어 보세요.

2 starX 변수는 전역 변수와 printStarX()의 지역 변수로 선언되어 있습니다.

printStar() 호출 시 파라미터로 3을 전달하면, '*'을 몇 개 출력하는지 실행 결과를

예측해 보세요.

예제 09.연습문제2.html

```javascript
var srarX = 1;
function printStar(Num){
    for(starX = 1; starX <= Num; starX++){
        printStarX(starX);
    }
}

function printStarX(Num){
    var starX;
    for(starX = 1; starX <= Num; starX++){
        console.log('*');
    }
}

printStar(3);
```

[출력 결과]

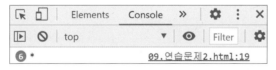

 • printStar()에서 파라미터에 의해서 printStarX가 몇 번 호출되는지 생각해 보세요.
• printStarX() 안에서 전역 변수와 지역 변수 중 어떤 변수에 우선순위가 있는지 생각해 보
세요.

10_{일째} 객체와 배열

개념 미리 보기

사람, 자동차 등 우리 주변에 있는 모든 사물을 객체라고 합니다. 객체들은 일반적으로 속성과 기능을 갖습니다. 예를 들어 사람은 이름, 나이, 주소 등의 속성과 말하기, 보기, 걷기, 달리기 등의 기능을 갖습니다. 자바스크립트는 객체라는 개념을 이용하여 프로그램을 체계적으로 만듭니다. 이번 장에서는 객체를 만들고 사용하는 방법에 대해 자세히 알아봅니다.

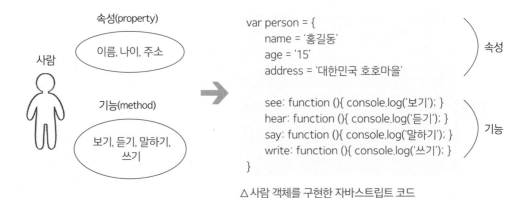

△사람 객체를 구현한 자바스트립트 코드

138

배울 항목 살펴보기

배울 항목	기본형	설명

객체
(Object)
	객체 정의	속성(property)과 메소드(method)입니다.
		
		``js
		var person = {
		    Name: 'Gildong Hong',
		    Eating: function(){
		        return this.Name + '가 밥을 먹고 있습니다';
		    }
		}
		``

	객체 속성 접근	속성 및 메소드 접근입니다. • 속성: person, Name • 메소드: person, Eating()
	this 키워드	객체 내의 변수에 대한 접근을 위한 키워드입니다. this.Name
배열 (Array)	배열 생성	var cars ={'소형차', '중형차', '대형차'};
	배열 메소드	cars.toString(), cars.pop(), cars.push(), cars.sort() 등

 **따라 하기**

객체(Object)

자바스크립트에서는 객체들을 효과적으로 구현하기 위해서 객체의 개념을 사용합니다. 객체 속성 및 메소드로 구성되는 객체의 생성과 활용 방법에 대해서 알아봅니다.

❶ 객체 변수를 이용한 객체 생성　　📁**예제** 10.객체1.html

● 객체 변수를 이용하여 객체를 생성할 때는 변수 생성과 같이 var 키워드를 이용합니다.

● 속성은 하나 이상으로 정의될 수 있으며, [이름:값]의 형태로 표현합니다.

● 메소드는 하나의 함수로 구성되며, [메소드명:function(){}]의 형태로 표현합니다.

● 객체의 속성은 [객체명.속성명]으로, 메소드는 [객체명.메소드명()]으로 접근합니다.

```
var car ={
    company: 'A회사',
    model: '중형차',
    myCarInfo: function(){
        console.log('내 차는 ' +
            this.company + '의 ' + this.model + '입니다.');
    }
}

console.log('회사 이름: ' + car.company);
console.log('차의 모델명: ' + car.model);
car.myCarInfo();
```

● 객체 변수를 이용하여 생성된 car 객체는 2개의 속성과 1개의 메소드로 구성됩니다. company는 제조사를, model은 차의 모델명을 저장합니다. myCarInfo() 메소드는 차를 소개하는 내용을 출력합니다. 각 속성은 car.company와 car.model로 접근하고, 메소드는 car. myCarInfo()로 접근합니다.

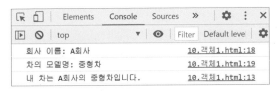

❷ 객체 생성 및 활용   🗁 **(예제** 10.객체2.html

● 객체 변수 book을 이용하여 책에 관련된 객체를 생성합니다.

● 속성은 출판사(publisher), 도서명(name), 가격(price)으로 생성합니다.

● 메소드는 책의 가격과 구매 권수를 입력받아 총 가격을 알려주는 기능인 showPrice()를 생성합니다.

```javascript
var book ={
    publisher: '다락원',
    name: '오늘부터 자바스크립트',
    price: 23000,
    showPrice: function(num){
        var totalPrice = this.price * num;
        return totalPrice;
    }
}

console.log('도서명: ' + book.name);
console.log('출판사: ' + book.publisher);
console.log('3권의 가격: ' + book.showPrice(3) + '원');
```

- book.name과 book.publisher로 도서명과 출판사명을 출력하고, book.showPrice(3)를 이용하여 책 3권의 가격을 출력합니다.

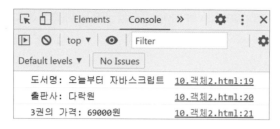

❸ 생성자 함수를 이용한 객체 생성 방식　　🖱 **예제** 10.객체3.html

- 객체 변수를 이용한 객체의 생성은 하나의 객체를 생성하고자 할 때 사용됩니다. 그러나 객체의 틀을 만들어 놓고, 그 틀을 바탕으로 여러 개의 객체를 생성하고자 할 때는 생성자(constructor) 함수를 이용하는 객체 생성 방식을 사용합니다.

```
function Car(company, model){
    this.company = company;          ⎫
    this.model = model;              ⎬ 속성
    this.myCarInfo = function(){     ⎭
        console.log('내 차는 ' +       ⎫
                this.company + '의 ' +  ⎬ 메소드
                this.model + '입니다.');  ⎭
    }
}
```

- function 키워드와 괄호를 이용하여 생성자 함수를 구성합니다. 객체 생성자 함수의 이름은 보통 첫 글자를 대문자로 사용합니다.

- 생성자 함수를 이용한 객체의 생성은 new 키워드를 사용합니다.

```
var car1 = new Car('A회사', '중형차');
var car2 = new Car('B회사', '소형차');
```

- 생성자 함수는 일반 함수처럼 파라미터를 추가할 수 있습니다. 파라미터는 일반적으로 객체의 속성을 초기화하는 데 사용됩니다.
- 생성자 함수 안의 변수와 메소드에는 this라는 키워드를 붙입니다. this는 생성자 함수 자체를 가리키는 키워드로, 'this.변수'는 생성자 함수 안의 모든 메소드에서 전역 변수처럼 사용될 수 있습니다.

● Car 생성자 함수의 파라미터 값을 달리하여, car1과 car2의 서로 다른 속성값을 갖는 객체를 생성할 수 있습니다.

```
console.log('car1의 정보');
console.log('회사 이름: ' + car1.company);
console.log('차의 모델: ' + car1.model);
car1.myCarInfo();

console.log('car2의 정보');
console.log('회사 이름: ' + car2.company);
console.log('차의 모델: ' + car2.model);
car2.myCarInfo();
```

● 브라우저(크롬) 화면에서 마우스 오른쪽 버튼을 클릭한 후, [검사]를 선택합니다. 크롬 개발자 도구에서 [Console] 탭을 클릭하여 출력 결과를 확인합니다.

● car1과 car2 객체가 속성과 메소드를 이용하여 서로 다른 값을 갖는 객체가 생성되었음을 확인할 수 있습니다.

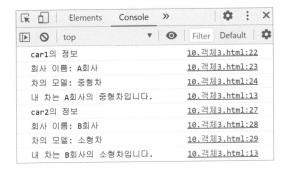

❹ 생성자 함수를 이용한 객체 생성 및 활용　　🗂️ **[예제]** 10.객체4.html

- function 키워드를 이용하여 Book 이름의 생성자 함수를 생성합니다. 파라미터는 3개로 구성되며, 생성자 안의 각 속성에 대응됩니다.

```
function Book(publisher, name, price){
    this.publisher = publisher;
    this.name = name;
    this.price = price;
    this.showPrice = function(num){
        var totalPrice = this.price * num;
        return totalPrice;
    };
}
```

- new 키워드와 Book 생성자 함수를 이용하여 서로 다른 초깃값을 갖는 book1과 book2 객체를 생성합니다.

```
var book1 = new Book('다락원', '오늘부터 자바스크립트', 23000);
var book2 = new Book('다락원', '스크래치야 반가워', 13800);
```

- 생성된 book1과 book2 객체의 정보를 출력합니다.

```
console.log('book1 객체 정보');
console.log('도서명: ' + book1.name);
console.log('출판사: ' + book1.publisher);
console.log('3권의 가격: ' + book1.showPrice(3) + '원');

console.log('book2 객체 정보');
console.log('도서명: ' + book2.name);
console.log('출판사: ') + book2.publisher);
console.log('3권의 가격: ') + book2.showPrice(3) + '원');
```

 tip 생성자 함수를 이용하여 서로 다른 객체를 생성하는 과정은 책을 만드는 공장(생성자 함수)이 서로 다른 출판사, 이름, 가격 등의 정보를 받아 다양한 종류의 책을 만들어 내는 과정과 비슷하다고 할 수 있습니다.

● 브라우저(크롬) 화면에서 마우스 오른쪽 버튼을 클릭한 후, **[검사]**를 선택합니다. 크롬 개발자 도구에서 **[Console]** 탭을 클릭하여 출력 결과를 확인합니다.

```
Elements    Console    Sources    »         ⚙  ⋮  ✕
▶  ⊘  top ▼  👁  Filter              Default levels ▼   ⚙
No Issues

book1 객체 정보                    10.객체4.html:22
도서명: 오늘부터 자바스크립트        10.객체4.html:23
출판사: 다락원                     10.객체4.html:24
3권의 가격: 69000원                10.객체4.html:25
book2 객체 정보                    10.객체4.html:27
도서명: 스크래치야 반가워           10.객체4.html:28
출판사: 다락원                     10.객체4.html:29
3권의 가격: 41400원                10.객체4.html:30
```

배열(Array)

변수는 데이터 1개를 저장할 수 있는 저장소입니다. 그러나 때로는 하나의 변수에 여러 개의 데이터를 한 번에 저장하여 관리할 수 있다면 아주 편리할 것입니다.
자바스크립트에서 제공하는 Array 객체 생성자 함수를 이용하여 여러 개의 데이터를 한 번에 저장하고 활용하는 방법에 대해서 알아봅니다.

❶ 배열 생성 및 원소 읽고 추가하기   📖 **예제** 10.배열1.html

● 배열을 생성하는 방법은 2가지가 있습니다.

● new 키워드와 Array 객체 생성자 함수를 이용하여 배열을 생성합니다. 배열 안의 데이터(원소, element)는 Array 생성자 함수의 파라미터로 설정합니다.

```
         배열명                      원소(element)
var myArray = new Array (1, 2, '딸기', 0.54);
```

● [ ]와 원소를 같이 구성하여 배열을 생성합니다. 예제에서는 3개의 문자열 데이터를 배열의 원소로 설정하고 car 배열을 생성하였습니다.

```
var car = ['소형차', '중형차', '대형차'];
var fruit = ['딸기', '사과', '오렌지'];
```

● 배열에 저장된 원소에 대한 접근은 [ ]와 인덱스(index)를 이용합니다.

● car 배열에는 3개의 원소가 있으며, 첫 번째 원소는 car[0]을 이용하여 접근합니다.

● car 배열에 4번째 원소를 추가하기 위해서, car[3]에 '스포츠카'를 추가할 수 있습니다.

● car 배열에 첫 번째 인덱스의 값을 '중형차'에서 '버스'로 바꾸려면 car[1]='버스'를 입력합니다.

```
// 인덱스0 원소 읽기
console.log('인덱스 0의 원소: ' + car[0]);

// 인덱스2 원소 읽기
console.log('인덱스 2의 원소: ' + car[2]);

// 인덱스 3에 원소 추가하기
car[3] = '스포츠카';
console.log('car 배열의 원소: ' + car.toString());

// 인덱스 1에 원소 바꾸기
car[1] = '버스';
console.log('car 배열의 원소: ' + car.toString());
```

- 배열의 원소에 접근하기 위해 인덱스(index)가 사용되며, 0부터 시작합니다.
- toString() 메소드는 배열 원소들을 문자열로 바꿉니다.

● 브라우저(크롬) 화면에서 마우스 오른쪽 버튼을 클릭한 후, **[검사]**를 선택합니다. 크롬 개발자 도구에서 **[Console]** 탭을 클릭하여 출력 결과를 확인합니다.

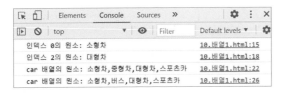

❷ 배열의 속성과 메소드   📁 **예제** 10.배열2.html

● 배열명.length는 배열에 저장된 데이터의 총개수를 반환합니다.

```
console.log('1. fruit.length');
var fruit = ['사과', '배', '바나나'];
console.log('fruit: ' + fruit);
console.log('fruit.length: ' + fruit.length);
```

● 실행 결과를 살펴보면, 데이터의 총개수 3이 출력되었습니다.

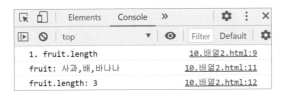

배열명을 입력하면 전체 배열에 있는 데이터를 출력합니다.

● 배열명.sort()는 배열에 저장된 원소의 순서를 바꿉니다. 한글은 가나다순(오름차순)으로 출력합니다.

```
console.log('2. fruit.sort()');
fruit = ['사과', '배', '바나나'];
console.log('fruit (before): ' + fruit);
console.log('fruit.sort(): ' + fruit.sort());
console.log('fruit (after): ' + fruit);
```

● 실행 결과를 살펴보면, fruit 배열의 데이터 순서가 변경되었습니다.

● 배열명.join('문자')는 배열의 모든 원소를 '문자'로 연결합니다.

```
console.log('3. fruit.join()');
fruit = ['사과', '배', '바나나'];
console.log('fruit (before): ' + fruit);
console.log('fruit.join(): ' + fruit.join('-'));
console.log('fruit (after): ' + fruit);
```

● 실행 결과를 살펴보면, 배열에 저장된 데이터가 문자 '-'로 연결되었습니다.

● 배열명.pop()는 배열에 저장된 원소 중에서 마지막 데이터를 제거합니다.

```
console.log('4. fruit.pop()');
fruit = ['사과', '배', '바나나'];
console.log('fruit (before): ' + fruit);
console.log('fruit.pop(): ' + fruit.pop());
console.log('fruit (after): ' + fruit);
```

● 실행 결과를 살펴보면, fruit 3개의 데이터 중에서 마지막 데이터인 '바나나'가 제거되고, 2개의
데이터(사과, 배)만 출력되었습니다.

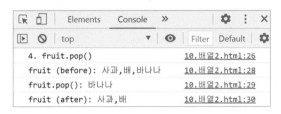

● 배열명.push(입력 데이터)는 입력 데이터를 배열에 저장된 원소의 마지막에 추가합니다.

```
console.log('5. fruit.push()');
fruit = ['사과', '배', '바나나'];
console.log('fruit (before): ' + fruit);
console.log('fruit.push(): ' + fruit.push('딸기'));
console.log('fruit (after): ' + fruit);
```

● 실행 결과를 살펴보면, 배열 데이터의 개수는 총 4개이고, 마지막에 '딸기'가 추가되었습니다.

- 배열명.shift()는 배열 데이터 중에서 첫 번째 원소를 제거합니다.

```
console.log('6. fruit.shift()');
fruit = ['사과', '배', '바나나'];
console.log('fruit (before): ' + fruit);
console.log('fruit.shift(): ' + fruit.shift());
console.log('fruit (after): ' + fruit);
```

- 실행 결과를 살펴보면, 배열 데이터의 개수는 총 2개이고, 첫 번째 원소인 '사과'가 제거되었습니다.

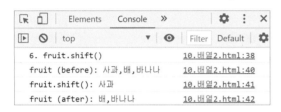

- 배열명.unshift(입력 데이터)는 배열 데이터 중에서 첫 번째 인덱스에 입력 데이터를 추가합니다.

```
console.log('7. fruit.unshift()');
fruit = ['사과', '배', '바나나'];
console.log('fruit (before): ' + fruit);
console.log('fruit.unshift(): ' + fruit.unshift('귤'));
console.log('fruit (after): ' + fruit);
```

- 실행 결과를 살펴보면, 배열 데이터의 개수는 총 4개이고, 맨 앞에 '귤'이 추가되었습니다.

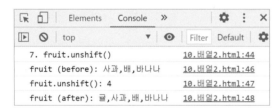

● 배열명.splice(index1, index2, '추가 데이터')는 index1에 위치한 배열 원소를 index2에 적힌 개수만큼 제거하고, index1 위치에 '추가 데이터'를 삽입합니다.

```
console.log('8. fruit.splice()');
fruit = ['사과', '배', '바나나'];
console.log('fruit (before): ' + fruit);
console.log('fruit.splice(): ' + fruit.splice(1,1,'수박'));
console.log('fruit (after): ' + fruit);
```

tip splice(1, 1, '수박')는 index1에서 문자 1개를 지우고, 그 자리에 '수박'을 삽입하라는 의미입니다.

● 실행 결과를 살펴보면, 인덱스는 0부터 시작되므로 '배'가 제거되고, '수박'이 삽입되었습니다.

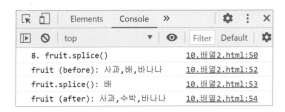

● 배열명.slice(index1, index2)는 배열에서 index1에서부터 index2-1까지의 원소를 반환합니다.

```
console.log('9. fruit.slice()');
fruit = ['사과', '배', '바나나'];
console.log('fruit (before): ' + fruit);
console.log('fruit.slice(1,2): ' + fruit.slice(1,2));
console.log('fruit (after): ' + fruit);
```

● 실행 결과를 살펴보면, 1(index1)부터 1(index2-1)까지 인덱스를 갖는 데이터인 '배'를 반환하였습니다.

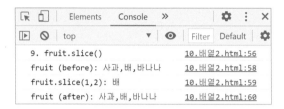

● 배열명1.concat(배열명2)는 배열명1에 배열명2를 추가합니다.

```
console.log('10. fruit.concat()');
fruit = ['사과', '배', '바나나'];
var fruit1 = ['딸기', '수박'];
console.log('fruit (before): ' + fruit);
console.log('fruit.concat(): ' + fruit.concat(fruit1));
console.log('fruit (after): ' + fruit);
```

● 실행 결과를 살펴보면, 배열명1의 원소에는 변화가 없습니다. 다만, fruit.concat(fruit1)은 두 배열의 원소를 결합한 결과를 반환합니다.

❸ 배열 예제 (1)   🗁 **예제** 10.배열3.html

● 배열을 이용하여 점수의 총개수와 평균을 출력하는 예제입니다.

● new Array() 객체 생성 방식을 이용하여, 국어, 영어, 수학, 과학의 점수를 배열 원소로 갖는 score 배열을 초기화합니다.

● for 문을 이용하여 배열에 저장된 각 과목의 점수를 sum 변수에 저장합니다.

● 총점(sum)과 총개수(score.length)로 평균을 계산하여 출력합니다.

```javascript
// 국어: 80, 영어: 75, 수학: 90, 과학: 85
var score = new Array(80,75,90,85);

console.log('점수의 총개수: ' + score.length);

var sum = 0, average;
for(var i=0; i < score.length; i++)
    sum += score[i];

average = sum / score.length;

console.log('점수의 평균: ' + average);
```

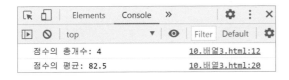

tip 배열은 인덱스를 이용하여 for 문과 같은 반복문을 실행할 수 있으므로 여러 개의 데이터를 처리할 경우에 사용합니다.

❹ 배열 예제 (2)　　🖱**예제** 10.배열4.html

● <div>에 배열을 이용하여 배경색과 배경색 이름을 출력하는 예제입니다.

● <div>에 대한 CSS 스타일을 설정합니다.

```
div{
    width: 100px;
    height: 50px;
    text-align: center;
    line-height: 50px;
}
```

● 배열을 이용하여 배경색으로 사용할 4개의 색을 colors 배열 변수에 저장합니다.

```
<script>
var colors = ['red', 'yellow', 'gray', 'aqua'];

for(var i=0; i<colors.length; i++){
    var str = '<div style="background-color: ' + colors[i] + '">' + colors[i] + '</div>';
    document.write(str);
}
</script>
```

● for 문을 실행하여 <div>는 각각 다른 색을 가진 colors 배열로 브라우저에 표시됩니다.

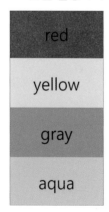

● colors[0]의 경우 브라우저에 출력되는 코드는 <div style="background-color:red">red</div>입니다. 배열을 이용하여 빨간색으로 된 부분만 바뀌면서 출력됩니다.

● document.write('<div>문자열</div>') 메소드는 write() 안의 문자열을 html 태그로 해석하여 브라우저에서 결과를 보여줍니다.

지금까지 자바스크립트 코드를 이용하여 객체 및 배열의 생성과 활용 방법에 대해 배웠습니다. 배운 내용을 응용하여 다음 문제를 자바스크립트 코드로 구현해 보세요.

❶ [디지털TV 객체 속성 및 메소드] 표를 보고, 생성자 함수를 이용하여 출력한 디지털 TV 객체의 생성자입니다. 다음 A와 B를 채워 보세요.

🗁 **예제** 10.연습문제1.html

[객체 생성자]

```
function digitalTV(   A   ){
    this.company = company;
    this.size = size;
    this.channel = channel;
    this.showDigitalTV = function(){
        console.log(this.company +
        '의 제품이고, 크기는 ' + this.size + '입니다.');
    };
    this.upChannel = function(){
        (   B   );
        console.log('현재 채널은 ' + this.channel + '입니다.');
    };
    this.downChannel = function(){
        this.channel--;
        console.log('현재 채널은 ' + this.channel + '입니다.');
    };
}
```

[실행 코드]

```
var aTV = new digitalTV('A회사', '60', 7);
var bTV = new digitalTV('B회사', '45', 7);

aTV.showDigitalTV();
aTV.upChannel();

bTV.showDigitalTV();
bTV.downChannel();
```

[디지털TV 객체 속성 및 메소드]

속성 이름	설명(값)	메소드 이름	설명(값)
회사(company)	제조 회사 정보	showDigitalTV()	디지털TV의 스펙 소개
크기(size)	TV의 사이즈 (인치) 정보	upChannel()	채널을 올리고, 현재 채널 정보를 보여주는 메소드
채널(channel)	채널 정보	downChannel()	채널을 내리고, 현재 채널 정보를 보여주는 메소드

[출력 결과]

```
A회사의 제품이고, 크기는 60입니다.    10.연습문제1.html:14
현재 채널은 8입니다.                10.연습문제1.html:19
B회사의 제품이고, 크기는 45입니다.    10.연습문제1.html:14
현재 채널은 6입니다.                10.연습문제1.html:23
```

- 괄호 A: 디지털TV 객체 생성자 함수는 3개의 파라미터를 받아 객체 안의 각 속성을 초기화합니다.
- 괄호 B: upChannel()는 채널을 올리는 메소드이므로 속성값을 증가시키는 코드를 작성합니다.

2 cars 배열 변수에 3개의 원소가 초깃값으로 설정되어 있습니다. 아래의 기능을 수행하는 데 필요한 배열 객체의 메소드를 생각해 보세요.

📁 **예제** 10.연습문제2.html

```
var cars = ['소형차', '중형차', '대형차'];
```

[출력 결과]

1. 스포츠카,소형차,중형차,대형차   10.연습문제2.html:12
2. 스포츠카,소형차,중형차,대형차,버스   10.연습문제2.html:15
3. 스포츠카,소형차,대형차,버스   10.연습문제2.html:18
4. 대형차,버스,소형차,스포츠카   10.연습문제2.html:21

[순서]
① cars 배열의 원소 맨 앞에 '스포츠카'를 삽입하기 위한 배열 객체의 메소드를 적어 보세요.
② ①번 문제 실행 결과에서, cars 배열의 제일 마지막 원소에 '버스'를 삽입하는 배열 객체의 메소드를 적어 보세요.
③ ②번 문제 실행 결과에서 '중형차'를 제거하는 배열 객체의 메소드를 적어 보세요.
④ ③번 문제의 실행 결과에서 cars의 배열 원소를 가나다순(오름차순)으로 나열하기 위한 배열 객체의 메소드를 적어 보세요.

무엇을 배울까요?

- 문자열 생성 방법에 대해서 알아봅니다.
- 문자열을 다루기 위한 다양한 메소드에 대해서 알아봅니다.

개념 미리 보기

문자열(String)은 자바스크립트 안의 텍스트로, 문자열 객체의 다양한 메소드를 이용할 수 있습니다. 아래의 문자열 "Hello HTML World"에서 'HTML' 단어를 'Javascript'로 바꾸는 프로그램을 생각해 봅니다. 이러한 프로그램을 구성하려면 우선 'HTML'을 찾아 해당 위치에 'Javascript' 단어를 넣어야 하는데, 많은 자바스크립트 코드가 필요합니다. 그러나 replace() 를 이용하면 아래와 같이 한 줄로 프로그램을 쉽게 구현할 수 있습니다. 문자열의 생성 방법 및 다양한 메소드의 사용 방법을 알아봅시다.

'HTML'을 'Javascript'로 바꾸고 싶은데 쉬운 방법이 없을까요?

| 'Hello HTML World' | | 'Hello Javascript World' |

replace('HTML','Javascript');

String 객체의 replace 메소드를 활용하면, 쉽게 원하는 결과를 얻을 수 있어요.

배울 항목 살펴보기

배울 항목	기본형	설명
문자열	문자열 생성	문자열의 생성은 텍스트를 따옴표로 감싸거나 String 객체를 이용하여 생성할 수 있습니다. var fruit = '사과를 좋아해요'; var fruit = new String('사과를 좋아해요');
	문자열 메소드	문자열은 String 객체에서 제공하는 메소드를 활용하여 다양한 작업을 쉽게 할 수 있습니다. fruit.indexOf('사과'); fruit.slice(3,5); fruit.substring(3,2); fruit.replace('사과','수박'); fruit.split(' ');

 **따라 하기**

문자열

문자열은 자바스크립트 안의 텍스트를 의미합니다. 문자열을 효과적으로 다루기 위한 문자열 생성 방법 및 String 객체에서 제공하는 다양한 메소드에 대해서 알아봅니다.

❶ 문자열 생성   📖**예제** 11.문자열1.html

● 변수에 텍스트를 큰따옴표 또는 작은따옴표로 감싸서 문자열을 생성하는데, 이러한 방식을 리터럴(literal) 생성 방식이라고 합니다.

```
// 큰따옴표
var animalLike1 = "나는 호랑이를 좋아합니다.";
// 작은따옴표
var animalLike2 = '나는 사자를 좋아합니다.';

console.log(animalLike1);
console.log(animalLike2);
```

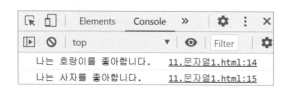

 tip 리터럴(literal)은 고정된 값(데이터)을 의미하는 용어로, 변수에 문자열 데이터를 직접 대입하여 문자열을 생성하는 방식입니다.

● 큰따옴표 또는 작은따옴표를 연속으로 사용하면 자바스크립트가 따옴표의 시작과 끝을 혼동하여 오류가 발생합니다. 따옴표를 연속적으로 사용할 경우 겹치지 않도록 주의합니다.

```
var animalLike1 = "나는 "호랑이"를 좋아합니다.";
```

● 문자열에서 특수 문자를 입력하면 오류가 발생합니다. 따라서 따옴표 등의 특수 문자를 사용할 때는 '\(backslash)'를 이용합니다.

```
animalLike1 = '나는 \'호랑이\'를 좋아합니다.';
console.log(animalLike1);
```

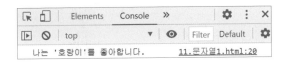

tip

<문자열 안에서의 의미>

코드	문자열 안에서의 의미	사용 예시	결과
\'	작은따옴표	\'호랑이\'	'호랑이'
\"	큰따옴표	\"호랑이\"	"호랑이"
\\	\사용	\\호랑이\\	\호랑이\
\t	탭(tab) 사용	호\t랑\t이	호 랑 이

● 문자열과 문자열의 결합은 '+'를 사용하여 연결합니다.

```
animalLike1 = '나는 \'호랑이\'와 ';
animalLike2 = '\'사자\'를 좋아합니다.';
console.log(animalLike1 + animalLike2);
```

● 문자열을 생성하는 다른 방법으로 String 객체를 이용한 문자열 생성이 있습니다.

```
var foodLike1 = new String('짜장면');
var foodLike2 = '짜장면';
console.log(foodLike1);
console.log(foodLike2);
```

tip
- 리터럴 방식과 문자열 간의 '+' 연산 방식은 각자 문자열을 생성하는 방법이 다르지만, 생성된 이후에는 모두 String 객체의 메소드를 사용할 수 있습니다.
- foodLike1과 같이 String 객체를 이용하여 생성된 문자열 객체는 실행을 할 때 복잡한 과정을 거치게 됩니다. 따라서 보통 리터럴(literal) 방식으로 문자열을 생성합니다.

● 문자열 생성 방식에 따른 문자열 객체를 비교해 봅니다.

● 리터럴 방식의 문자열 변수와 String 객체를 이용한 문자열 객체를 비교하면 '=='은 저장된 문자열의 값이 같으므로 결과는 참(true)을 반환합니다.

● '==='은 저장된 값은 같지만 데이터 타입이 다르므로 거짓(false)을 반환합니다.

```
console.log("두 개의 문자열 비교: " );
if(foodLike1 == foodLike2)
    console.log("(==) 비교 결과는 같습니다." );
else
    console.log("(==) 비교 결과는 다릅니다." );

if(foodLike1 === foodLike2)
    console.log("(===) 비교 결과는 같습니다." );
else
    console.log("(===) 비교 결과는 다릅니다." );
```

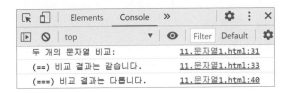

❷ 문자열의 속성 및 메소드 📁**[예제]** 11.문자열2.html

● 문자열.length는 문자열의 길이를 반환합니다.

```
var str = 'ABCDE';
console.log(str.length);
str = '킹콩';
console.log(str.length);
```

tip
- str 변수에 'ABCDE' 문자열을 저장한 후, length 속성을 이용하여 문자열 길이를 알 수 있습니다.
- 한글도 똑같이 적용됩니다.

● 문자열.indexOf('찾는 문자열')는 문자열에서 찾는 문자열의 인덱스를 반환합니다.

```
str = 'ABCDE';
console.log(str.indexof('D'));
console.log(str.indexof('F'));
```

• 문자열에서 'D'는 3번째 인덱스에 있으므로, 3을 반환합니다.
• 문자 'F'는 문자열에서 찾을 수 없으므로, -1을 반환합니다.

● 문자열.slice(인덱스1,인덱스2)는 인덱스1에서 인덱스2-1까지 사이의 문자열을 반환합니다.

```
str = '나는 사과를 좋아합니다.';
// 문자열에서 '사과'를 가져오려면
console.log(str.slice(3,5));
```

• 문자열에서 각 문자는 인덱스로 접근할 수 있으며, 인덱스는 0부터 시작됩니다. '사과'의 경우 처음부터 인덱스를 카운트하면 3과 4입니다. 따라서 3에서부터 4까지의 문자열을 가져오려면, 인덱스1=3, 인덱스2=5(인덱스2-1)를 입력합니다.
• 인덱스2가 생략되면 인덱스1부터 끝까지의 문자열을 반환합니다.

● 문자열.substring(인덱스1,인덱스2)는 인덱스1에서 인덱스2-1 사이의 문자열 반환합니다.

```
str = '나는 비행기를 좋아합니다.';
// 문자열에서 '비행기'를 가져오려면
console.log(str.substring(3,6));
```

'비행기'에 해당하는 문자열의 인덱스는 3, 4, 5입니다. 따라서 인덱스1=3, 인덱스2=6을 입력합니다.

● 문자열.substr(인덱스,길이)는 문자열에서 인덱스의 길이만큼 문자열을 잘라서 반환합니다.

```
str = '나는 바다에서 고래를 보았습니다.';
// 문자열에서 '고래'를 가져오려면
console.log(str.substr(8,2));
console.log(str.substr(8));
```

- 문자열에서 '고래'를 가져오려면, 인덱스는 8이고 길이는 2로 해야 합니다.
- 길이가 생략되면 해당 인덱스부터 문자열의 끝까지 잘라내어 반환합니다.

● 문자열.replace(문자열1,문자열2)는 문자열에서 문자열1을 찾아서 문자열2로 대체합니다.

```
str = '나는 역사 박물관을 방문했습니다.';
console.log(str.replace('역사','과학'));
console.log(str.replace('한국','미국'));
```

- 문자열에서 '역사'를 찾아 '과학'으로 교체하여 문자열을 반환합니다.
- 찾는 문자열이 없으면 원래의 문자열을 반환합니다.

● 문자열.toUpperCase()와 문자열.toLower Case()는 문자열을 모두 대문자나 소문자로 변환하여 반환합니다.

```
str = 'abCDEFghijKLMN';
console.log(str.toUpperCase());
console.log(str.toLowerCase());
```

● 문자열.concat(문자열1,문자열2,...)는 문자열에 문자열1, 문자열2 등을 순서대로 나열합니다.

```
var str1 = '나의 이름은 ';
var str2 = '홍길동';
var str3 = '입니다. ';
console.log(str1.concat(str2));
console.log(str1.concat(str2,str3));
```

● 문자열.trim()은 빈칸이나 탭 공간 등 문자열의 앞뒤 공백을 제거한 새로운 문자열을 반환합니다.

● str1에는 공백을 포함하는 문자열이 저장되어 있어서 str1에 str2의 문자열을 결합하면 공백을 포함하는 문자열이 출력됩니다.

● str1.trim()에서 문자열 앞뒤의 공백을 제거하고 str2를 결합하면 '세종대왕'과 같이 문자열이 출력됩니다.

```
str1 = '세종  ';
str2 = '대왕';
console.log(str1.concat(str2));
console.log(str1.trim().concat(str2));
```

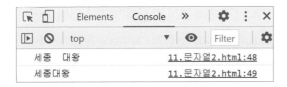

- 문자열.split()은 문자열을 여러 개의 문자열로 분리하고, 각 문자열을 배열로 반환합니다.

- split() 메소드를 이용하여 ' ' 공백으로 str 변수 안의 문자열을 배열로 분리하고, 각 배열의 값들을 출력합니다.

- part 배열은 part[0] ='대한', part[1]='민국', part[2]='만세'로 구성되어 있습니다.

```
str = '대한 민국 만세';
var part = str.split(' ');
for(var i =0; i < part.length; i++)
    console.log(part[i]);
```

연습 문제 도전하기

지금까지 자바스크립트 코드를 이용하여 문자열 객체의 생성 및 활용 방법에 대해 배웠습니다. 배운 내용을 응용하여 다음 문제를 자바스크립트 코드로 구현해 보세요.

1 사용자로부터 전화번호를 입력받아 끝의 4자를 '*'로 바꾸는 프로그램입니다. 다음 코드 속 A와 B를 채워 보세요.

📁 **예제** 11.연습문제1.html

```
var userPhone = prompt('연락처(형식: 010-1111-2222)');
var part = userPhone.(  A  );
console.log(part[0] + '-' + (  B  ) + '-' + '****');
```

[출력 결과]

 ⇨

- 괄호 A: prompt는 입력하는 값을 문자열로 반환합니다. 특정 문자를 이용하여 문자열을 분리하는 메소드는 'split()'입니다.
- 괄호 B: 입력된 문자열은 괄호 A의 메소드를 이용하여 part 배열로 분리되며 저장됩니다. part 배열에 저장된 문자열은 배열 인덱스를 이용하여 접근 가능합니다.

❷ 사용자로부터 이메일을 입력받아 이메일 형식에서 '@'가 있는지를 체크하는 프로그램입니다. '@'가 있으면 '좋습니다.'를 출력하고, 없으면 '다시 입력하세요.'를 출력합니다. 다음 A를 채워 보세요.

🗃 **예제** 11.연습문제2.html

```javascript
var userEmail = prompt('이메일(입력형식(js@naver.com))');

// '@'가 있는지 체크
if(userEmail.(   A   ) > 0)
    console.log('좋습니다.');
else
    console.log('다시 입력하세요.');
```

[출력 결과]

[출력 결과]

💡 **tip** 괄호 A: 이메일 형식에서 '@'가 있는지 확인합니다. 문자열에서 특정 문자를 찾을 때는 [문자열.indexOf('특정 문자')]를 사용합니다.

12일째 수학과 날짜

무엇을 배울까요?

- 날짜(Date) 객체를 알아봅니다.
- 수학(Math) 객체를 알아봅니다.

개념 미리 보기

시간 정보의 생성 및 처리를 위한 Date 객체와 수학 계산을 위한 Math 객체의 속성과 메소드에 대해서 알아봅니다. 예를 들어 원의 넓이 또는 삼각 함수의 계산이 필요한 프로그램을 작성할 때, Math 객체의 다양한 속성 및 메소드를 이용하면 프로그램을 쉽게 구현할 수 있습니다.

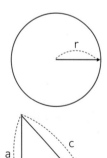

- 원의 넓이: $x = r^2 * \text{PI}$(원주율)
- 자바스크립트 코드: var x = r*r*Math.PI

- 삼각형의 대각선 길이(c의 길이): $c = \sqrt{a^2 + b^2}$
- 자바스크립트 코드: var c = Math.sqrt(Math.pow(a,2)+Math.pow(b,2))

배울 항목 살펴보기

배울 항목	기본형	설명
날짜 객체 (Date)	Date 객체 생성	Date 객체는 날짜 정보를 생성하고 저장합니다. var today = new Date();
	Date 정보 저장	2021년 5월 5월의 날짜 정보를 Date 객체에 저장합니다. var myBirthday = new Date(2021,5,5);
	Date 객체의 다양한 메서드	날짜 정보를 얻기 위한 다양한 메소드에 대해서 알아봅니다. dateInfo.getFullYear();, dateInfo.getMonth();, dateInfo.getDate();, dateInfo.getHours();
수학 객체 (Math)	Math 객체 생성	Math 객체는 new 키워드를 이용한 객체의 생성 없이 바로 Math.속성과 Math.메소드()를 이용할 수 있습니다. var math = new Date();
	Math 객체의 다양한 메소드	수학 계산을 위한 다양한 속성 및 메소드에 대해서 알아봅니다. Math.PI, Math.round(5,3);, Math.pow(4,3)

 **따라 하기**

날짜(Date Object)

날짜 또는 시간 정보 처리를 위한 Date 객체에 대해서 알아봅니다.

❶ Date 객체 생성 및 활용　　□ **예제** 12.날짜정보1.html

● new Date()의 형식으로 Date 객체를 생성합니다.

● today 객체 변수를 생성합니다. today 객체 변수에는 오늘의 날짜 및 시간 정보가 저장됩니다.

```
// Date 객체 생성
var today = new Date();
console.log('오늘 날짜 정보는: ' + today);
```

 tip　　GMT +0900은 GMT(Greenwich Mean Time)보다 9시간 빠름을 의미합니다.

● Date 객체의 다양한 메소드를 이용하여 현재 시각 및 날짜 정보를 가져옵니다.

● getDay()는 요일 정보를 0(일요일)에서 6(토요일)까지의 숫자로 반환합니다. 숫자를 요일로 변환하기 위해서는 예제처럼 Day 배열 변수에 요일을 미리 저장하고, 인덱스를 이용하여 요일을 출력합니다.

```
var weekday = ['Sunday', 'Monday', 'Tuesday',
    'Wednesday', 'Thursday', 'Friday', 'Saturday'];

console.log('연도: ' + today.getFullYear());
console.log('월: ' + (today.getMonth()+1));
console.log('일: ' + today.getDate());
console.log('요일: ' + weekday[today.getDay()]);
console.log('시: ' + today.getHours());
console.log('분: ' + today.getMinutes());
console.log('초: ' + today.getSeconds());
```

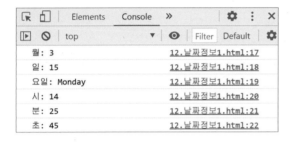

 tip

월 정보는 0부터 시작되므로 1을 더하는 연산을 수행하면 됩니다. 정확한 월의 정보를 출력하기 위해서는 parseInt()를 이용하여 문자열을 정수로 바꾸고, 1을 더하는 연산을 합니다.

<Date 객체의 날짜 및 시간 정보 메소드 1>

메소드	의미
getFullYear()	연도 반환
getMonth()	월(0~11) 반환
getDate()	일(1~31) 반환
getDay()	요일(0~6) 반환
getHours()	시(0~23) 반환
getMinutes()	분(0~59) 반환
getSeconds()	초(0~59) 반환

❷ 새로운 날짜 및 시간 정보 저장　　🖰**예제** 12.날짜정보2.html

● 특정 날짜와 시간에 대한 정보를 저장하는 Date 객체를 생성합니다.

● Date 객체에 6개의 파라미터(연, 월, 일, 시, 분, 초)를 입력하여 특정 날짜 정보를 저장합니다.

```
// 특정한 날짜에 대한 정보를 갖는 Date 객체 생성
var birthDay = new Date(2005,4,5,10,10,10);
console.log('birthDay: ' + birthDay);
```

tip　　'월'은 4로 입력했지만, 월 정보는 0부터 시작하기 때문에 5월(May)로 저장됩니다. 요일은 자동으로 계산하여 출력됩니다.

● Date 객체의 다양한 메소드를 이용하여 특정 시각 및 날짜 정보를 저장합니다.

```
var birthDay = new Date();
// 2030,11,11,11,11,11
date.setFullYear(2030);
date.setMonth(10); // 11월
date.setDate(11);
date.setHours(11);
date.setMinutes(11);
date.setSeconds(11);
console.log('특정 날짜로 저장: ' + date);
```

메소드	의미	메소드	의미
setFullYear()	연도 반환	setHours()	시(0~23) 반환
setMonth()	월(0~11) 반환	setMinutes()	분(0~59) 반환
setDate()	일(1~31) 반환	setSeconds()	초(0~59) 반환
setDay()	요일(0~6) 반환		

\<Date 객체의 날짜 및 시간 정보 메소드 2>

❸ 날짜 및 시간 정보의 연산   📋 **예제** 12.날짜정보3.html

● 특정 날짜에서 50일 이후의 날짜를 알고 싶은 경우에는 특정 날짜(일) 정보(getDate())를 읽은 후, 50을 더하고 setDate()를 이용하여 저장합니다.

```
// 50일 이후의 날짜는
var date = new Date(2021,10,10);
console.log('날짜 정보는: ' + date);
date.setDate(date.getDay() + 50);
console.log('현재 날짜 +50일 이후의 날짜는: ' + date);
```

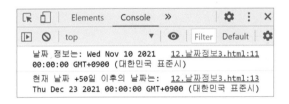

● 특정 날짜에서 35시간 이후의 날짜를 알고 싶은 경우에는 현재 날짜 객체 변수에서 시간 정보 (getHours())를 읽은 후, 35시간을 더하고 setHours()를 이용하여 저장합니다.

```
// 35시간 이후의 날짜는
date = new Date(2021,10,10,10,10,10);
console.log('날짜 정보는: ' + date);
date.setHours(date.getHours() + 35);
console.log('현재 날짜 +35시간 이후의 날짜는: ' + date);
```

수학 객체(Math)

Math 객체는 객체를 생성하지 않고 바로 'Math.속성', 'Math.메소드명'을 이용하여 다양한 수학 계산 프로그램을 구성할 수 있습니다. Math 객체의 다양한 속성과 메소드의 사용법을 알아봅니다.

❶ Math에서 사용되는 메소드 (1)　　🖅**예제** 12.수학1.html

● Math.PI는 원주율 상수를 반환합니다.

● Math.round(x)는 x에 가장 가까운 정수로 반올림을 합니다.

● Math.pow(x,y)는 x의 y만큼의 거듭제곱한 값을 반환합니다.

● Math.sqrt(x)는 x의 제곱근을 반환합니다.

● Math.abs(x)는 x의 절댓값을 반환합니다.

● Math.ceil(x)는 x의 소수점 첫째 자리에서 무조건 올림을 합니다.

```
// Math.round(x)
console.log('Math.PI: ' + Math.PI);

// Math.round(x)
console.log('Math.round(4.7): ' + Math.round(4.7));
console.log('Math.round(4.2): ' + Math.round(4.2));

// Math.pow(x,y)
console.log('Math.pow(4,3): ' + Math.pow(4,3));
console.log('Math.pow(4,2): ' + Math.pow(4,2));

// Math.sqrt(x)
console.log('Math.sqrt(9): ' + Math.sqrt(9));
console.log('Math.sqrt(81): ' + Math.sqrt(81));

// Math.abs(x): 절댓값을 반환합니다.
console.log('Math.abs(-4): ' + Math.abs(-4));
console.log('Math.abs(-5.2): ' + Math.abs(-5.2));

// Math.ceil(x): 가장 가까운 정수로 무조건 올림합니다.
console.log('Math.ceil(4.1): ' + Math.ceil(4.1));
console.log('Math.ceil(3.8): ' + Math.ceil(3.8));
```

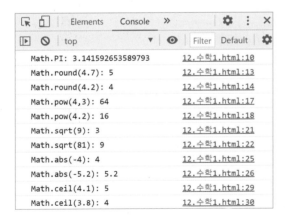

❷ Math에서 사용되는 메소드 (2)   📁**예제** 12.수학2.html

- Math.floor(x)는 x의 소수점 첫째 자리에서 무조건 내림을 합니다.

- Math.sin(x)나 Math.cos(x)는 x의 sin 값 또는 cos 값을 반환합니다.

 tip   x값은 라디안(2*Math.PI = 360°) 값으로 변환하여 대입합니다.

- Math.max(x1,x2,x3,⋯)는 x1,x2,x3,⋯에서 최댓값을 반환합니다.

- Math.min(x1,x2,x3,⋯)는 x1,x2,x3,⋯에서 최솟값을 반환합니다.

- Math.random()은 0에서 1 사이의 숫자 중에서 임의의 값을 반환합니다.

```
// Math.floor(x): 가장 가까운 정수로 무조건 내림합니다.
console.log('Math.floor(4.1): ' + Math.floor(4.1));
console.log('Math.floor(3.8): ' + Math.floor(3.8));

// Math.sin(x) & Math.cos(x)
console.log('Math.sin(90*Math.PI/180): ' + Math.sin(90*Math.PI/180));
console.log('Math.cos(180*Math.PI/180): ' + Math.cos(180*Math.PI/180));

// Math.min(x) & Math.max(x)
console.log('Math.min(4,7,10,-3): ' + Math.min(4,7,10,-3));
console.log('Math.max(4,7,10,-3): ' + Math.max(4,7,10,-3));

// Math.random(x)
console.log('Math.random(): ' + Math.random());
```

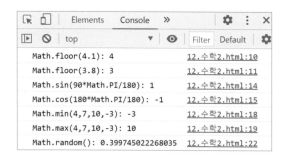

❸ Math에서 사용되는 메소드 활용　📋 **예제** 12.수학3.html

- 0~100 사이의 정수 5개를 무작위로 발생시켜 봅니다.

- Math.floor(Math.random() * maxNum + 1)에서 Math.random()은 0에서 1 사이의 수 중에서 작은 수를 반환합니다. 그리고 maxNum을 곱하고, 1을 더하면 값의 범위는 0~100.999…가 됩니다.

- Math.floor()는 소수점을 제거하여 결과적으로 0~100까지의 임의의 수를 만들게 됩니다.

```
console.log('0-100 사이의 난수 5개를 만들어 보세요.');
var x, i;
var maxNum = 100;
for(i=1; i<=5; i++){
    x = Math.floor(Math.random() * maxNum + 1);
    console.log(i + '번째 난수: ' + x);
}
```

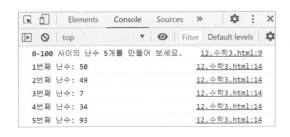

지금까지 자바스크립트 코드를 이용하여 날짜 및 수학 객체의 생성과 활용에 대해 배웠습니다. 배운 내용을 응용하여 다음 문제를 자바스크립트 코드로 구현해 보세요.

1 2021년 5월 5일 어린이날로부터 12월 25일 크리스마스까지 며칠이 남아 있는지 계산하는 프로그램입니다. 다음 A와 B를 채워 보세요.

 **예제** 12.연습문제1.html

```
var date = new Date(   A   ); // 어린이날 날짜 정보
var year = date.getFullYear(); // 년도 가져오기

var christmas = new Date(   B   ); // 같은 해의 크리스마스 날짜 정보

var diffTime = christmas - date; // 크리스마스까지 남은 날짜 계산(밀리세컨드)

var diffDay = diffTime / (1000*60*60*24); // 남은 날짜 계산(밀리세컨드 --> 날짜로)

console.log('크리스마스까지 남은 날: ' + Math.ceil(diffDay));
```

[출력 결과]

Elements	Console	»	⚙ ⋮
▶ ⊘	top	▼	👁 Filter Default
크리스마스까지 남은 날: 234			12.연습문제1.html:18

 tip
- 괄호 A: 2021년 5월 5일의 날짜 정보를 설정합니다. 월 정보는 0부터 시작합니다.
- 괄호 B: 같은 해의 정보를 가져옵니다. date 객체 변수로부터 연 정보(year 변수에 저장됨)를 가져와서 Date 객체에 파라미터로 설정합니다.
- diffTime에는 밀리세컨드 정보가 들어있기 때문에 diffTime 값을 일(day)로 바꾸어 주기 위해서 (1000*60*60*24)로 나눕니다.

2 0~5까지 임의의 숫자를 생성하여 생성된 숫자를 맞추는 프로그램입니다. 다음 A를 채워 보세요.

📁**예제** 12.연습문제2.html

```javascript
var randomNum = Math.floor(   A   );
var trial = 0;
var find = false;
while(find == false){
    var predictNum = prompt('0~5 사이의 숫자를 예측하시오.');
    trial ++;
    if(predictNum == randomNum){
        console.log('임의의 숫자는 ' + predictNum + '입니다.');
        find = true;
    }
    else if(predictNum > randomNum){
        console.log('예측값이 임의의 숫자보다 큽니다.');
    }
    else{
        console.log('예측값이 임의의 숫자보다 작습니다.');
    }
}
console.log(trial + '번 만에 임의의 숫자를 찾았습니다.');
```

[출력 결과]

 ⇨

tip
• 괄호 A: Math 객체의 floor()와 random()을 이용하며 0~5까지의 임의의 숫자를 생성합니다.
• 예측값은 predictNum에 저장되고, 임의로 생성된 수는 randomNum에 저장됩니다.

3장
자바스크립트와 친해지기
- 웹 코딩편

3장 자바스크립트와 친해지기 - 웹 코딩편

얘들아, 자바스크립트의 기초를 이해했니?

네, 자바스크립트의 연산 등 잘 배웠어요.

네. 저도요!

너희들은 집에서 무슨 역할을 맡고 있어?

나는 컴퓨터 세계의 비주얼을 맡고 있지. 후훗!

저는 듬직한 오빠의 역할을!

난 귀여운 막내!

아, 초코는 우리 집 귀염둥이에요!

왈!

그렇구나. 너희들처럼 자바스크립트도 역할이 있어.

무슨 역할이요?

그건 바로 웹 페이지에 생명을 불어넣는 역할이야. 이벤트, 화면의 변화와 움직임에 관한 일을 해.

와, 그럼 자바스크립트만 알면 홈페이지를 만들 수 있어요?

아니. 자바스크립트, HTML, CSS가 서로 힘을 합쳐야 해.

WEB PAGE

웹 페이지에서 HTML은 든든한 뼈대인 구조를 맡고 있고, CSS는 구조를 멋있고 예쁘게 꾸미는 표현 부분을 맡고 있어.

각자의 역할을 잘하면 멋진 홈페이지를 만들 수 있겠네요.

맞아!

그래서 그 역할과 사용법을 만들어 둔 문서가 있는데, 이를 규격(Specification)이라고 해. 약속과 같은 거야. 멋있는 표현으로는 웹 표준(Web standard)이라고 해.

그럼 웹 페이지 개발자는 이러한 약속에 따라 만드는 거군요.

자바스크립트는 보통의 프로그래밍 언어처럼 계산과 데이터 처리를 위한 부분도 있지만, 브라우저에서 HTML과 CSS와 함께 화면을 만들고 변화를 주기도 해.

즉, HTML은 우리 몸에서 손, 발, 호흡 기관, 순환 계통 등과 같은 인체 조직의 역할을 하고, 자바스크립트는 손으로 손뼉을 치게 하거나, 숨을 쉬게 하는 등 인체 조직을 움직이는 역할을 한다고 생각하면 돼.

자바스크립트의 역할은 로봇을 조종하는 거와 같네요!

그렇지! 본격적으로 시작하기 전에 하나만 기억하고 가자. '자극원·자극 대상·반응' 구조로 진행되는 것을 이벤트 기반 프로그래밍이라고 해.

빨리 배우고 싶어요!

그럼 가자. 고고!

13일째 이벤트(Events)

무엇을 배울까요?

- 이벤트가 무엇인지 알아봅니다.
- 마우스와 키보드를 이용하여 웹 페이지에 활력을 불어넣어 봅니다.

결과 미리 보기

HTML 요소에 마우스나 키보드를 이용하여 이벤트를 구성해 봅니다. HTML 요소 위로 마우스를 가져가거나, 마우스의 왼쪽 버튼을 클릭하여 이벤트를 발생시킬 수 있습니다. 또한 키보드에서 어떤 키를 눌렀는지 감지하여 이벤트를 구성할 수 있습니다.

```
<div id="box" onmouseover="overBox(this)"
onmouseover="downBox(this)" onmouseup="upBox(this)"
onmouseover="outBox(this)"></div>
```

```
<input type="text" name="search" onkeydown="downInput()"
onkeyup="upInput()" onkeypress="pressInput()"
placeholder="검색어를 입력하세요.">
```

△ 마우스와 키보드를 이용한 이벤트 구성

배울 항목 살펴보기

이벤트는 약속된 신호가 발생했을 때 수행되는 일련의 명령어 모둠을 의미합니다. 이벤트는 이벤트 내용을 수행하도록 하는 신호인 이벤트 트리거(trigger)와 실제 이벤트가 일어나는 내용인 이벤트 핸들러(handler)로 구성됩니다. 이벤트가 발생하는 시점을 잘 구별해야 목적에 맞는 이벤트를 구성할 수 있습니다.

구분	이벤트 트리거	설명
마우스	click	HTML 요소(객체)를 클릭할 때 발생합니다. (mousedown+mouseup)
	dblclick	HTML 요소(객체)를 제한 시간(0.5초) 내 두 번 클릭할 때 발생합니다.
	mouseover	HTML 요소(객체) 위로 마우스를 가져가면 발생합니다.
	mouseout	HTML 요소(객체) 위에서 마우스를 올린 후 밖으로 나갈 때 발생합니다.
	mousedown	HTML 요소(객체) 위에서 마우스 왼쪽 버튼을 누를 때 발생합니다.
	mouseup	HTML 요소(객체) 위에서 마우스를 눌렀다 뗄 때 발생합니다.
키보드	keydown	키보드의 특정 키를 누를 때 발생합니다.
	keyup	키보드의 특정 키를 눌렀다 뗄 때 발생합니다.
	keypress	특수키(Shift, Ctrl, Alt)를 제외한 키보드의 특정 키를 완전히 누른 상황일 때 발생합니다.

 **따라 하기**

마우스 이벤트

마우스 이벤트는 HTML 요소와 마우스의 동작을 연결해서 이벤트를 수행하는 이벤트 트리거입니다.

❶ 마우스 이벤트 - 1 　📁 **예제** 13.event-mouse1.html

● on + 마우스 트리거 형식으로 HTML 속성(어트리뷰트, attribute)을 추가하여 자바스크립트 함수를 호출합니다.

```
<div id="box" onmouseover="overBox(this)" onmousedown="downBox(this)"
onmouseup="upBox(this)" onmouseout="outBox(this)"></div>
```

 tip 파라미터(매개변수) this는 아이디 box인 HTML 요소를 가리킵니다.

● 아이디 box 요소를 100px의 정사각형에 배경색으로 코랄색이 되도록 표현합니다.

```
<style>
#box{
    width: 100px;
    height: 100px;
    background-color: ■ lightcoral;
    cursor: pointer;
}
</style>
```

- on + 마우스 트리거 형식으로 연결된 자바스크립트 함수를 <script> 내에서 구현합니다.

```
<script>
// mouseover
function overBox(obj){
    obj.style.backgroundColor = 'lightgreen';
}
// mousedown
function downBox(obj){
    obj.style.backgroundColor = 'lightblue';
}
// mouseup
function upBox(obj){
    obj.style.backgroundColor = 'lightgray';
}
// mouseout
function outBox(obj){
    obj.style.backgroundColor = 'lightcoral';
}
</script>
```

 tip 함수의 이름은 함수의 역할이 잘 드러나는 것이 좋습니다. 보통 2~3개의 단어를 연결하여 짓는데, 여기서는 단어의 구분을 위해 뒤에 있는 단어의 첫 글자를 대문자로 표현했습니다. 소문자와 대문자가 연결된 모습이 낙타의 등처럼 보여서 이러한 방식의 이름 짓기를 '카멜케이스(camel case)'라고 합니다.

- 브라우저에서 보이는 웹 페이지의 결과 화면입니다.

❶mouseover → ❷mousedown → ❸mouseup → ❹mouseout이 적용되어, 순서대로 사각형의 배경색이 달라집니다.

❷ 마우스 이벤트 - 2 　📂 **예제** 13.event-mouse2.html

● on + 마우스 트리거 형식으로 HTML 속성(어트리뷰트, attribute)을 추가하여 자바스크립트 함수를 호출합니다.

```
<div id="box" onclick="clickBox(this)" ondblclick="dblclickBox(this)"></div>
```

● 아이디 box 요소를 100px의 정사각형에 배경색으로 코랄색이 되도록 표현합니다.

```
<style>
#box{
    width: 100px;
    height: 100px;
    background-color: █ lightcoral;
    cursor: pointer;
}
</style>
```

● on + 마우스 트리거 형식으로 연결된 자바스크립트 함수를 <script> 내에서 구현합니다.

```
<script>
function clickBox(obj){
        obj.style.backgroundColor = 'lightgreen';
}

function dblclickBox(obj){
        obj.style.backgroundColor = 'lightblue';
}
</script>
```

● 브라우저에서 보이는 웹 페이지의 결과 화면입니다. 처음 보이는 사각형(❶)을 클릭했을 때(❷)와 더블 클릭했을 때(❸)의 모습입니다.

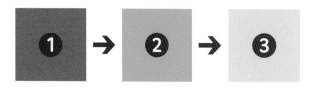

190

키보드 이벤트

키보드 이벤트는 HTML 요소와 키보드의 동작을 연결해서 이벤트를 수행하도록 하는 이벤트 트리거입니다.

❶ 키보드 이벤트 - 1 　📂 **예제** 13.event-key1.html

● on + 키보드 트리거 형식으로 HTML 속성(어트리뷰트, attribute)을 추가하여 자바스크립트 함수를 호출합니다.

```
<input type="text" name="search" onkeydown="downInput()"
onkeyup="upInput()" onkeypress="pressInput()" placeholder="검색어를 입력하세요.">
```

> **tip**   `<input>`의 placeholder 속성값("검색어를 입력하세요.")은 입력값에 대한 정보나 예시를 제공합니다.

● 속성 이름이 name인 값이 search인 `<input>`에 대하여 패딩(padding)과 보더(border)를 설정합니다.

```
<style>
input[name="search"]{
    padding: 5px;
    border: 2px solid ▨ #aaa;
}
</style>
```

> **tip**   CSS에서 선택자(selector)는 아주 중요합니다. 여기서는 속성(attribute)을 선택자로 사용하였습니다.

● on + 키보드 트리거 형식으로 연결된 자바스크립트 함수를 <script> 안에서 구현합니다.

```
<script>
function downInput(){
    console.log('keydown');
}

function upInput(){
    console.log('keyup');
}

function pressInput(){
    console.log('keypress');
}
</script>
```

● 입력창(input)을 마우스로 선택하고 키보드를 클릭합니다. keydown → keypress → keyup 순

서로 콘솔(Console)창에서 결과를 확인할 수 있습니다.

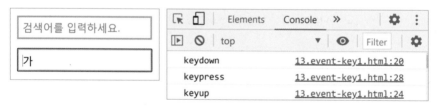

❷ 키보드 이벤트 - 2   📁 **예제** 13.event-key2.html

● on + 키보드 트리거 형식으로 onkeydown과 onkeypress를 비교하는 예제입니다.

파라미터로 임의의 변수 이름을 입력합니다. 여기서는 변수 event를 입력했습니다.

```
<input type="text" onkeydown="downInput(event)" placeholder="keydown 이벤트">
<hr>
<input type="text" onkeypress="pressInput(event)" placeholder="keypress 이벤트">
```

● <input>에 대하여 패딩(padding)과 보더(border)를 설정합니다.

```
<style>
input{
    padding: 5px;
    border: 2px solid ■ #aaa;
}
</style>
```

● on + 키보드 트리거 형식으로 연결된 자바스크립트 함수를 <script> 안에서 구현합니다.

```
<script>
function downInput(event){
    console.log('[keydown] ' + event.keyCode);
}

function pressInput(event){
    console.log('[keypress] ' + event.which);
}
</script>
```

- 파라미터 event에는 키보드를 눌렀을 때의 정보가 담겨있으며, event.keyCode나 event.which로 누르면 키보드의 키코드값(ASCII값, 아스키값)을 알 수 있습니다.
- keyCode나 which는 브라우저에 따라 작동되지 않을 수도 있습니다. 크롬에서는 모두 작동 가능합니다.

● 위의 입력창은 keydown 이벤트를, 아래의 입력창은 keypress 이벤트를 받습니다. 특수키 (Ctrl, Alt, Shift 등)의 인식 여부와 알파벳 대소문자 구별에서 차이가 있습니다.

- keydown은 알파벳의 대소문자를 나눠서 인식할 수 없습니다. 대문자 값으로만 나타냅니다.
- keypress는 특수키(Ctrl, Alt, Shift)를 인식할 수 없습니다.

연습 문제 도전하기

지금까지 자바스크립트 코드를 이용한 이벤트에 대해서 배웠습니다. 포털사이트에서 검색하는 것처럼 검색창을 만들고, 검색어를 입력한 후 Enter↵를 누르면 이벤트가 발생하도록 웹 페이지 문서를 구성해 봅니다. 그럼 배운 내용을 응용하여 다음 문제를 풀어 보세요.

📁 **[예제]** 13.연습문제.html

❶ <input>을 이용하여 검색어 입력창을 만듭니다. 검색창에 검색어를 입력한 후 Enter↵를 누르면, 입력한 검색어를 경고창(alert)으로 확인할 수 있습니다. 다음 자바스크립트 코드를 보고 문제를 풀어 보세요.

```
<input type="text" name="search" onkeydown="mySearch(event)"
placeholder="검색어 입력 후, 엔터를 클릭하세요.">
```

[출력 결과]

```
검색어 입력 후, 엔터를 클릭하세요.
```

⬇

```
자바스크립트
```

이 페이지 내용:
자바스크립트

확인

2 <script>에서 자바스크립트 함수 mySearch(event)를 구성하고, Enter↵ 를 눌렀을 때의 키코드(keyCode)를 구합니다. 파라미터 event로부터 HTML 요소에 접근하는 객체를 통하여 <input>의 값을 구할 수 있습니다. 다음 A와 B를 채워 보세요.

```
<script>
function mySearch(event){
    if(event.which ==  A  ){
        console.log(event.target);
        alert(   B   );
    }
}
</script>
```

- 괄호 A: 키보드의 Enter↵ 를 눌렀을 때, 개발자 도구의 콘솔(Console)창을 통해 입력한 값의 키코드(keycode)를 확인합니다.
- 괄호 B: 개발자 도구의 콘솔(Console)창을 통하여 event의 target 항목을 확인하여 <input> 의 입력값이 무엇인지 확인합니다.

14 일째 선택자(Selectors)

무엇을 배울까요?

- 특정 HTML 요소를 찾는 방법을 알아봅니다.
- 여러 개의 HTML 요소를 찾는 방법을 알아봅니다.

개념 미리 보기

HTML의 특정 요소를 선택하는 방법은 아이디(ID), 태그 이름, 클래스 이름, 그리고 CSS 선택자를 이용하여 선택할 수 있습니다. 하나의 요소나 여러 개의 요소를 선택할 수 있습니다.

```
document.getElemetById('id')
document.getElemetsByTagName('tagName')
document.getElemetsByClassName('className')

document.querySelector('CSS 선택자')
document.querySelectorAll('CSS 선택자')
```

△HTML 요소를 찾는 다양한 방법

배울 항목 살펴보기

자바스크립트를 이용하여 웹 페이지의 HTML 요소들의 선택값과 모양을 변화시키는 등 생명을 불어넣는 방법을 알아봅니다. 특히 querySelector(), querySelectorAll() 함수는 파라미터로 CSS 선택자를 사용할 수 있습니다. getElement~ 형식과 querySelector~ 형식의 가장 큰 차이점은 정적인 문서와 동적인 문서에서 적용이 다르다는 것입니다. 동적인 문서는 자바스크립트에 의해 문서의 구조와 내용이 달라진 문서로 DOM에서 알아보겠습니다.

선택 구문	설명
document.getElementById(id)	아이디(id)로 HTML 요소 찾기
document.getElementsByTagName(name)	태그 이름으로 HTML 요소 찾기
document.getElementsByClassName(name)	클래스 이름으로 HTML 요소 찾기
document.querySelector(선택자)	선택한 선택자에 부합하는 첫 번째 요소 찾기
document.querySelectorAll(선택자)	선택한 선택자에 부합하는 모든 요소 찾기

 **따라 하기**

○ **선택자**

자바스크립트가 웹 페이지를 동적으로 구성하기 위해서는 원하는 HTML 요소를 찾는 것부터 시작해야 합니다. 선택자를 올바르게 사용할 수 있어야 동적인 웹 페이지를 구성할 수 있습니다.

❶ getElementById(id)　　🗁**예제** 14.선택자1.html

● `<ul>`과 `<li>`를 이용하여 목록을 만들고, 하나의 목록에 id를 부여합니다.

● `<button>`에 onclick을 이용하여 search()가 실행되도록 구성합니다.

```
<button type="button" onclick="search()">아이디로 찾기</button>
<ul>
        <li>첫 번째 리스트입니다.</li>
        <li>두 번째 리스트입니다.</li>
        <li id="third">세 번째 리스트입니다.</li>
        <li>네 번째 리스트입니다.</li>
        <li>다섯 번째 리스트입니다.</li>
</ul>
```

 tip　목록의 구성은 `<ul>` 또는 `<ol>` 아래에 다수의 `<li>`를 추가하여 만듭니다. 달리기 등수처럼 순서가 있는 경우에는 `<ol>`, 순서가 필요 없는 목록은 `<ul>`을 사용합니다.

● **자바스크립트 방법 1**: 버튼을 클릭하여 호출되는 search()는 아이디를 파라미터로 사용하는 getElementById()로 HTML 요소를 선택할 수 있습니다.

예제에서는 선택된 HTML 요소의 배경색을 오렌지색으로 변경합니다.

```
<script>
function search(){
    document.getElementById('third').style.backgroundColor = 'orange';
}
</script>
```

 tip getElementById()는 파라미터로 아이디(id)를 할당하며, 해당 id를 갖는 특정 HTML 요소 하나만 선택합니다.

● **자바스크립트 방법 2**: 자바스크립트 방법 1의 길이가 길어서 선택 요소 부분을 변수 target에 할당하여 짧게 처리한 방법입니다.

```
<script>
function search(){
    var target = document.getElementById('third');
    target.style.backgroundColor = 'orange';
}
</script>
```

● 버튼을 마우스로 클릭하면 id가 third로 할당된 세 번째 목록의 배경색이 오렌지색으로 변경됩니다.

❷ getElementsByTagName(name)　🗂**예제** 14.선택자2.html

● \<ul\>과 \<li\>를 이용하여 목록을 만들고, \<button\>에 onclick을 이용하여 search()가 실행되도록 구성합니다.

```
<button type="button" onclick="search()">태그로 찾기</button>
<ul>
    <li>첫 번째 리스트입니다.</li>
    <li>두 번째 리스트입니다.</li>
    <li>세 번째 리스트입니다.</li>
    <li>네 번째 리스트입니다.</li>
    <li>다섯 번째 리스트입니다.</li>
</ul>
```

● **자바스크립트 방법 1**: 태그 이름을 파라미터로 하는 getElementsByTagName()을 이용하여 해당하는 다수의 HTML 요소를 선택할 수 있습니다.

```
<script>
function search(){
    var items = document.getElementsByTagName('li');
    console.log('목록수: ', items.length);
}
</script>
```

tip　getElementsByTagName()에는 다수의 요소를 의미하는 's'가 있으므로 결과는 배열 형식이 됩니다.

● 버튼을 마우스로 클릭하면 콘솔(Console)창에 \<li\>의 개수인 5가 출력됩니다.

● **자바스크립트 방법 2**: 반복문(for문)을 이용하여 선택된 모든 <li> 배열 요소를 동일한 개수의 colors 배열의 값과 일치시켜 배경색으로 설정합니다.

```
<script>
var colors = ['red', 'orange', 'yellow', 'green', 'blue'];

function search(){
    var items = document.getElementsByTagName('li');
    console.log('목록수: ', items.length);

    for(var i=0; i < items.length; i++){
        items[i].style.backgroundColor = colors[i];
    }
}
</script>
```

● 버튼을 마우스로 클릭하면 5개의 <li> 배경색이 배열 colors의 값으로 변경됩니다.

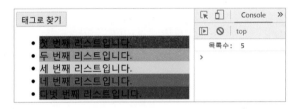

❸ getElementsByClassName(name) 📁 **예제** 14.선택자3.html

● <ul>과 <li>를 이용하여 목록을 만들고, <button>에 onclick을 이용하여 search()가 실행되도록 구성합니다.

● <li>의 일부에 클래스 selected를 추가합니다.

```html
<button type="button" onclick="search()"> 클래스로 찾기</button>
<ul>
    <li class="selected">첫 번째 리스트입니다.</li>
    <li>두 번째 리스트입니다.</li>
    <li class="selected">세 번째 리스트입니다.</li>
    <li>네 번째 리스트입니다.</li>
    <li class="selected">다섯 번째 리스트입니다.</li>
</ul>
```

- 클래스 이름을 파라미터로 하는 getElementsByClassName()을 이용하여 해당하는 다수의
  HTML 요소를 선택할 수 있습니다.

  예제에서는 선택된 HTML 요소 3개의 배경색을 오렌지색으로 변경합니다.

```html
<script>
function search(){
    var items = document.getElementsByClassName('selected');
    console.log('목록수: ', items.length);

    for(var i=0; i < items.length; i++){
        items[i].style.backgroundColor = 'orange';
    }
}
</script>
```

- 버튼을 마우스로 클릭하면 클래스 이름이 'selected'인 3개의 <li>에 배경색이 오렌지색으로
  변합니다.

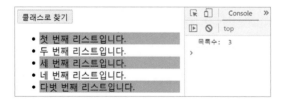

tip

> getElementById()는 해당 문서에서 유일한 식별 값이 아이디(id)인 HTML 요소를 찾고, getElementsBy
> TagName()과 getElementsByClassName()는 다수의 HTML 요소를 찾으며 결과는 배열 형식이 됩니다.

❹ querySelector(선택자) 📁**예제** 14.선택자4.html

- <ul>과 <li>를 이용하여 목록을 만들고, <button>에 onclick을 이용하여 search()가 실행되도록 구성합니다.

- <li>의 일부에 title 속성을 추가합니다.

```
<button type="button" onclick="search()">선택자로 찾기1</button>
<ul>
    <li>첫 번째 리스트입니다.</li>
    <li title="2번째 툴팁">두 번째 리스트입니다.</li>
    <li>세 번째 리스트입니다.</li>
    <li title="4번째 툴팁">네 번째 리스트입니다.</li>
    <li>다섯 번째 리스트입니다.</li>
</ul>
```

> **tip** title 속성은 마우스를 해당 요소에 올리면 title 속성값이 설명글 형식으로 보입니다. 이를 툴팁(tool tip)이라고 합니다.

- **자바스크립트 방법 1**: CSS의 선택자 형식을 파라미터로 하는 querySelector()를 이용하여 해당하는 HTML 요소를 선택할 수 있습니다.

```
<script>
function search(){
    var item = document.querySelector('[title]');
    item.style.backgroundColor = 'lightgreen';
}
</script>
```

> **tip** 해당하는 HTML 요소가 여러 개 있는 경우에는 문서의 순서상 제일 처음에 나오는 요소가 대상이 됩니다.

● 선택자 [title]이 2개 있는데, 먼저 나오는 2번째 목록의 배경색이 변경됩니다.

```
선택자로 찾기1

 • 첫 번째 리스트입니다.
 • 두 번째 리스트입니다.
 • 세 번째 리스트입니다.
 • 네 번째 리스트입니다.
 • 다벗 번째 리스트입니다.
```

● **자바스크립트 방법 2**: 특정 요소 하나만 선택하도록 선택자를 [title="4번째 툴팁"]으로 구체화 합니다.

```
<script>
function search(){
    var item = document.querySelector('[title="4번째 툴팁"]');
    item.style.backgroundColor = 'lightcoral';
}
</script>
```

● 선택자 [title="4번째 툴팁"]인 4번째 목록의 배경색이 변경됩니다.

```
선택자로 찾기1

 • 첫 번째 리스트입니다.
 • 두 번째 리스트입니다.
 • 세 번째 리스트입니다.
 • 네 번째 리스트입니다.
 • 다벗 번째 리스트입니다.
```

❺ querySelectorAll(선택자)　　🗁 **예제** 14.선택자5.html

● <ul>과 <li>를 이용하여 목록을 만들고, <button>에 onclick을 이용하여 search()가 실행되도록 구성합니다

● <li>의 일부에 title 속성을 추가합니다.

```html
<button type="button" onclick="search()">선택자로 찾기2</button>
<ul>
    <li>첫 번째 리스트입니다.</li>
    <li title="2번째 툴팁">두 번째 리스트입니다.</li>
    <li>세 번째 리스트입니다.</li>
    <li title="4번째 툴팁">네 번째 리스트입니다.</li>
    <li>다섯 번째 리스트입니다.</li>
</ul>
```

● CSS의 선택자 형식을 파라미터로 하는 querySelectorAll()을 이용하여 해당하는 다수의 HTML 요소를 선택할 수 있습니다.

```html
<script>
function search(){
    var items = document.querySelectorAll('[title]');

    for(var i=0; i<items.length; i++){
        items[i].style.backgroundColor = 'lightgreen';
    }
}
</script>
```

 tip getElementsByTagName(name)이나 getElementsByClassName(name)처럼 다수의 HTML 요소를 배열 형식으로 처리할 수 있습니다.

● 선택자 [title]의 모든 목록의 배경색이 변경됩니다.

```
선택자로 찾기2

• 첫 번째 리스트입니다.
• 두 번째 리스트입니다.
• 세 번째 리스트입니다.
• 네 번째 리스트입니다.
• 다섯 번째 리스트입니다.
```

getElement~ 형식과 querySelector~ 형식은 정적인 문서와 동적인 문서에서 차이가 있습니다. 자바스크립트를 이용하여 동적인 문서로 변경하고, 그 결과를 살펴봅니다. 다음 순서를 참고하여 문제를 풀어 보세요.

📁**예제** 14.연습문제.html

❶ <ul>과 <li>를 이용하여 목록을 만들고, <button>에 onclick을 이용하여 change() 가 실행되도록 구성합니다. <li>의 일부에 클래스를 추가합니다.

```
<button type="button" onclick="change()">변경</button>
<ul>
    <li class="coral">첫 번째 리스트입니다.</li>
    <li>두 번째 리스트입니다.</li>
    <li class="green">세 번째 리스트입니다.</li>
    <li>네 번째 리스트입니다.</li>
    <li id="third" class="blue">다섯 번째 리스트입니다.</li>
</ul>
```

❷ CSS에서 각 클래스를 정의합니다. 간단하게 배경색만 정의하여 바로 확인합니다.

```
<style>
    .coral {background-color: ■ lightcoral}
    .green {background-color: ■ lightgreen}
    .blue {background-color: ■ lightblue}
</style>
```

3 <script> 요소에서 자바스크립트 함수 change()를 구성합니다. getElementsClass Name(name)과 querySelectorAll(선택자)를 이용하여 클래스 coral의 개수를 확인합니다. 정적 웹 페이지와 동적 웹 페이지에서의 차이를 확인할 수 있도록 자바스크립트 코드를 구성해 보세요.

```
<script>
function change(){

                        A


    document.getElementById('third').className = 'coral';

                        B

}
</script>
```

[출력 결과]

- 동적인 웹 페이지는 HTML 요소를 추가, 변경, 삭제하여 재구성합니다.
- 아이디가 third인 HTML 요소의 클래스 이름을 기준으로 하여, 'coral'의 개수와 변경 이후의 개수를 비교하여 사용 방법의 차이를 확인합니다.

15일째 고급 이벤트

무엇을 배울까요?

- 인라인(inline) 형식으로 CSS와 자바스크립트를 구성해 봅니다.
- 콜백 함수(callback function) 형식으로 자바스크립트를 구성해 봅니다.

개념 미리 보기

콜백 함수(callback function) 형식을 이용하여 HTML과 자바스크립트의 결합도(coupling)

를 최대한 낮춰 웹 페이지의 관리가 쉬운 구조로 만들 수 있습니다.

```
            선택된 요소(주어)           트리거    이벤트 내용
document.querySelector('선택자').onclick = function(){
    this.style.backgroundColor = 'lightgreen';
}

element.addEventListener(event, myFunction(){
        // 이벤트 내용
});
```

배울 항목 살펴보기

웹 페이지는 HTML, CSS 그리고 자바스크립트가 서로 역할을 나누고 결합하여 구성합니다. 만든 웹 페이지는 계속해서 관리해야 하므로 복잡하지 않은 형태로 구성하면 좋습니다.

인라인(inline) 형식으로 구성된 웹 페이지는 코드를 복잡하게 만들어 코드의 유지 보수를 어렵고 힘들게 하여 효율적이지 않습니다. 따라서 CSS는 선택자를 이용해 <style> 안에서 구성하거나 외부의 별도 파일(*.css)로 구성하고, 자바스크립트도 콜백 형식을 이용해 <script> 안에서 구성하거나 외부의 별도 파일(*.js)로 구성하는 것이 좋습니다.

구분	주제	설명
용어	인라인(inline) 형식	HTML 요소의 속성 형식으로 CSS나 자바스크립트를 직접 삽입합니다.
	결합도(coupling)	상호의존성과 독립성을 나타내는 정도로 낮을수록 좋습니다.
콜백	onload	웹 페이지가 모두 로드(load)된 후에 실행합니다.
	onresize	브라우저의 윈도우 크기가 재설정될 때 실행합니다.
	event listener	특정 요소에 이벤트 핸들러를 추가합니다.

인라인(inline) 형식

HTML 요소의 속성값으로 CSS나 자바스크립트를 직접 삽입합니다. 인라인(inline) 형식은 웹 페이지가 복잡해지고, 가독성이 떨어져서 웹 페이지를 관리하기 좋지 않습니다.

❶ CSS의 인라인 형식 📁예제 15.인라인1.html

● [HTML] 클래스 이름 container를 갖는 <div> 안에 2개의 <div>를 구성합니다.
  2번째 <div>에 style 속성을 이용하여 CSS를 추가합니다.

```
<div class="container">
    <div></div>
    <div style="background-color: ■lightgreen"></div>
</div>
```

● [CSS] 컨테이너와 아이템 형식으로 flexbox 레이아웃을 구성합니다.

```
<style>
.container{
    display: flex;
}
.container > div{
    width: 100px;
    height: 100px;
    margin: 10px;
    background-color: ■ lightcoral;
    border-radius: 50%;
}
</style>
```

tip

- 인라인 형식의 CSS는 우선순위를 상위로 올려 2번째 <div>는 lightgreen으로 보이게 됩니다.
- CSS의 우선순위는 선택자가 구체화 될수록 높아지며, 최상위 우선순위를 나타내기 위해서 '**!important**' 키워드를 사용합니다. 예 width: 150px !important;
- border-radius 속성은 박스 모델의 경계(border) 모서리를 둥글게 처리합니다. 여기서는 정사각형의 50%를 반지름으로 하는 모서리를 만들어 원형으로 보입니다.

● [화면 결과] CSS를 인라인 형식으로 설정한 경우의 변화(색깔 변화)와 border-radius 속성의 결과 화면을 확인하세요. flexbox 레이아웃도 잘 기억해 두세요.

❷ 자바스크립트의 인라인 형식 　　🖵 **예제** 15.인라인2.html

● [HTML] 클래스 이름 container를 갖는 <div> 안에 2개의 <div>를 구성합니다. 각각의 <div>에 onclick, onmouseover, onmouseout 속성을 추가하고, 속성값으로 자바스크립트 코드를 입력합니다.

```
<div class="container">
    <div onclick="this.style.backgroundColor= 'lightgreen'"></div>
    <div onmouseover="this.style.borderRadius=0
    onmouseout="this.style.borderRadius ='50%'"></div>
</div>
```

tip　자바스크립트는 HTML 요소의 이벤트 속성에 인라인 형식으로 자바스크립트 코드를 입력합니다.

● [CSS] 컨테이너와 아이템 형식으로 flexbox 레이아웃을 구성합니다.

```
<style>
.container{
    display: flex;
}
.container > div{
    width: 100px;
    height: 100px;
    margin: 10px;
    background-color: ▮ lightcoral;
    border-radius: 50%;
    cursor: pointer;
}
.container > div:nth-of-type(2){
    background-color: ▯ lightblue;
}
</style>
```

tip
- :nth-of-type(2)는 가상 클래스(pseudo class) 2번째 <div>의 배경색을 lightblue로 설정합니다.
- 가상 클래스(pseudo class)는 선택될 요소의 특별한 상태를 지정하거나 이웃한 요소 간의 관계를 의미하는 키워드입니다.

● [화면 결과] 마우스를 이용하여 클릭하거나 mouseover, mouseout 하면 인라인 형식의 자바
스크립트가 실행됩니다.

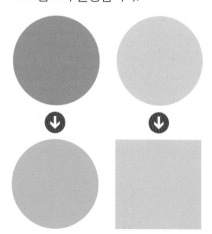

콜백 함수(callback function) 형식

HTML 요소의 속성값으로 CSS나 자바스크립트를 직접 삽입하는 인라인(inline) 형식은 웹 페이지가 복잡해지고, 가독성이 떨어져 유지 보수 등 웹 페이지를 관리하기 좋지 않습니다. 대신 자바스크립트 구문에서 선택자를 이용하여 특정 HTML 요소를 가리켜 이벤트를 연결하는 형태의 콜백(callback) 형식의 사용을 추천합니다. 콜백 형식은 선택된 요소에 약속된 신호가 감지(트리거)되면 약속된 내용(이벤트 내용)을 수행합니다.

❶ 자바스크립트 콜백 📁 예제 15.콜백1.html

● [HTML] 이전 예제 '15.인라인2.html'에서 인라인 형식으로 추가한 자바스크립트를 모두 제거합니다. CSS는 이전 예제와 동일합니다.

```
<div class="container">
    <div></div>
    <div></div>
</div>
```

● [자바스크립트] 자바스크립트 선택자와 트리거, 수행 내용을 연결하여 콜백 함수 형식을 구성합니다.

```
document.querySelector('선택자').onclick = function(){
    this.style.backgroundColor = 'lightgreen';
    // this.style.background-color = 'lightgreen';
}
```

- function 구문 내의 'this'는 선택된 요소를 가리키는 자바스크립트 키워드입니다.
- function 내부의 backgroundColor는 원래 CSS의 속성인 background-color이지만, 자바스크립트가 하이픈(-)을 빼기(minus) 연산자로 오인할 수 있으므로 구문 형태를 바꿔 표기합니다.

● [자바스크립트] onclick, onmouseover, onmouseout 3개의 콜백 함수 형식으로 연결합니다. <script>에서 HTML 요소를 선택하여 자바스크립트 구문을 작성합니다.

```
<script>
document.querySelector('.container > div:nth-of-type(1)').onclick = function(){
    this.style.backgroundColor = 'lightgreen';
}

document.querySelector('.container > div:nth-of-type(2)').onmouseover = function(){
    this.style.borderRadius = 0;
}

document.querySelector('.container > div:nth-of-type(2)').onmouseout = function(){
    this.style.borderRadius = '50%';
}
</script>
```

HTML에 CSS나 자바스크립트를 인라인 형태로 사용하는 방법은 어쩔 수 없는 경우 외에는 사용하지 않도록 합니다.

❷ onload 이벤트  **예제** 15.콜백2.html

● [HTML] \<img\> 요소를 갖는 웹 페이지를 구성합니다.

<img src="https://dummyimage.com/150×80/000/ddd" alt="이미지1">
<img src="https://dummyimage.com/150×80/666/fff" alt="이미지2">

> ● 연습을 위해 [https://dummyimage.com]가 제공하는 이미지를 사용합니다. 크기별로 다양한 이미지를 연습할 수 있습니다.
> ● \<img\>의 alt 속성은 오류가 나서 이미지가 보이지 않을 때, alt 속성값이 보이게 하는 '대체어'입니다.
>
> ● 브라우저가 html 문서를 요청하고 내려받은 후, html 문서에 링크(경로) 형태로 구성된 외부 파일(CSS, 자바스크립트, 이미지 등)을 추가로 내려받아 화면을 구성합니다.

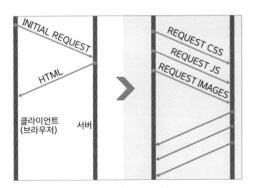

△ 웹 페이지의 로딩

● [자바스크립트] console.log()를 이용하여 출력되는 순서를 테스트합니다. 자바스크립트 구문의 나열 순서대로 수행됩니다.

```
<script>
console.log('1번째');

window.onload = function(){
    console.log('2번째');
}

console.log('3번째');
</script>
```

 tip
window.onload는 html 문서 및 링크(경로)로 연결된 CSS, 자바스크립트, 이미지 등의 파일을 모두 내려받은 후에 호출됩니다. 예제에서는 가장 마지막에 호출됩니다.

● [화면 결과] 브라우저가 html 문서를 내려받고, html 문서 내부의 링크(경로)로 연결된 이미지 파일을 내려받은 후 window.onload 이벤트가 실행됩니다. 따라서 '2번째' 메시지가 가장 마지막에 출력됩니다.

❸ onresize 이벤트　　📁 **예제** 15.콜백3.html

● [HTML] <img> 요소를 갖는 웹 페이지를 구성합니다.

```
<img src="https://dummyimage.com/200×100/000/fff" alt="이미지1">
```

● [자바스크립트] window.onresize를 이용하여 브라우저의 크기가 변했을 때 이벤트를 수행하도록 구성합니다.

```
<script>
window.onresize = function(){
    console.log('브라우저 크기 - viewport');
    console.log(window.innerWidth + 'x' + window.innerHeight);

    console.log('모니터의 크기 - device size');
    console.log(window.screen.width + 'x' + window.screen.height);
}
</script>
```

tip
- 브라우저의 크기가 변했을 때 화면의 레이아웃 변경 등 특별히 수행해야 하는 이벤트를 구성합니다.
- window.innerWidth와 window.innerHeight는 브라우저의 크기를 갖는 속성입니다. 뷰포트(viewport)의 크기라고 합니다.
- window.screen.width와 window.screen.height는 모니터의 크기를 갖는 속성입니다. 디바이스(device)의 크기라고 합니다.

● [화면 결과] 마우스나 브라우저의 크기를 변경하는 버튼을 이용하여 브라우저의 크기를 바꾸면, 콘솔(Console)창에서 브라우저의 크기와 모니터의 크기를 확인할 수 있습니다. 단위는 픽셀(px)입니다.

tip
브라우저의 크기는 변경될 수 있지만, 모니터의 크기는 최초의 값에서 변경되지 않습니다.

❹ 이벤트 리스너(event listener)　📀**예제** 15.콜백4.html

● [HTML] 클래스 이름 container를 갖는 <div> 안에 2개의 <div>를 구성합니다. 각각의 <div>

　에 id 속성을 추가합니다.

```
<div class="container">
    <div id="red"></div>
    <div id="blue"></div>
</div>
```

● [CSS] 컨테이너와 아이템 형식으로 flexbox 레이아웃을 구성합니다.

```
.container{
    display: flex;
}
#red, #blue{
    width: 100px;
    height: 100px;
    margin: 10px;
    border-radius: 10px;
    background-color: ■ lightcoral;
    cursor: pointer;
}
#blue{
    background-color: ■ lightblue;
}
```

 tip　#red, #blue에 설정하는 CSS 구문의 중복을 줄이기 위해 선택자를 사용한 방법을 살펴보세요.

●[자바스크립트] html 요소에 addEventListener()을 추가하고, 파라미터로 3가지를 입력할 수

　있습니다. 마지막은 옵션이므로 생략합니다.

```
// 사용 방법
element.addEventListener(event, function, useCapture);
```

● [자바스크립트] 파라미터 function을 간접적으로 표현하는 방법으로 별도의 함수를 구성합니다. 파라미터에는 함수 이름만 입력합니다. 아이디가 red인 요소를 클릭하면 clickRed()가 실행됩니다.

```
var redBox = document.getElementById('red');

redBox.addEventListener('click', clickRed);

function clickRed(){
    this.style.boxShadow = '2px 2px 2px #888';
}
```

● [자바스크립트] element를 querySelector()로 표현합니다. 파라미터에 function을 직접 표현합니다.

```
var blueBox = document.querySelector('#blue');

blueBox.addEventListener('mouseover', function(){
    this.style.boxShadow = '2px 2px 2px #888';
});

blueBox.addEventListener('mouseout', function(){
    this.style.boxShadow = 'none';
});
```

● [화면 결과] 왼쪽의 red 박스는 클릭하여 이벤트를 확인하고, 오른쪽의 blue 박스는 mouseover 와 mouseout하여 이벤트를 확인합니다.

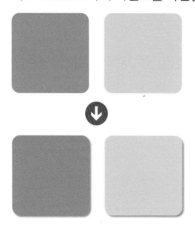

tip

HTML 태그 내에 CSS 또는 자바스크립트를 직접 입력하는 경우에는 코드를 최소한으로 구성합니다.

연습 문제 도전하기

콜백 함수(callback function) 형식을 이용하여 여러 개의 요소에 이벤트를 추가할 수 있습니다. 다음 순서를 참고하여 querySelectorAll()과 반복문을 이용한 자바스크립트 코드를 구성해 보세요.

📁 **[예제]** 15.연습문제.html

❶ <ul>과 <li>를 이용하여 목록(리스트)을 만들고, mouseover와 mouseout하면 배경색이 연한 회색(#eee)이 되고, 클릭하면 lightgreen으로 바꿔 봅니다.

● 1번째 목록
● 2번째 목록
● 3번째 목록

● 1번째 목록
● 2번째 목록
● 3번째 목록

❷ [HTML] 아이디 mylist의 <ul>을 만들고, 그 안에 3개의 <li>로 목록을 구성합니다.

```
<ul id="mylist">
    <li>1번째 목록</li>
    <li>2번째 목록</li>
    <li>3번째 목록</li>
</ul>
```

❸ [CSS] list-style-type 속성을 none으로 하여 목록의 말머리를 없애고, 배경 이미지로 말머리를 만듭니다.

```
#mylist{
    list-style-type: none;
    padding: 0;
}
#mylist > li{
    line-height: 2em;
    margin: 5px 0;
    border: 1px solid ▢ #ccc;
    cursor: pointer;
    background: url("bullet.png") no-repeat;
    text-indent: 32px;
}
.clicked{
    background-color: ▨ lightgreen !important;
}
```

> **tip** 배경색을 lightgreen으로 하는 클래스 clicked를 만듭니다. !important 키워드를 추가하여 강제로 우선순위를 최상위로 만들어 적용합니다.

4 [자바스크립트] querySelectorAll()을 이용하여 여러 개의 목록을 선택하고, 반복
문으로 각각의 목록에 콜백 방식으로 이벤트를 할당합니다. for 문을 구성하여 완성
해 보세요.

```
var lists = document.querySelectorAll('#mylist > li');

for(var i=0; i<lists.length; i++){

                // 코드 구성

}
```

> **tip** 제이쿼리(jQuery, https://jquery.com)는 자바스크립트를 더 쉽게 사용하기 위해 만들어졌습니다. 더 많고 다양한 기능을 수행할 수 있으며, 코드도 간결해서 배우기 쉽습니다. 특히 HTML과 CSS를 다루고, 이벤트 구성 및 다양한 효과나 애니메이션 작업을 하는 데 아주 효율적입니다. 이미 많은 사람들이 알고 있으며, 실제로 웹 사이트에서 활용되고 있습니다.
> 제이쿼리는 홈페이지에서 자바스크립트로 구성된 라이브러리(library, 제이쿼리를 실행하기 위한 코드 모음)를 내려받아 HTML 문서에 연결하여 사용할 수 있습니다.
> 자바스크립트가 익숙해지면, 제이쿼리(jQuery)도 도전해 보세요!

16일째 문서 객체 모델(DOM)

- HTML의 객체에 대해 알아봅니다.
- 모델(model)에 대해 알아봅니다.

 개념 미리 보기

우리의 인체는 골격계, 순환계, 근육계, 소화계 등 다양한 조직으로 구성되어 있습니다. HTML도 인체처럼 머리와 몸통 등으로 나뉘어 구분되는 것으로 생각하면서 HTML 요소를 효과적으로 다루어 봅니다.

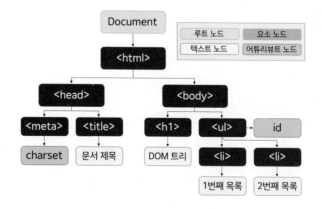

△ HTML 문서의 계층 관계(DOM)

배울 항목 살펴보기

문서 객체 모델(DOM, Document Object Model)은 HTML이나 XML에서 프로그래밍을 위한 인터페이스입니다. 자바스크립트가 각 요소에 접근하여 요소를 추가, 변경, 삭제 등 조작할 수 있도록 합니다.

구분	주제	설명
용어	노드 (node)	HTML 요소를 나타내는 개념적인 용어로 DOM의 구성 요소입니다.
	DOM 메소드 (method)	HTML 요소의 변화를 수행하기 위한 행위(action)입니다.
	DOM 속성 (property)	HTML 요소의 변화를 수행하기 위한 상태 값(value)입니다.
	DOM 문서 (document)	웹 페이지 내 모든 객체를 포함하는 가장 상위의 객체입니다.
기능	HTML 요소	HTML 요소를 변경, 삭제, 생성할 수 있습니다.
	HTML 속성	HTML 요소의 어트리뷰트를 변경, 삭제, 생성할 수 있습니다.
	CSS style	웹 페이지 내의 CSS 스타일을 변경할 수 있습니다.
	HTML 이벤트	웹 페이지 내의 HTML 이벤트를 새로 생성할 수 있습니다.

1. 객체(object)와 모델(model)

메소드	설명
객체(object)	임무를 수행하는 메소드와 상태를 나타내는 값(데이터)으로 구성된 조직(단위)
모델(model)	객체, 시스템 또는 개념에 대한 구조나 작업을 보여주기 위한 패턴이나 설명

2. HTML 요소 찾아가기

메소드	설명
document.getElementId(id)	요소의 id로 HTML 요소를 찾습니다.
document.getElementsByTagName(name)	태그 이름으로 HTML 요소를 찾습니다.
document.getElementsByClassName(name)	클래스 이름으로 HTML 요소를 찾습니다.

3. HTML 요소 변경하기

메소드	설명
element.innerHTML = 새로운 HTML 콘텐츠	HTML 요소의 내부 HTML을 변경합니다.
element.attribute = 새로운 값	HTML 요소의 속성값을 변경합니다. (방법1)
element.setAttribute(attribute, value)	HTML 요소의 속성값을 변경합니다. (방법2)
element.style.property = 새로운 스타일	HTML 요소의 스타일(CSS)을 변경합니다.

4. HTML 요소 추가 및 삭제하기

메소드	설명
document.createElement(element)	HTML 요소를 생성합니다.
document.removeChild(element)	HTML 요소를 제거(삭제)합니다.
document.appendChild(element)	HTML 요소를 추가합니다.
document.replaceChild(element)	HTML 요소를 다른 요소로 대체합니다.
document.write(text)	HTML 문서에 콘텐츠를 추가(출력)합니다.

5. 이벤트 핸들러 추가하기

메소드	설명
document.getElementById(id).onclick = function(){ 이벤트 내용 }	onclick 이벤트가 발생하면 수행할 이벤트 내용을 추가합니다.

 **따라 하기**

HTML 요소 변경하기

HTML 요소, HTML 요소의 속성(어트리뷰트), 그리고 CSS 스타일을 변경하여 화면을 재구성합니다.

❶ innerHTML　📂**예제** 16.DOM변경1.html

● [HTML] 클래스 이름 container를 갖는 <div>를 구성합니다.

```html
<div class="container"></div>
```

● [CSS] 컨테이너와 아이템 형식으로 flexbox 레이아웃을 구성합니다.

```css
.container{
    display: flex;
    padding: 10px;
    background-color: ▢#ddd;
}
.container div{
    width: 100px;
    height: 100px;
    margin: 10px;
    background-color: ▨ lightcoral;
}
```

 tip　자바스크립트를 이용하여 클래스 이름 container 안에 아이템 <div>를 동적으로 추가하기 위해 CSS를 미리 설정합니다.

● [자바스크립트] 클래스 container 영역을 클릭하여 DOM 속성인 innerHTML을 이용하여 내용을 추가합니다.

```
var container = document.querySelector('.container');

container.onclick = function(){
    this.innerHTML = '<div></div><div></div>';
}
```

tip innerHTML의 값은 HTML 형식으로 추가합니다.

● [화면 결과] container 영역을 클릭하면, 클래스 container에 <div>가 추가됩니다.

```
<div class="container">
    <div></div>
    <div></div>
</div>
```

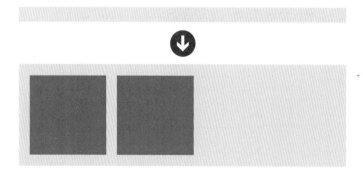

tip <div class="container"></div>의 자식 요소(child)로 <div>가 2개 추가됩니다.

❷ 어트리뷰트 변경하기 📁**예제** 16.DOM변경2.html

● [HTML] 클래스 이름 container를 갖는 <figure>를 구성합니다.

```
<div class="container">
    <figure>
        <img src="https://dummyimage.com/150×100/333/ddd">
        <figcaption>그림 1. 이미지 설명</figcaption>
    </figure>
    <figure>
        <img src="https://dummyimage.com/150×100/369/aaa">
        <figcaption>그림 2. 이미지 설명</figcaption>
    </figure>
</div>
```

tip <figure>는 그림, 다이어그램, 사진, 코드 목록 등을 표현하기 위해 HTML5에서 새로 정의된 요소입니다. <figcaption>은 <figure>의 자식 요소로, 개체의 설명을 위한 요소입니다.

● [CSS] 컨테이너와 아이템 형식으로 flexbox 레이아웃을 구성합니다.

```
.container{ display: flex; }
figure{ margin: 10px; }
img{
    border: 1px solid ⬜ #ddd;
    padding: 5px 5px 30px 5px;
    box-shadow: -2px -2px 2px ⬛ #888;
}
```

tip box-shadow의 x축, y축 값이 마이너스(-)일 경우, 그림자는 위쪽과 왼쪽으로 생겨서 이미지가 안으로 들어가 있는 것처럼 보이게 됩니다.

● [자바스크립트] 이미지를 클릭하여 src 속성값을 변경합니다.

```
var img1 = document.querySelector('figure > img');

img1.onclick = function(){
    this.src = 'https://dummyimage.com/150×100/ddd/333';
}
```

tip

<img> 속성 src의 값을 직접 변경합니다.

● [화면 결과] <img>를 클릭하면 이미지의 속성 src의 값을 변경하여 다른 이미지로 교체됩니다.

```
var img2 = document.querySelector('figure:nth-of-type(2) > img');

img2.onclick = function(){
    this.setAttribute('src', 'https://dummyimage.com/150×100/aaa/369');
}
```

tip

• <img> 속성 src의 값을 setAttribute()를 이용해 변경합니다.
• 함수 또는 메소드는 괄호가 있어 파라미터를 받아 처리되고, 속성은 값을 할당하는 형식으로 처리됩니다.

HTML 요소 생성하기

HTML 요소, HTML 요소의 속성(어트리뷰트), 그리고 콘텐츠를 생성하여 화면을 재구성합니다.

❶ createElement()　📁**[예제]** 16.DOM생성.html

● [HTML] <button> 요소를 구성하고 onclick 속성으로 makeButton()를 호출합니다.

```
<button type="button" onclick="makeButton()">만들기</button>
```

● [CSS] <button>에 적용할 CSS를 구성합니다.

```
button{
    color: ☐ white;
    padding: .5em 1em;
    text-align: center;
    font-size: 1em;
    border: none;
    background-color: ■ lightcoral;
}
```

> **tip**
> ● <button> 기본 스타일로 border가 적용되어 있어 'none'을 할당하여 border를 없애 줍니다.
> ● padding에서 0보다 작은 경우에는 0.5em을 .5em과 같이 0을 생략할 수 있습니다.

● [자바스크립트] createElement()로 HTML 요소 <button>을 생성합니다. 생성한 버튼에 이벤트를 연결하여 클릭할 때 알림창이 나오도록 설정합니다.

```
function makeButton(){
    var btn = document.createElement('button');
    btn.onclick = function(){
        alert('새로운 버튼 클릭');
    }
    var txt = document.createTextNode('새로운 버튼');

    btn.appendChild(txt);
    document.body.appendChild(btn);
}
```

tip
- createTextNode()를 이용하여 \<button>의 콘텐츠를 생성합니다.
- 콘텐츠인 문자열을 \<button>의 자식 요소로 관계성을 부여한 후 생성한 \<button>을 화면의 최상위 요소인 \<body>에 appendChild()로 추가합니다.

● [화면 결과] \<button>을 클릭하면, '\<button>새로운 버튼\</button>'이 하위 문서에 추가됩니다. 이벤트가 함께 생성되며, 생성된 버튼을 클릭할 때 알림창이 보이게 됩니다.

tip
'3일째'에서 설명한 부모(parent), 자식(child), 형제자매(sibling) 관계를 생각해 보세요.

HTML 요소를 제거하거나 교체하여 화면을 재구성합니다.

❶ removeChild()　　📁**예제** 16.DOM제거.html

● [HTML] <ul>과 <li>를 이용하여 5개의 목록(리스트)을 만듭니다.

```html
<ul id ="mylist">
    <li>1번째 목록</li>
    <li>2번째 목록</li>
    <li>3번째 목록</li>
    <li>4번째 목록</li>
    <li>5번째 목록</li>
</ul>
```

● [CSS] <ul>과 <li>에 적용할 CSS 스타일을 구성합니다.

```css
#mylist{
    list-style-type: none;
    padding: 0;
}
#mylist > li{
    line-height: 2em;
    margin: 5px 0;
    border: 1px solid #ccc;
    cursor: pointer;
    background: url("bullet.png") no-repeat;
    text-indent: 32px;
}
```

● [자바스크립트] removeChild()는 HTML 요소의 자식 (child) 관계에 있는 노드(node)를 삭제합니다.

```
node.removeChild(node)
```

 tip 노드(node)는 DOM의 구성 요소로 보통 HTML 요소를 말합니다. 노드는 '루트 노드', '요소 노드', '어트리뷰트 노드', '텍스트 노드'로 구분할 수 있습니다.

● [자바스크립트] querySelectorAll()로 모든 <li>를 선택하고, 반복문을 이용하여 각각의 <li>에 이벤트를 추가합니다.

```
var lists = document.querySelectorAll('#mylist > li');

for(var i=0; i<lists.length; i++){
    lists[i].addEventListener('click', function(){
        console.log(this.childNodes[0].nodeValue);
        this.parentNode.removeChild(this);
    });
}
```

 tip
- this는 클릭한 <li>로 삭제 대상입니다. removeChild()의 주어인 <ul>은 'this.parentNode'가 됩니다.
- childNodes와 nodeValue는 console.log()로 그 의미를 확인해 보세요.

● [화면 결과] <li>을 클릭하면, 클릭된 <li>가 삭제됩니다.

❷ replaceChild() 📁 **예제** 16.DOM교체.html

● [HTML] \<ul\>과 \<li\>를 이용하여 3개의 목록(리스트)을 만듭니다.

```
<ul id ="mylist">
    <li>1번째 목록</li>
    <li>2번째 목록</li>
    <li>3번째 목록</li>
</ul>
```

● [CSS] \<ul\>과 \<li\>에 적용할 CSS 스타일을 구성합니다.

```
#mylist{
    list-style-type: none;
    padding: 0;
}
#mylist > li{
    line-height: 2em;
    margin: 5px 0;
    border: 1px solid ▨ #ccc;
    cursor: pointer;
    background: url("bullet.png") no-repeat;
    text-indent: 32px;
}
```

● [자바스크립트] replaceChild()는 HTML 요소의 자식 (child) 관계에 있는 노드(node)를 교체합니다.

```
node.replceChild(newnode, oldnode);
```

tip newnode는 새로 만들어 교체할 노드이고, oldnode는 기존의 교체될 노드입니다.

● [자바스크립트] querySelectorAll()로 모든 <li>를 선택하고, 반복문을 이용하여 각각의 <li>에 이벤트를 추가합니다.

```
var ul = document.getElementById('mylist');
var lists = document.querySelectorAll('#mylist > li');

for(var i=0; i<lists.length; i++){
    lists[i].addEventListener('click', function(idx){
        var elm = document.createElement('li');
        var txt = document.createTextNode('새로운 목록');
        elm.appendChild(txt);

        ul.replaceChild(elm, this);
    });
}
```

 tip
- 반복문 안에 새로운 요소와 텍스트 노드를 만들어 클릭한 노드와 교체합니다.
- createElement(), createTextNode(), appendChild()를 다시 확인해 보세요.

● [화면 결과] <li>을 클릭하면, 클릭된 <li>가 새롭게 만든 <li>로 교체됩니다.

<input>에 내용을 입력하고 Enter↵를 클릭하면, <li>를 생성하여 <ul>의 내부 요소로 추가할 수 있도록 이벤트를 구성해보세요. 다음 순서를 참고하여 keydown과 createElement() 등을 이용한 자바스크립트 코드를 구성해 보세요.

📁**예제** 16.연습문제.html

① <input>으로 사용자 입력창을 만들고, 내용을 입력한 다음 Enter↵를 클릭하면 입력한 내용이 마지막 목록(리스트)에 추가되도록 만듭니다.

내용 입력 후 엔터!

⚪ 1번째 목록

② [HTML] name을 append로 하는 <input>과 아이디 mylist의 <ul>을 만들고, 그 안에 1개의 <li>로 목록을 구성합니다.

```html
<!-- 3글자 이상 내용 입력 후 엔터(enter) -->
<input type="text" name="append" placeholder="내용 입력 후 엔터!">
<ul id="mylist">
    <li>1번째 목록</li>
</ul>
```

❸ [CSS] input[name="append"], #mylist, #mylist > li 3개의 선택자를 이용하여 CSS 스타일을 구성합니다.

```css
input[name="append"]{
    padding: 5px;
    width: 80%;
}
#mylist{
    list-style-type: none;
    padding: 0;
}
#mylist > li{
    line-height: 2em;
    margin: 5px 0;
    border: 1px solid ▢ #ccc;
    cursor: pointer;
    background: url("bullet.png") no-repeat;
    text-indent: 32px;
}
```

④ [자바스크립트] querySelector()로 <input>을 선택하고, onkeydown 이벤트로 Enter↵가 눌러졌을 때(키코드 13)와 입력한 글자의 수가 2글자보다 클 때 실행문이 작동하도록 코드를 구성합니다.

```javascript
var newList = document.querySelector('input[name="append"]');

newList = onkeydown = function(event){
    if(event.which == 13 && event.target.value.length > 2){

                        // 코드 구성

    }
}
```

17일째 브라우저 객체 모델(BOM)

무엇을 배울까요?

- 문서 객체 모델(DOM)과의 차이점을 알아봅니다.
- 브라우저가 제공하는 다양한 기능을 알아봅니다.

 개념 미리 보기

브라우저 객체 모델(BOM)은 문서 객체 모델(DOM)과 달리 공식적인 모델은 아닙니다. 하지만 브라우저가 제공하는 기능이나 정보를 사용하기 위해 브라우저와 브라우저가 다루는 모든 객체 간의 관계를 나타냅니다. 이는 브라우저마다 다를 수 있습니다.

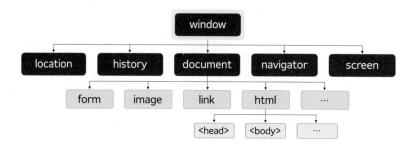

△ 브라우저의 계층 관계(BOM)

배울 항목 살펴보기

브라우저 객체 모델(BOM, Browser Object Model)은 브라우저의 기능이나 정보를 사용하기 위한 인터페이스로, 자바스크립트가 접근하여 브라우저의 기능을 실행하거나 정보를 얻을 수 있도록 합니다.

구분	속성/메소드	설명
window	open()	새로운 window를 엽니다.
	close()	현재 window를 닫습니다.
location	location.href	현재 웹 페이지의 URL 정보를 제공합니다.
	location.assign()	새로운 웹 페이지(문서)를 보여줍니다.
history	back()	브라우저에서 뒤로 가기 버튼을 누른 효과를 제공합니다.
	forward()	브라우저에서 앞으로 가기 버튼을 누른 효과를 제공합니다.
navigator	appName	브라우저의 이름을 제공합니다.
	online	현재 온라인 상태인지를 확인합니다.

따라 하기

윈도우(window) 객체

브라우저의 최상위 객체(object)인 윈도우(window)에 대해 알아봅니다.

window.open()과 window.close()로 새창을 열고 닫는 예제를 구성해 봅니다.

❶ window.open()　　🖿 **예제** 17.BOM-window1.html

● [HTML] <ol>과 <li>를 이용하여 목록(리스트)을 구성합니다.

```
<ol id="myList">
    <li>window.open() 기본형</li>
    <li>화면 이동</li>
    <li>팝업창 열기</li>
    <li>팝업창 제어</li>
    <li>
        <a href="http://www.darakwon.co.kr" target="_blank">다락원</a>
    </li>
</ol>
```

● [CSS] <li>와 마우스를 <li>에 올렸을 때를 선택하는 선택자 li:hover로 CSS 스타일을 구성합
니다.

```
#myList > li{
    padding: 5px;
}
#myList > li:hover{
    cursor: pointer;
    color: ▢#ddd;
    background-color: ▮lightcoral;
}
```

hover는 요소에 마우스를 올렸을 때 mouseover에 대한 선택자로 가상 클래스(pseudo class)라고 합니다.

● [자바스크립트] open()은 윈도우(window)를 여는 윈도우 객체의 메소드로 4개의 파라미터로
정의되어 있습니다. 4개 모두 옵션이라 반드시 입력하지 않아도 됩니다.

```
window.open(URL, name, specs, replace)
```

- [URL]: 열리는 문서의 URL. 입력하지 않으면 about:blank로 열림
- [name]: 열리는 형태 또는 윈도우의 name. 기본값은 _blank (새창 열림)
- [specs]: height, width 등의 윈도우 속성
- [replace]: 열리는 문서의 history 제어

● [자바스크립트] querySelectorAll()로 모든 <li>를 선택하고, 각 <li>에 이벤트를 정의합니다.

```
var lists = document.querySelectorAll('#myList >li');
console.log(lists);

lists[0].onclick = function(){
    window.open();
}

lists[1].onclick = function(){
    window.open('http://www.darakwon.co.kr','_self');
}

lists[2].onclick = function(){
    window.open('http://m.daum.net','','width=400,height=400');
}

lists[3].onclick = function(){
    var win = window.open('','','width=200,height=200');
    win.document.write('<h1>새창입니다.</h1>');
    win.opener.document.write('<h1>부모창입니다.</h1>');
}
```

tip
- querySelectorAll()의 반환값의 형식은 여러 개의 값을 갖는 배열(array)입니다.
- opener는 open()을 수행한 윈도우를 가리킵니다. 부모(parent)와 자식(child) 관계로 생각할 때 부모창입니다.

● [화면 결과] `<li>`에 마우스를 올리면 배경색이 반전되며, 이를 클릭하면 각 `<li>`에 정의된 open() 이벤트를 수행합니다.

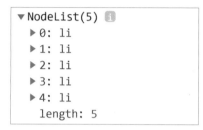

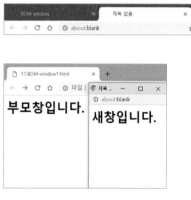

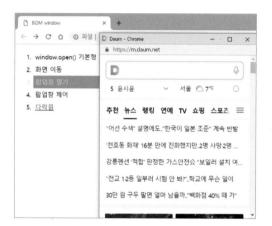

tip

- 모든 <li>를 받는 querySelectorAll()을 콘솔(Console)창으로 보면 5개의 Nodelist 정보를 볼 수 있습니다. 이렇게 여러 개의 값을 갖는 형식을 컬렉션(collection)이라 합니다. 배열은 컬렉션 형식 중의 하나입니다.
- 윈도우가 열리는 형태에는 _blank(새창), _self(현재창) 등이 있습니다. open()에서의 기본값은 _blank입니다. 참고로 <a>에서의 기본값은 _self입니다.
- 부모창으로부터 새창이 열리는 형태를 팝업창(popup)이라고 합니다. 홈페이지 광고 등의 정보를 전달하기 위한 용도로 사용합니다.
- <a>에서 연결되는 URL이 어떤 창으로 열릴지는 target 속성으로 표현합니다.

❷ window.close()　🗀 **예제** 17.BOM-window2.html

- [HTML] <button>으로 새로운 윈도우를 열고 닫는 이벤트를 구성합니다.

```
<button type="button">윈도우 열기</button>
<button type="button">윈도우 닫기</button>
```

- [CSS] <button>이 화면에 보일 때와 버튼 위로 마우스가 올라갈 때의 CSS 스타일을 각각 구성합니다.

```
button{
    color: ■#333;
    padding: .5em 1em;
    text-align: center;
    font-size: 1em;
    border: none;
    background-color: ■lightblue;
    box-shadow: 2px 2px 2px ■#888;
}
button:hover{
    cursor: pointer;
    color: □#fff;
    box-shadow: -2px -2px 2px ■#888;
}
```

● [자바스크립트] querySelectorAll()로 <button> 2개를 선택하고, 각각의 <button>에 이벤트 리스너를 구성합니다.

```
var win;
var btn = document.querySelectorAll('button');

btn[0].addEventListener('click', openwindow);

function openwindow(){
    win = window.open('','','width=200,height=200');
    win.document.write('<h1>new window</h1>');
}

btn[1].addEventListener('click', function(){
    if(win!= undefined){
        win.close();
    }
});
```

tip

● 윈도우를 여닫는 부분이 별도의 함수로 나누어져 있으므로, 새로운 윈도우를 가리키는 변수 win을 전역 변수로 설정합니다.
● 윈도우 열기 버튼을 클릭하지 않고 윈도우 닫기를 누르는 경우, 변수 win의 값이 없어 오류가 발생하므로 undefined 값을 비교하여 처리하도록 합니다.

● [화면 결과] 윈도우 열기 버튼을 클릭하여 새로운 윈도우를 열고, 윈도우 닫기 버튼을 클릭하여 열린 윈도우를 닫습니다.

로케이션(location) 객체

로케이션(location) 객체는 현재 페이지 문서의 주소(URL) 정보를 얻고, 이 정보를 사용해서 다른 페이지로 브라우저를 이동시킵니다.

❶ href와 assign() 📁 **예제** 17.BOM-location.html

● [HTML] <button>, <select>, <textarea> 요소를 이용하여 웹 페이지의 주소(URL) 정보를 얻거나 조작하는 방법을 만들어 봅니다.

```
<button type="button">현재 페이지 URL</button>
<select name="gosite">
    <option value="">::선택 이동::</option>
    <option value="darakwon.co.kr">다락원</option>
    <option value="daum.net">다음</option>
    <option value="naver.com">네이버</option>
    <option value="google.com">구글</option>
</select>
<hr>
<textarea name="url" cols="40" rows="3"></textarea>
```

● [CSS] 각 요소에 적용할 CSS를 구성합니다. vertical-align은 인라인 요소의 세로 방향 정렬을 조절할 수 있습니다.

```
button, select, textarea{
    padding: 5px 10px;
    font-size: 16px;
    vertical-align:middle;
}
```

- [자바스크립트] \<button\>을 클릭하여 현재 웹 페이지의 URL을 textarea에 표시합니다. select 로 구성된 선택 박스를 변경하여 option의 value 값으로 된 URL로 웹 페이지를 이동합니다.

```javascript
var btn = document.querySelector('button');
btn.onclick = function(){
    document.querySelector('textarea').value = location.href;
}

var move = document.querySelector('select[name="gosite"]');
move.onchange = function(){
    if(this.value){
        location.assign('http://' + this.value);
    }
}
```

- textarea에 표시된 URL의 형식이 한글일 경우, URL 인코딩으로 URL에 문자를 표현합니다. %가 있어 서 퍼센트 인코딩(percent encoding)이라고도 합니다.
- 선택 박스(select)의 이벤트 트리거는 onchange입니다. 선택한 값이 변경되었을 때 이벤트가 실행됩니다.
- option의 value 속성의 값이 있을 경우만 assign()을 실행시킵니다.

- 인코딩(encode)은 부호화로 번역되며, 우리가 사용하는 문자 등의 표현 방식을 컴퓨터가 사용 하는 디지털 표현 방식으로 바꾸는 것을 말합니다. 이와 반대로 디코딩(decode)은 디지털 표현 방식에서 우리가 사용하는 표현 방식으로 되돌리는 것을 말합니다.

[자바스크립트] \<button\> 또는 select를 선택하여 결과를 살펴봅니다.

```javascript
btn.onclick = function(){
    var decodeURL = decodeURIComponent(location.href);
    document.querySelector('textarea').value = decodeURL;
}
```

| 현재 페이지 URL | ::선택이동:: ⌄ |

```
file:///C:/자바스크립트/17.BOM-location.html
```

> **tip**
>
> decodeURIComponent()는 URL 인코딩 형식을 원래의 한글로 표현합니다.
> [https://meyerweb.com/eric/tools/dencoder/]를 참고하세요.

히스토리(history) 객체

히스토리(history) 객체는 브라우저의 웹 페이지 이동 정보를 기록합니다. 이 객체를 이용하여 브라우저의 [뒤로 가기] 또는 [앞으로 가기] 버튼의 기능을 만들 수 있습니다.

❶ back()과 forward() 📁**예제** 17.BOM-history1.html / 17.BOM-history2.html

• [HTML] 2개의 파일로 페이지를 연결하는 예제를 만들어 봅니다.

서로 관련 있는 콘텐츠를 모아서 그룹화하는 <fieldset>과 <legend>를 이용하여 링크 a와 버튼 형식의 <input>을 구성합니다.

```
<fieldset>
    <legend>먼저 실행하세요</legend>
    <a href="17.BOM-history2.html">앞으로 가기</a>
</fieldset>

<fieldset>
    <legend>다음 실행하세요</legend>
    <input type="button" value="앞으로 가기">
</fieldset>
```

- [자바스크립트] history.forward()는 브라우저에 저장된 방문 기록 중 현재 페이지 다음에 방문한 페이지로 이동합니다.

```
var btn = document.querySelector('input');
btn.onclick = function(){
    history.forward();
}
```

- [HTML] 2번째 페이지의 구성은 [뒤로 가기] 버튼으로 이전 페이지로 이동합니다.

```
<fieldset>
    <legend>실행하세요</legend>
    <input type="button" value="뒤로 가기">
</fieldset>
```

- [자바스크립트] history.back()은 브라우저에 저장된 방문 기록 중 현재 페이지 이전에 방문한 페이지로 이동합니다.

```
var btn = document.querySelector('input');
btn.onclick = function(){
    history.back();
}
```

- [화면 결과] '먼저 실행하세요'에서 [앞으로 가기] 버튼과 [뒤로 가기] 버튼을 눌러서 자바스크립트로 웹 페이지를 이동합니다.

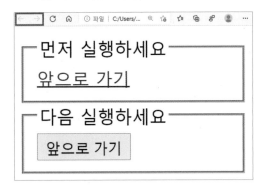

네비게이터(navigator) 객체

네비게이터(navigator) 객체는 사용자의 브라우저에 대한 정보를 갖고 있습니다. 이 정보를 통하여 브라우저의 이름, 엔진, 버전 등을 확인할 수 있습니다.

❶ ppName과 online 확인   📁**예제** 17.BOM-navigator.html

● [HTML] <fieldset>과 <legend>로 콘텐츠를 모둠 형식으로 보여줍니다.

```
<fieldset>
    <legend>브라우저 이름(appName)</legend>
    <div id="name"></div>
</fieldset>

<fieldset>
    <legend>브라우저 코드이름(appCodeName)</legend>
    <div id="codeName"></div>
</fieldset>

<fieldset>
    <legend>브라우저 언어(language)</legend>
    <div id="language"></div>
</fieldset>

<fieldset>
    <legend>브리우저 온라인(online)</legend>
    <div id="online"></div>
</fieldset>
```

● [CSS] fieldset과 legend에 대한 CSS 스타일을 구성합니다.

```css
fieldset{ margin: 10px; }
legend{
    padding: 5px;
    color: ☐ #fff;
    background-color: ▣ lightcoral;
}
```

● [자바스크립트] fieldset 안의 아이디를 갖는 영역에 네비게이터 객체의 정보를 표현합니다.

```javascript
var browserName = document.getElementById('name');
browserName.innerText = navigator.appName;

var codeName = document.getElementById('codeName');
codeName.innerText = navigator.appCodeName;

var language = document.getElementById('language');
language.innerText = navigator.language;

var online = document.getElementById('online');
online.innerText = navigator.onLine;
```

● [화면 결과] 결과는 이벤트 트리거 없이 화면에 바로 보입니다. 브라우저의 정보가 속성 형태로 변수에 저장되어 있기 때문입니다.

연습 문제 도전하기

윈도우 객체의 메소드로 팝업(popup) 알림창이 있습니다. <fieldset>과 <legend>를 이용하여 아래와 같이 화면을 만들어 보세요. alert()는 입력 상자를 클릭하고, confirm()과 prompt()는 버튼을 클릭하도록 이벤트를 구성하고, 그 결과를 입력 상자에 나타나도록 하세요.

📁 **예제** 17.연습문제.html

```
┌─ alert() ────────────────────────┐
│  ┌──────────────────────────┐    │
│  │ 클릭하세요                │    │
│  └──────────────────────────┘    │
└──────────────────────────────────┘

┌─ confirm() ──────────────────────┐
│  ┌──────────┐                     │
│  │ confirm()│                     │
│  └──────────┘                     │
│  ┌──────────────────────────┐    │
│  │                          │    │
│  └──────────────────────────┘    │
└──────────────────────────────────┘

┌─ prompt() ───────────────────────┐
│  ┌──────────┐                     │
│  │ prompt() │                     │
│  └──────────┘                     │
│  ┌──────────────────────────┐    │
│  │                          │    │
│  └──────────────────────────┘    │
└──────────────────────────────────┘
```

❶ [사용법] window 객체의 메소드는 alert()로 window 없이 간단히 사용할 수 있습니다.

```
window.alert('알림글');
window.confirm('참/거짓을 나누는 글');
window.prompt('질문', '답변보기(placeholder)');
```

2 [HTML] <fieldset>, <legend>로 콘텐츠를 모둠 형태로 구성하고, 버튼과 입력 상자로 이벤트를 구성하세요.

```
<fieldset>
    <legend>alert()</legend>
    <input type="text" name="alert" value="클릭하세요">
</fieldset>

<fieldset>
    <legend>confirm()</legend>
    <button type="button">confirm()</button>
    <hr>
    <input type="text" name="confirm" readonly="readonly">
</fieldset>

<fieldset>
    <legend>prompt()</legend>
    <input type="button" value="prompt()">
    <hr>
    <input type="text" name="prompt" disabled="disabled">
</fieldset>
```

3 [CSS] <fieldset>, <legend>, <input type="text">에 대한 CSS 스타일을 구성하세요.

```css
fieldset{ margin: 10px; }
legend{
    padding: 5px;
    background-color: ■ lightblue;
}
input[type="text"]{
    box-sizing: border-box;
    padding: 5px;
    width: 100%;
}
```

> **tip** input에서 사용한 padding 속성 때문에 box-sizing을 border-box로 합니다.

18 일째 애니메이션

무엇을 배울까요?

- 타이밍 이벤트가 무엇인지 알아봅니다.
- setTimeout()과 setInterval()을 이용하여 애니메이션을 만들어 봅니다.

개념 미리 보기

일정 시간이 흐른 후 미리 약속된 작업을 한 번 수행하는 setTimeout()과 동일한 시간 간격으로 약속된 작업을 반복해서 수행하는 setInterval()로 애니메이션을 구성해 봅니다.

배울 항목 살펴보기

윈도우 객체의 타이밍 메소드는 정해진 시간 간격에 따라 작업이 수행됩니다. 대표적인 메소드로는 setTimeout()과 setInterval()이 있습니다.

배울 항목	구문	설명
타이밍 이벤트	–	설정된 시간이 지난 후에 약속된 코드 모둠이 실행되도록 구성한 형식입니다.
setTimeout()	setTimeout(함수, 시간)	1/1000초 단위인 밀리초(ms)로 설정된 시간이 지난 후에 함수 형식의 코드를 한 번 수행합니다.
setInterval()	setInterval(함수, 시간)	1/1000초 단위인 밀리초(ms)로 설정된 시간 간격마다 함수 형식의 코드를 반복적으로 수행합니다.

tip

- window.setTimeout(함수,시간)으로 표현할 수 있으나, 최상위 객체인 window는 생략하고 사용할 수 있습니다. window.setInterval(함수,시간)도 동일합니다.
- setTimeout(function(){수행코드},1000)은 1초 후에 코드를 실행하도록 합니다.
- setTimeout(함수이름,1000)은 1초 후에 '함수이름'으로 정의된 함수를 호출하여 실행하도록 합니다.

따라 하기

> ### 타이밍 이벤트

타이밍 이벤트(timing event)는 설정된 시간이 지난 후에 약속된 코드 모둠이 실행되도록 구성된 형식입니다. 대표적인 메소드인 setTimeout()과 setInterval()에 대하여 알아봅니다.

❶ setTimeout()의 사용법　📁 **예제** 18.setTimeout1.html

● setTimeout(함수, 시간) 형식으로 사용합니다. 예제의 결과는 1초가 지난 뒤에 알림창으로 '1초 뒤 호출!'이라는 메시지를 표시합니다.

```
// [사용법] setTimeout(함수,시간);
setTimeout(function(){alert('1초 뒤 호출!');}, 1000);
```

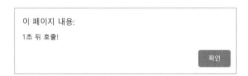

● 코드를 보기 쉽게 만들기 위해 중괄호({ })를 기준으로 줄을 바꿔 쓸 수 있습니다.

```
setTimeout(function(){
    alert('1초 뒤 호출!');
}, 1000);
```

tip 들여쓰기, 띄어쓰기, 새로운 줄에 이어쓰기로 코드를 잘 구별할 수 있도록 합니다.

258

- 함수 안의 실행 코드가 길어서 코드 구분이 복잡할 경우에는 별도로 함수를 구성합니다. 별도의 함수를 호출하는 방식으로 코드를 변경할 수 있습니다.

- setTimeout()의 리턴값(반환값)은 숫자입니다.

```
setTimeout(myfunction, 1000);

function myfunction(){
    alert('1초 뒤 호출!');
}
```

❷ setTimeout()의 활용 - 1　🗂**예제** 18.setTimeout-2.html

- id를 box로 하는 길이 100px의 정사각형을 만듭니다.

```
<style>
#box{
    width: 100px;
    height: 100px;
    background-color: ■ navy;
    cursor: pointer;
}
</style>

<div id="box"></div>
```

- box를 클릭하면 함수 transform()을 호출하도록 구성합니다. transform() 안에 1초 뒤에 수행 코드를 호출할 수 있는 setTimeout()을 추가합니다.

```
<div id="box" onclick="transform();"></div>

<script>
function transform(){
    setTimeout(function(){
```

```
        // 이벤트 내용
    }, 1000);
}
</script>
```

● 함수 transform()이 호출되면, 1초 뒤에 box의 크기와 배경색을 변경하는 코드를 구성합니다.

```
function transform(){
    setTimeout(function(){
        var box = document.getElementById('box');
        box.style.width = '200px';
        box.style.height = '200px';
        box.style.backgroundColor = 'orange';
    }, 1000);
}
```

tip

document.getElementById('box')를 변수에 할당하여 같은 코드의 중복을 방지하고, 코드를 간단하게 표현할 수 있습니다.

❸ setTimeout()의 활용 - 2　　🗁**예제** 18.setTimeout3.html

● id를 box로 하는 태그 영역에서 onclick 속성을 제거하고, 자바스크립트에서 DOM을 이용하여 이벤트 내용을 구성합니다.

```
<div id="box"></div>

<script>
document.getElementById('box').onclick = function(){
    var that = this;
    setTimeout(function(){
        console.log(that);
        that.style.width = '200px';
        that.style.height = '200px';
        that.style.backgroundColor = 'orange';
```

```
            that.style.borderRadius = '50%';
        }, 1000);
    }
</script>
```

● HTML과 자바스크립트를 분리하여 가독성을 높이고, 코드 관리를 효율적으로 할 수 있도록 합니다.

```
document.getElementById('box').onclick = function(){ }
document.querySelector('#box').onclick = function(){ }
```

> **tip**
> • **콜백 함수**(callback function): 자바스크립트는 코드를 한 줄씩 바로 해석하여 실행하는 구조입니다. 하지만 콜백 함수는 특정한 상황에서 미리 만든 함수를 실행하도록 만든 형식입니다. 여기에서는 id가 box인 영역을 클릭했을 때 실행하도록 만들었습니다.
> • 'this'는 자바스크립트에서 중요한 키워드로 우리말의 '나는'처럼 대명사로 사용됩니다. 누가 사용하느냐에 따라 '나는'은 다른 것을 가리킬 수 있으며, 중복된 단어를 짧게 줄여 쓸 수 있습니다.

● getElementById()는 파라미터로 문자열로 표현되는 아이디를 사용하고, querySelector()는 파라미터를 CSS의 선택자 형식으로 사용합니다.

```
<div id="box"></div>

<script>
document.querySelector('#box').onclick = function(){
    var that = this;
    setTimeout(function(){
        console.log(that);
        that.style.width = '200px';
        that.style.height = '200px';
        that.style.backgroundColor = 'orange';
        that.style.borderRadius = '50%';
    }, 1000);
}
</script>
```

tip
- querySelector()가 getElementById()에 비해 선택자로서 유연하게 사용할 수 있습니다.
- Console 객체를 이용하여 궁금한 구문이나 변수 등을 출력해 보세요. 데이터의 형식과 흐름, 값을 확인하는 습관은 프로그램을 빠르게 배울 수 있는 좋은 방법입니다.

❹ setInterval()의 사용법 🗁 **예제** 18.setInterval1.html

- setInterval(함수,시간) 형식으로 사용합니다. 예제의 결과는 1초마다 반복적으로 콘솔(Console) 창에 '1초마다 호출!'이라는 메시지를 계속 표시합니다.

```
// [사용법] setInterval(함수,시간);
setInterval(function(){console.log('1초마다 호출!');}, 1000);
```

- 코드를 보기 쉽게 만들기 위해 중괄호({ })를 기준으로 줄을 바꿔 쓸 수 있습니다.

```
setInterval(function(){
    console.log('1초마다 호출!');
}, 1000);
```

- 함수 안의 실행 코드가 길어서 코드 구분이 복잡할 경우에는 별도의 함수를 호출하는 방식으로 코드를 변경할 수 있습니다.

- setInterval()의 리턴값(반환값)은 숫자입니다.

```
setInterval(myfunction, 1000);

function myfunction(){
    console.log('1초마다 호출!');
}
```

● clearInterval()을 이용하여 setInterval()을 무효화할 수 있습니다. clearInterval()의 파라미터로 setInterval()의 반환값(리턴값)을 입력합니다.

```javascript
var myInterval = setInterval(function(){
    console.log('1초마다 호출!');
}, 1000);

setTimeout(function(){
    clearInterval(myInterval);
    console.log('setInterval() 끝!');
}, 3500);
```

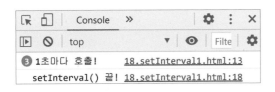

tip clearTimeout()은 setTimeout()을 무효화하는 메소드이지만, clearInterval()에 비해 사용 빈도가 낮습니다.

❺ setInterval()의 활용 - 1   📁 **예제** 18.setInterval2.html

● id를 circle로 하는 지름 100px의 원형을 만듭니다. 그리고 원을 움직이고 멈추게 하는 버튼 2개를 만듭니다.

```
<style>
#circle{
    width: 100px;
    height: 100px;
    background-color: ■ navy;
    border-radius: 50%;
    cursor: pointer;
}
</style>

<button type="button" onclick="doMove();">출발</button>
<button type="button" onclick="doStop();">멈춤</button>
<hr>
<div id="circle"></div>
```

● 출발 버튼은 함수 doMove()를 호출하도록 구성합니다. doMove()는 1/4초(250밀리초)마다 setInterval()의 실행 구문을 호출합니다.

● 멈춤 버튼은 함수 doStop()을 호출하도록 구성합니다. doMove()의 setInterval() 호출을 무효화하여 circle의 움직임을 멈추게 합니다.

```
<button type="button" onclick="doMove();">출발</button>
<button type="button" onclick="doStop();">멈춤</button>
<hr>
<div id="circle"></div>

<script>
var myInterval;

function doMove(){
    myInterval = setInterval(function(){
        // 이벤트 내용
    }, 250);
}

function doStop(){
    clearInterval(myInterval);
}
</script>
```

● 함수 doMove()가 호출되면, 1/4초(250밀리초)마다 circle의 왼쪽 여백을 증가시켜 circle이 움직이게 보이도록 코드를 구성합니다.

```
var myInterval;
var span = 0;

function doMove(){
    myInterval = setInterval(function(){
        var circle = document.querySelector('#circle');
        span += 10;
        console.log(span);
        circle.style.marginLeft = span + 'px';
    }, 250);
}

function doStop(){
    clearInterval(myInterval);
}
```

● 전역 변수로 span을 만들어 setInterval() 안의 실행 코드가 호출될 때마다 10씩 증가하도록 하고, 증가된 값을 circle의 왼쪽 여백(margin-left)으로 할당합니다.

● 변수 circle을 사용하지 않고, [document.querySelector('#circle').style.marginLeft = span + 'px';] 로 표현해도 좋습니다.

❻ setInterval()의 활용 - 2 📂**예제** 18.setInterval3.html

● id를 circle로 하는 지름 100px의 원형을 만듭니다.

CSS의 position 속성을 absolute로 설정하고, left 속성을 이용하여 원을 움직이게 합니다.

```
<style>
#circle{
    position: absolute;
    top: 100px;
    left: 0;
    width: 100px;
    height: 100px;
    background-color: ■ navy;
    border-radius: 50%;
    cursor: pointer;
}
</style>

<div id="circle"></div>
```

● circle을 클릭하면 1/4초(250밀리초)마다 setInterval()의 실행 구문을 호출하도록 합니다. 다시 클릭하면 setInterval() 호출을 무효화 합니다.

```
<div id="circle"></div>

<script>
var myInterval;
var flag = false;

document.querySelector('#circle').onclick = function(){
        if(flag = !flag){
            myInterval = setInterval(function(){

            }, 250);
        }else{
            clearInterval(myInterval);
        }
}
</script>
```

[flag = !flag]에서 '!'는 반대(NOT)의 의미입니다. 등호(=) 오른쪽 flag에 할당된 값을 반대의 값으로 만들어서 왼쪽 flag에 할당합니다. 그러므로 circle을 클릭할 때마다 flag에 할당된 값이 매번 변경됩니다. 즉, true라면 false, false라면 true로 값을 갖게 됩니다.

● circle을 처음 클릭하면 원의 배경색이 오렌지색으로 바뀌고, 10px씩 오른쪽으로 이동합니다. 원을 다시 클릭하면 처음의 위치와 색깔로 초기화됩니다.

```
<div id="circle"></div>

<script>
var myInterval;
var flag = false;

document.querySelector('#circle').onclick = function(){
        var that = this;
        that.style.left = 0;
        if(flag = !flag){
            myInterval = setInterval(function(){
                console.log(that.style.left);
                that.style.backgroundColor = 'orange';
                that.style.left = parseInt(that.style.left) + 10 + 'px';
            }, 250);
        }else{
            clearInterval(myInterval);
            that.style.backgroundColor = 'navy';
        }
}
</script>
```

● parseInt()는 파라미터의 값을 숫자(정수)로 변경합니다. CSS의 left 속성은 '10px'과 같은 값인데, 10으로 바꿔주는 역할을 합니다.
● 예제에서 CSS의 top과 left 속성을 함께 사용하면, 대각선으로 원을 움직일 수 있습니다. 구문을 추가해서 만들어 보세요.

연습 문제 도전하기

재귀 호출을 이용하여 setTimeout()을 setInterval()처럼 사용할 수 있습니다. 재귀 호출을 이용하여 작은 원을 이동하는 자바스크립트 코드를 구성해 보세요.

📁 **예제** 18.연습문제.html

1 id를 box로 하는 높이 200px의 오렌지색 사각 영역을 구성합니다. 그리고 그 안에 지름 50px의 보라색 원을 만들어 수직으로 가운데에 위치하도록 만들어 보세요. 모두 <div> 태그를 이용해서 구성합니다.

```
<div id="box">
    <div></div>
</div>
```

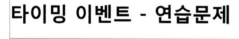

타이밍 이벤트 - 연습문제

2 보라색 원을 클릭하면, 1/4초(250밀리초)마다 오른쪽으로 10px씩 반복적으로 이동

하도록 코드를 구성해 보세요. 단, setTimeout()을 사용합니다.

```
var myTimeout;
var flag = false;

document.querySelector('#box > div').onclick = function(){
    this.style.left = 0;
    flag = !flag;
    doMove(this);
}

function doMove(obj){

                        // 코드 구성

    setTimeout(doMove, 250, obj);
}
```

- 자기 자신을 호출하는 방법을 '재귀 호출'이라고 합니다. setTimeout()을 setInterval()처럼 사용하기 위해서는 이 방법을 사용합니다.
- setTimeout()와 setInterval()에 전달되는 파라미터 중 2개는 반드시 필요합니다. 3번째부터 추가하는 파라미터는 옵션 사항이며, 첫 번째 파라미터가 함수 이름일 경우 호출되는 함수의 파라미터로 이 값을 사용합니다.

19일째 사용자 입력 폼

무엇을 배울까요?

- 로그인이나 회원 등록에 사용되는 사용자 입력 폼을 알아봅니다.
- 사용자가 입력한 값이 요구한 형식에 맞는지 자바스크립트로 확인하는 방법을 알아봅니다.

개념 미리 보기

　사용자에게 정보를 입력하는 공간과 방법을 제공하는 입력 폼을 만들어 봅니다. 사용자가 입력한 정보를 모아 서버로 전송하는 수단인 <form>과 자바스크립트로 <form>을 제어하고 확인하는 방법을 알아봅니다.

△ 사용자 입력 폼(form) 예시

배울 항목 살펴보기

<form> 안에 <input>, <select>, <textarea> 등을 추가하여 폼을 구성하고, 사용자 정보를 다루는 다양한 속성과 메소드를 살펴봅니다.

구분	속성/메소드	설명
<input type ="text">	onfocus	입력 포커스를 얻을 때 발생합니다.
	onblur	입력 포커스를 잃을 때 발생합니다.
	oninput	사용자가 입력 상자에 입력할 때 발생합니다.
	onsearch	search 타입에서 엔터를 클릭할 때 발생합니다.
radio, checkbox	onchange	radio 또는 checkbox에서 선택값이 변경될 때 발생합니다.
<select>	onselect	선택 박스의 선택값이 변경될 때 발생합니다.
reset	onreset	초기화(reset) 버튼을 클릭할 때 발생합니다.
submit	onsubmit	전송(submit) 버튼을 클릭할 때 발생합니다.

 **따라 하기**

사용자의 입력값을 위한 폼(form)

　사용자 입력 폼은 <form>을 상위 요소로 하고, 그 안에 <input>, <select>, <textarea> 등을 폼의 추가 요소로 구성합니다.

❶ 문자열 입력을 위한 <input>　　📁**예제** 19.form-input1.html

● 사용자의 입력을 받기 위한 <form>은 그 안에 <input>, <select>, <textarea> 등의 폼 요소로 구성됩니다. 다음은 폼의 구성 예시입니다.

```
<from>
    <input type="text">
    <input type="radio">
    <input type="checkbox">
    <select>
        <option value="seoul">서울</option>
        <option value="busan">부산</option>
    </select>
    <textarea></textarea>
    <button type="submit">전송</button>
</from>
```

● [HTML] <input>은 가장 많은 type 속성을 갖는 폼 요소로, 아이디, 비밀번호 등의 입력에 사용됩니다.

```html
<fieldset>
    <legend>input text</legend>
    <input type="text" placeholder="문자열 입력">
</fieldset>

<fieldset>
    <legend>input password</legend>
    <input type="password" placeholder="비밀번호 입력">
</fieldset>

<fieldset>
    <legend>input search</legend>
    <input type="search" placeholder="검색어 입력">
</fieldset>

<fieldset>
    <legend>input date</legend>
    <input type="date" min="2021-01-01">
</fieldset>

<fieldset>
    <legend>input number</legend>
    <input type="number" step="5" placeholder="5의 배수">
</fieldset>
```

tip

- [type="text"]: 가장 기본적인 형태로 문자열을 다룹니다.
- [type="password"]: 비밀번호를 입력할 때 입력값을 ●●●으로 화면에 나타냅니다.
- [type="search"]: 검색창 기능을 제공합니다.
- [type="date"]: 날짜를 쉽고 편리하게 입력하고, 속성 max, min으로 날짜의 범위를 제한할 수 있습니다.
- [type="number"]: 숫자를 선택하여 입력하고, 속성 step으로 값의 간격을 제한할 수 있습니다.

● [화면 결과] <input>의 type 속성으로 제공하는 형태는 10개 이상이며, min, step, size 등 다양한 속성으로 입력을 제한할 수 있습니다. 사용자가 서버에서 올바른 값을 입력할 수 있도록 도와줍니다.

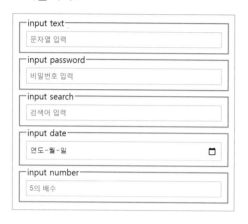

❷ 입력값 선택을 위한 <input>　　　[예제] 19.form-input2.html

● [라디오 박스] <input>의 type 속성을 라디오(radio)로 갖는 요소로, 여러 개의 선택값에서 하나만 선택합니다. name의 속성값을 같게 하여 같은 그룹임을 표현합니다.

```
<fieldset>
    <legend>라디오 박스</legend>
    <label>
        <input type="radio" name="study" value="js">자바스크립트
    </label>
    <label>
        <input type="radio" name="study" value="python">파이썬
    </label>
    <label>
        <input type="radio" name="study" value="scratch">스크래치
    </label>
</fieldset>
```

tip　<label>은 라디오 박스를 감싸는 형식으로 마우스의 선택 영역을 선택값까지 확장할 수 있습니다.

● [체크 박스] <input>의 type 속성을 체크 박스(checkbox)로 갖는 요소로, 여러 개의 선택값에서 1개 이상을 선택하면 됩니다. name의 속성값을 같게 하여 동일한 그룹임을 표현합니다.

```
<fieldset>
    <legend>체크 박스</legend>
    <input type="checkbox" name="learn" id="js" value="1">
    <label for="js">자바스크립트</label>

    <input type="checkbox" name="learn" id="python" value="2">
    <label for="python">파이썬</label>

    <input type="checkbox" name="learn" id="scratch" value="3">
    <label for="scratch">스크래치</label>
</fieldset>
```

tip <label>의 속성 for와 <input>의 속성 id의 값을 똑같이 부여하는 형식으로도 마우스의 선택 영역을 선택값까지 확장할 수 있습니다.

● [선택 박스] <select>의 자식 요소로 <option>을 추가하여 그중 1개를 선택할 수 있도록 합니다.

```
<fieldset>
    <legend>선택 박스</legend>
    <select>
        <option value="0">::선택하세요::</option>
        <option value="1">자바스크립트</option>
        <option value="2">파이썬</option>
        <option value="3">스크래치</option>
    </select>
</fieldset>
```

tip <select>의 속성 multiple을 추가하여 다중 선택을 구성할 수 있습니다.

● [화면 결과] 라디오(radio)와 체크 박스(checkbox), <select>를 이용하여 사용자가 올바른 값을 선택할 수 있도록 구성합니다.

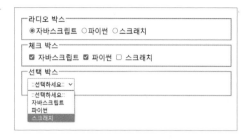

 tip 라디오(radio)와 <select>는 여러 개의 보기 중에서 하나를 선택하는 기능입니다. 보기가 많을 때는 <select> 로 표현하는 것이 좋습니다.

자바스크립트로 폼(form) 제어하기

자바스크립트를 이용하여 사용자의 정보 입력을 돕고, 올바른 값을 입력하도록 합니다. 또 사용자 경험(UX, user experience)을 높여 웹 사이트 완성도를 높이도록 합니다.

❶ onfocus와 onblur 이벤트   🗔 **예제** 19.form-이벤트1.html

● [HTML] <input>, <label> 요소를 이용하여 로그인 영역을 구성합니다.

```
<fieldset>
    <legend>onfocus, onblur</legend>
    <label class="title">아이디</label>
    <input type="text" class="login" placeholder="아이디">
    <br>
```

```
    <label class="title">비밀번호</label>
    <input type="password" class="login" placeholder="비밀번호">
</fieldset>
```

tip   `<input>`의 placeholder 속성으로 사용자의 입력 길잡이가 되도록 합니다.

● [CSS] `<label>`의 display 속성을 inline-block으로 설정합니다. 인라인(inline) 속성에 높이와 너비를 설정할 수 있어 플로팅(float) 기능을 줄 수 있습니다.

```
label.title{
    display: inline-block;
    width: 100px;
}
input.login{
    width: 200px;
    padding: 5px;
    margin: 5px 0;
    border: 1px solid ☐ #ddd;
    box-sizing: border-box;
}
```

● [자바스크립트] onfocus와 onblur 이벤트 트리거를 이용하여 `<input>`의 배경색을 조절합니다.

```
var inputs = document.querySelectorAll('.login');

for(var i=0; i<inputs.length; i++){
    inputs[i].onfocus = function(){
        this.style.backgroundColor = 'yellow';
    }
    inputs[i].onblur = function(){
        this.style.backgroundColor = 'transparent';
    }
}
```

tip onfocus는 요소를 마우스로 선택할 때 입력을 받겠다는 표시로 이해할 수 있으며, <input>, <select>, <a>
에서 사용할 수 있습니다. onblur는 onfocus와 반대입니다.

● [화면 결과] 사용자 입력창을 마우스로 클릭하여 onfocus 이벤트를 발생시키고, 해당 입력창
이외를 클릭하여 onblur 이벤트를 발생시킵니다.

❷ oninput과 onsearch 이벤트   🗂**[예제]** 19.form-이벤트2.html

● [HTML] <input>의 type 속성 search를 이용하여 검색 영역을 구성합니다.

```
<fieldset>
    <legend>oninput, onsearch</legend>
    <input type="search" placeholder="검색어 입력">
    <textarea id="content"></textarea>
</fieldset>
```

tip <input>의 [type="search"]는 사용자의 검색에 대한 특화된 기능으로 검색어 작성 시 X를 눌러 검색어를
지울 수 있습니다.

● [CSS] <input>의 어트리뷰트 선택자와 <textarea>에 대한 CSS 스타일을 설정합니다.

```
input[type="search"], textarea{
    width: 100%;
    padding: 5px;
    margin: 5px 0;
    border: 1px solid ▉ #aaa;
    box-sizing: border-box;
}
```

● [자바스크립트] oninput과 onsearch 이벤트 트리거를 이용하여 <input>의 검색어 입력에 대한 기능을 정의합니다.

```
var search = document.querySelector('input[type="search"]');
var content = document.querySelector('#content');

search.oninput = function(){
    content.value = this.value;
}

search.onsearch = function(){
    content.value = this.value + '를 검색합니다.';
}
```

- oninput은 입력 상자에 문자열이 될 때마다 발생하는 트리거로 입력값을 확인할 수 있습니다.
- onsearch는 검색 상자에 검색어 입력 후 키보드의 Enter␘를 누를 때 발생하는 트리거입니다.

● [화면 결과] 사용자 입력창에 검색어를 입력할 때마다 oninput 이벤트가 발생하도록 합니다. 검색어를 입력한 다음에 키보드의 Enter␘를 눌러서 onsearch 이벤트가 발생하도록 하여 <textarea>의 결과를 확인합니다.

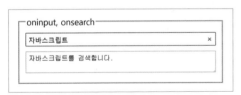

❸ onchange와 onselect 이벤트　🗂️ **예제** 19.form-이벤트3.html

● [HTML] <input>의 type 속성 radio와 <select>, <option>을 이용하여 선택 영역을 구성합니다.

```html
<fieldset>
    <legend>onchange</legend>
    <input type="radio" name="book" id="js" value="js">
    <label for="js">자바스크립트</label>

    <input type="radio" name="book" id="python" value="py">
    <label for="python">파이썬</label>

    <input type="radio" name="book" id="scratch" value="sc">
    <label for="scratch">스크래치</label>
</fieldset>

<fieldset>
    <legend>onselect</legend>
    <select>
        <option value="0">::선택하세요::</option>
        <option value="js">자바스크립트</option>
        <option value="py">파이썬</option>
        <option value="sc">스크래치</option>
    </select>
</fieldset>

<fieldset>
    <legend>선택 결과</legend>
    <textarea id="content"></textarea>
</fieldset>
```

● [CSS] 라디오(radio)의 가상 선택자 :checked를 추가하여 라디오에서 선택한 후의 CSS 스타일을 설정합니다.

```css
input[type="radio"]:checked + label{
    color: ■ red;
    font-weight: bold;
}
textarea{
    width: 100%;
    padding: 5px;
    border: 1px solid ■ #aaa;
    box-sizing: border-box;
    font-size: larger;
}
select{ padding: 5px; }
```

> **tip**
> [선택자1 + 선택자2]는 서로 형제자매(sibling) 관계에 있는 요소로, 선택자2는 선택자1 다음에 나오는 요소입니다.

● [자바스크립트] onchange와 onselect 이벤트 트리거를 이용하여 선택 영역에 대한 선택 기능을 정의합니다.

```javascript
var books = document.querySelectorAll('input[name="book"]');
var select = document.querySelector('select');
var content = document.getElementById('content');

for(var i=0; i<books.length; i++){
    books[i].onchange = function(){
        content.value = this.value;
    }
}

select.onchange = function(){
    console.log(this.selectedIndex + ' 번째');
    content.value = this.value;
}
```

```
content.onselect = function(){
    if(confirm('선택한 문자열을 복사할까요?')){
        document.execCommand('copy');
        alert(this.value + '이 복사되었습니다.');
    }
}
```

> **tip**
> - <input>의 라디오 속성은 여러 개의 동일한 name 속성의 선택 항목 중에서 하나를 선택하는 것으로, 반복문을 이용하여 이벤트를 추가합니다.
> - <select>는 라디오와 달리 <option>을 선택하는 것으로, 선택한 <option>은 selectedIndex 속성으로 구별할 수 있습니다. 인덱스 형식은 0부터 시작하는 정수입니다.
> - onselect는 문자열을 마우스로 드래그하여 선택할 경우 발생하는 이벤트 트리거입니다. 클립보드에 선택한 문자열을 복사할 수 있습니다.

● [화면 결과] 라디오(radio)에서 선택한 값을 [선택 결과]에서 확인할 수 있으며, 선택한 값은 CSS에 의하여 빨간색으로 변경됩니다. 선택 박스(<select>)도 라디오처럼 여러 개의 선택값에서 하나를 선택합니다. 선택된 <option>의 순서는 콘솔(Console)창으로 확인할 수 있습니다.

❹ onreset과 onsubmit 이벤트　　🗀 **예제** 19.form-이벤트4.html / 19.form-submit.html

● [HTML] <input>을 이용하여 로그인 영역을 구성합니다. <input>의 reset 속성으로 폼을 초기화하는 버튼을 추가하고, submit 속성으로 폼을 전송하는 버튼을 추가합니다.

```
<form name="loginform" action="19.form-submit.html">
    <fieldset>
        <legend>onreset, onsubmit</legend>
        <label class="title">아이디</label>
        <input type="text" name="userid" class="login" placeholder="6자리 이상 아이디">
        <br>
        <label class="title">비밀번호</label>
        <input type="password" name="passwd" class="login" placeholder="8자리 이상 비밀번호">
        <hr>
        <div class="btns">
            <input type="reset" value="초기화">
            <input type="submit" value="전송">
        </div>
    </fieldset>
</form>
```

 tip   `<input>`의 text나 password 속성에 required 속성을 추가하면, submit 버튼을 클릭할 때 문자열 값의 입력 여부를 확인하게 됩니다.

● [CSS] 로그인 영역을 CSS 스타일로 구성합니다.

```
label.title{
    display: inline-block;
    width: 100px;
}
input.login{
    width: 200px;
    padding: 5px;
    margin: 5px 0;
    border: 1px solid ■ #ddd;
    box-sizing: border-box;
}
input.login:focus{
    background-color: ■ yellow;
}
.btns{ text-align: center; }
```

● [자바스크립트] onreset과 onsubmit 이벤트 트리거는 <input>과 같은 폼 요소가 아니므로
<form>에 추가합니다. 따라서 <form>을 선택하는 방법을 알아야 합니다.

```
var myform = document.forms[0];
var myform = document.forms['loginform'];
var myform = document.forms.loginform;
console.log(myform);
```

● [자바스크립트] <form>의 배열 속성으로 특정 forms를 선택하고, onreset이나 onsubmit 이
벤트 트리거를 추가합니다.

```
var myform = document.forms[0];

myform.onreset = function(){
    alert('초기화! 다시 입력하세요.');
}

myform.onsubmit = function(){
    if(this.userid.value.length < 6){
        alert('6자리 이상 아이디를 입력하세요.');
        this.userid.focus();
        return false;
    }

    if(this.passwd.value.length < 8){
        alert('8자리 이상 비밀번호를 입력하세요.');
        this.passwd.focus();
        return false;
    }
}
```

● [화면 결과] 아이디와 비밀번호를 입력합니다. 초기화 버튼을 누르면 입력한 내용을 모두 지울 수 있고, 전송 버튼을 누르면 사용자가 입력한 값을 서버로 전송할 수 있습니다.

tip

● 전송 시, 사용자 입력값의 형식이 문제가 없다면 <form>의 action 속성값에 나온 URL로 전송됩니다. 예제 파일에서 onsubmit 결과를 참고하세요.

● <form>의 method 속성은 사용자의 입력값을 전송할 때 입력 데이터를 전송하는 방법을 설정할 수 있습니다. 기본값은 [method="get"]입니다.

라디오 박스와 선택 박스의 선택 내용이 서로 동기화되도록 다음 순서를 참고하여 자바

스크립트를 구성해 보세요.

📁 **예제** 19.연습문제.html

❶ [HTML] <input type="radio">와 <select>를 이용하여 같은 선택 항목이 되도록

구성해 보세요.

```html
<fieldset>
    <legend>라디오 박스</legend>
    <input type="radio" name="book" id="js" value="js">
    <label for="js">자바스크립트</label>

    <input type="radio" name="book" id="python" value="py">
    <label for="python">파이썬</label>

    <input type="radio" name="book" id="scratch" value="sc">
    <label for="scratch">스크래치</label>
</fieldset>

<fieldset>
    <legend>선택 박스</legend>
    <select>
        <option value="0">::선택하세요::</option>
        <option value="js">자바스크립트</option>
        <option value="py">파이썬</option>
        <option value="sc">스크래치</option>
    </select>
</fieldset>
```

② [자바스크립트] 라디오 박스와 선택 박스에 onchange 이벤트를 구성하여 각각의 이벤트에 대하여 상대의 값을 자바스크립트로 제어하도록 합니다.

```
var books = document.querySelectorAll('input[name="book"]');
var select = document.querySelector('select');

for(var i=0; i<books.length; i++){
    books[i].onchange = function(){

        // 선택 박스의 동일한 값을 선택합니다.

    }
}

select.onchange = function(){
    for(var k=0; k<books.length; k++){

        // 라디오 박스의 동일한 값을 선택합니다.

    }
}
```

[출력 결과]

• <option>의 개수는 select.options.length로 알 수 있습니다.
• 라디오 박스를 선택할 때는 [radio.checked=true] 형식을 사용하고, 선택 박스를 선택할 때는 [select.selected=true] 형식을 사용합니다.

멀티미디어

무엇을 배울까요?

- 오디오와 비디오를 실행하고 제어하는 방법을 알아봅니다.
- \<canvas\> 요소에서 이미지를 표현하는 방법을 알아봅니다.

개념 미리 보기

자바스크립트로 \<canvas\>에 다양한 그래픽을 표현합니다. 다양한 기능을 사용하여 이미지를 표현하거나 그래픽을 이용한 게임을 수행할 수 있습니다.

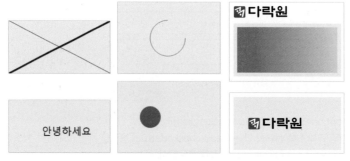

△ \<canvas\> 활용 예시

배울 항목 살펴보기

오디오, 비디오 등의 멀티미디어를 다루는 방법과 자바스크립트를 이용하여 <canvas>
요소에 그래픽을 그리고 제어하는 방법을 살펴봅니다.

구분	속성/메소드	설명
<audio> <video>	autoplay	오디오/비디오 소스가 준비되면 바로 시작하도록 합니다.
	controls	오디오/비디오의 제어 버튼(시작/멈춤)을 표시합니다.
	loop	재생이 종료되면 처음부터 다시 시작하도록 합니다.
	play()	오디오/비디오를 재생합니다.
	pause()	오디오/비디오의 재생을 멈춥니다.
<canvas>	rect()	사각형을 그립니다.
	clearRect()	사각형을 지웁니다.
	fill()	현재 도형의 내부를 색깔로 채웁니다.
	lineTo()	정해진 위치까지 선을 긋습니다.
	scale()	도형의 크기를 줄이거나 확대합니다.
	getImageData()	특정한 사각형 영역에 픽셀 이미지를 복사해 보여줍니다.

 **따라 하기**

오디오(audio)와 비디오(video)

HTML5에서 새롭게 소개된 <audio>와 <video>의 사용법을 알아보고, 자바스크립트로 <audio>와 <video>를 제어하는 방법을 살펴봅니다.

❶ 오디오 재생하기 📁 **예제** 20.오디오.html

- [HTML] <audio>를 이용하여 오디오를 재생합니다. 자바스크립트를 이용하여 <audio>를 제어하고 <audio>에서 기본으로 제공하는 제어판을 이용하여 재생시켜 봅니다.

```html
<audio id="myAudio"></audio>

<button type="button">시작(play)</button>
<button type="button">멈춤(pause)</button>

<hr>

<audio controls>
    <source src="happybirthday.ogg" type="audio/ogg">
    <source src="happybirthday.mp3" type="audio/mpeg">
    사용하는 브라우저가 HTML5(audio태그)를 지원하지 않습니다.
</audio>
```

 tip
- 오디오 클립은 mp3와 ogg, 그리고 wav 형식을 사용할 수 있으나 ogg는 인터넷 익스플로러(IE)에서 지원되지 않습니다.
- 오디오 클립은 유튜브(YouTube)에서 무료로 제공하는 오디오 라이브러리를 이용하였습니다.
  (https://www.youtube.com/audiolibrary)

● [자바스크립트] 버튼을 눌러 id="myAudio"의 <audio>를 제어합니다. 시작 버튼을 눌러 오디오 클립의 URL을 지정하고 play()로 재생합니다. 멈춤 버튼을 누르면 pause()를 호출하여 재생 중인 오디오 클립을 멈출 수 있습니다.

```
var audio = document.querySelector('#myAudio');
var btns = document.querySelectorAll('button');

btns[0].addEventListener('click', function(){
    audio.src = 'happybirthday.mp3';
    audio.play();
});

btns[1].addEventListener('click', function(){
    audio.pause();
});
```

● [화면 결과] 자바스크립트와 HTML에서 기본 제공하는 오디오 패널로 오디오를 재생하고 멈추는 등 제어할 수 있습니다.

❷ 비디오 재생하기   📂**예제** 20.비디오.html

● [HTML] <video>를 이용하여 비디오를 재생합니다. 자바스크립트를 이용하여 제어하는 방법 과 유튜브(YouTube) 영상을 재생하는 방법을 살펴봅니다. <video> 안의 <source>는 여러 개 를 둘 수 있는데, 그중 브라우저에서 재생 가능한 소스가 연결됩니다.

```html
<video id="myVideo" width="320" height="240" controls>
    <source src="스크래치야반가워.mp4" type="video/mp4">
    <source src="스크래치야반가워.ogg" type="video/ogg">
    사용하는 브라우저가 HTML5(video태그)를 지원하지 않습니다.
</video>
<br>
<button type="button">시작(play)</button>
<button type="button">멈춤(pause)</button>

<hr>

<div class="video-container">
    <iframe src="https://www.youtube.com/embed/W3eIzS0E_GO"
    frameborder="0" allowfullscreen></iframe>
</div>
```

tip
● 비디오 클립은 mp4와 ogg, 그리고 webm 형식을 사용할 수 있으나 ogg와 webm은 인터넷 익스플로러 (IE)에서 지원되지 않습니다.
● 유튜브(YouTube) 영상에서 마우스 오른쪽 버튼을 눌러 [소스 코드 복사]를 선택하면 <iframe> 형식을 받을 수 있습니다. 이 코드를 웹 페이지에 넣어서 재생할 수 있습니다.

● [CSS] 유튜브(YouTube) 영상의 소스 코드를 클래스 video-container로 감싸고 외부 소스 비디오의 CSS를 정의합니다.

```
video{ background: ■ #000; }
.video-container{
    position: relative;
    padding-bottom: 56.25%; /* 16:9 */
    padding-top: 25px;
    height: 0;
}
.video-container iframe{
    position: absolute;
    top: 0;
    left: 0;
    width: 100%;
    height: 100%;
}
```

tip position, padding 등을 조절하여 반응형(responsive)으로 구성하면, 화면의 너비에 비례하여 크기가 변경됩니다.

● [자바스크립트] 비디오 영역 아래 버튼에 이벤트를 추가하여 재생하고 멈추도록 합니다.

```
var video = document.querySelector('#myVideo');
var btns = document.querySelectorAll('button');

video.poster = 'logo.jpg';

btns[0].addEventListener('click', function(){
    video.play();
});

btns[1].addEventListener('click', function(){
    video.pause();
});
```

tip poster는 비디오 클립이 서버에서 내려오는 중이거나 시작 버튼을 눌러 재생되기 전에 화면 영역에서 보일 이미지를 정의합니다.

● [화면 결과] <video> 제어판이 제공하는 UI 또는 영역 아래의 버튼을 이용하여 동영상을 재생시킬 수 있습니다.

 tip 유튜브(YouTube)의 좋아하는 다른 영상들도 외부 파일 형태(<iframe>)로 웹 페이지에 삽입해 보세요.

캔버스(canvas) 요소

<canvas>는 HTML5에서 새롭게 제공되는 태그로, 자바스크립트로 그때그때 그래픽을 그릴 수 있는 기능을 제공합니다.

❶ 선 긋기　🖰**예제** 20.canvas1.html

● [HTML] <canvas> 요소는 자바스크립트를 이용하여 그래픽을 그릴 수 있는 기능을 제공합니다.

```
<canvas id="canvas1"></canvas>
<canvas id="canvas2" width="300" height="200"></canvas>
<canvas id="canvas3"></canvas>
<canvas id="canvas4" width="300" height="200"></canvas>
```

● [CSS] <canvas>의 CSS 스타일을 구성합니다.

```
canvas{
    margin: 5px;
    background-color: ☐ #eee;
}
```

● [자바스크립트] 4개의 <canvas> 영역을 id로 선택합니다.

```
var canvas1 = document.getElementById('canvas1');
var canvas2 = document.getElementById('canvas2');
var canvas3 = document.getElementById('canvas3');
var canvas4 = document.getElementById('canvas4');

//canvas2.setAttribute('width','300');
//canvas2.setAttribute('height','200');
```

● [자바스크립트] getContext('2d')로 설정하여 고정된 영역에서의 그리기 환경을 설정합니다. moveTo(x,y)는 특정한 위치로 이동하고, lineTo(x,y)는 특정한 위치까지 선을 그릴 수 있습니다. stroke()는 조건에 맞는 선을 그리는 명령입니다.

```
// 선 긋기
var ctx1 = canvas1.getContext('2d');
ctx1.moveTo(0,0);
ctx1.lineTo(300,150);
ctx1.stroke();

ctx1.beginPath();
ctx1.lineWidth = '5';
ctx1.strokeStyle = 'purple';
ctx1.moveTo(300,0);
ctx1.lineTo(0,150);
ctx1.stroke();
```

● [자바스크립트] 선으로 이루어진 원을 그리도록 구성합니다. arc()는 원이나 원의 일부를 그리도록 파라미터로 5개의 값을 전달받습니다. x와 y는 원의 중심점, r은 원의 반지름입니다. sAngle과 eAngle은 원의 시작점으로, 라디안(radian) 형식으로 지정합니다. 마지막으로 counterclockwise(반시계 방향)는 옵션으로 선을 그리는 방향을 지정합니다. 기본값은 false로 clockwise(시계 방향)입니다.

```
// 라인 원
var ctx2 = canvas2.getContext('2d');
ctx2.beginPath();
ctx2.strokeStyle = 'green';
// context.arc(x,y,r,sAngle,eAngle,counterclockwise);
ctx2.arc(150, 100, 50, 0, 2 * Math.PI * 0.75);
ctx2.stroke();
```

● [자바스크립트] 문자를 이미지 형태로 표현할 수 있습니다. fillText()는 표현할 문자와 시작 위치를 지정합니다.

```
// 문자 표현
var ctx3 = canvas3.getContext('2d');
ctx3.font = '28px 맑은 고딕';
ctx3.fillText('안녕하세요', 100, 100);
```

● [자바스크립트] fillStyle()과 fill()을 이용하여 색깔이 있는 닫힌 원을 그립니다.

```
// 닫힌 원
var ctx4 = canvas4.getContext('2d');
ctx4.beginPath();
ctx4.arc(100, 100, 30, 0, 2 * Math.PI);
ctx4.fillStyle = '#336699';
ctx4.fill();
```

● [화면 결과] <canvas> 요소에 선, 원, 문자 등을 그래픽 이미지로 표현합니다.

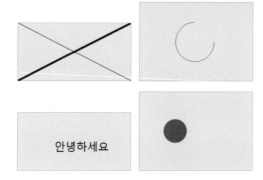

❷ 그래디언트와 이미지　　🗀**예제** 20.canvas2.html

● [HTML] 자바스크립트로 그래픽을 그리기 위해 <canvas> 요소를 구성합니다.

```
<img src="logo.jpg" alt="다락원 로고">
<br>
<canvas id="canvas1"></canvas>
<canvas id="canvas2"></canvas>
```

tip

<canvas>에서 사용할 이미지를 복사하기 위해 소스로 사용할 <img>를 추가합니다.

● [CSS] <canvas>의 CSS 스타일을 구성합니다.

```
canvas{
    margin: 5px;
    background-color: □ #eee;
}
```

● [자바스크립트] 2개의 <canvas> 영역을 id로 선택합니다.

```
var canvas1 = document.getElementById('canvas1');
var canvas2 = document.getElementById('canvas2');

// 그래디언트
var ctx1 = canvas1.getContext('2d');
var grd1 = ctx1.createLinearGradient(0, 0, 300, 0);
// var grd1 = ctx1.createRadialGradient(150, 75, 30, 150, 75, 150);
grd1.addColorStop(0, 'red');
grd1.addColorStop(1, 'white');

ctx1.fillStyle = grd1;
ctx1.fillRect(10, 10, 280, 130);

// 이미지
var img2 = document.querySelector('img');
img2.onload = function(){
    setTimeout(function(){
        var ctx2 = canvas2.getContext('2d');
        ctx2.drawImage(img2, 50, 50);
    }, 1000);
}
```

tip

- 그래디언트는 직선과 원형으로 적용할 수 있습니다. 직선은 createLinearGradient(x1, y1, x2, y2)로 표현합니다. (x1, y1)은 직선 그래디언트의 시작 위치, (x2, y2)는 마지막 위치입니다. 원형은 createRadialGradient(x1, y1, r1, x2, y2, r2)로 표현합니다. (x1, y1, r1)은 원형 그래디언트의 시작 위치와 반지름, (x2, y2, r2)은 마지막 위치와 반지름입니다.
- addColorStop()은 시작과 마지막의 색을 지정합니다.
- drawImage()는 복사할 이미지와 복사한 이미지의 캔버스 안의 위치(x,y)를 파라미터로 받습니다.

● [화면 결과] 가로 방향의 그래디언트(좌)와 <img>의 소스를 내려받고, 1초 후에 <canvas>에 이미지(우)가 나타나게 됩니다.

<canvas>를 이용하여 그래픽을 그렸다가 지우고 근처의 다른 위치에 다시 그리는 작업을 할 수 있습니다. 이러한 작업을 일정한 시간 간격을 두고 계속 반복하면 애니메이션 효과를 얻을 수 있습니다. 다음 순서를 참고하여 자바스크립트를 구성해 보세요.

📁 **예제** 20.연습문제.html

❶ <canvas>를 이용하여 다음과 같이 원을 그립니다. setTimeout()이나 setInterval() 등으로 일정한 시간 간격으로 그려진 원을 지우고 다른 위치에 다시 원을 그리는 방식으로 애니메이션 효과를 낼 수 있도록 자바스크립트를 구성합니다.

❷ [HTML, CSS] 300*150의 기본 크기를 갖는 <canvas>와 CSS 스타일을 구성합니다.

```
<canvas id="canvas"></canvas>

canvas{
    background-color: ☐ #eee;
}
```

❸ [자바스크립트] window.onload 이벤트를 이용하여 <canvas> 요소에 그래픽을 그립니다.

```javascript
var canvas, ctx, width, height, x, y;
var dx = 6;
var dy = 5;

window.onload = function(){
    canvas = document.getElementById('canvas');
    ctx = canvas.getContext('2d');

    width = canvas.width;
    height = canvas.height;
    x = canvas.width;
    y = canvas.height;

    setInterval(move, 20);
}

function move(){
    ctx.clearRect(0, 0, width, height);
    circle(x, y, 10);

                        // 코드 구성


}
```

 tip
- 시간 간격으로 반복적으로 실행하는 setInterval()를 이용하여 move() 함수를 호출합니다.
- move()에는 clearRect()와 원을 그리는 코드를 구성하여 그래픽을 지우고 다시 그리는 작업을 계속합니다. 원을 다시 그릴 때는 일정한 거리만큼 이동한 위치에서 실행하여 애니메이션 효과를 내도록 합니다.

4장
자바스크립트로 게임 만들기

4장 자바스크립트로 게임 만들기

21 일째 가위바위보 게임

- 이야기 흐름을 위하여 HTML과 CSS로 화면을 구성하는 방법을 배웁니다.
- 값을 비교하여 승패를 결정하고 게임의 흐름을 제어하는 방법을 배웁니다.

 결과 미리 보기

컴퓨터가 무작위로 선택하여 승패를 가르는 가위바위보 게임을 구성합니다. 가위바위보 중에서 선택하는 과정을 재미있게 구성하기 위해 선택을 준비하는 과정을 추가합니다.

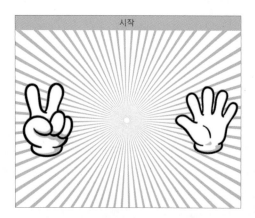

배울 항목 살펴보기

가위바위보 게임을 위한 이미지를 구성하고, HTML과 CSS를 이용하여 화면을 배치합니다. 이야기의 흐름을 구성하여 이에 따라 자바스크립트로 이벤트를 추가하여 완성합니다.

배울 항목	구문	표현/설명
화면 구성	UI(User Interface)	HTML과 CSS를 이용하여 화면 구성을 위한 뼈대와 표현을 간결하고 효과적으로 구성합니다.
이미지 교체	setInterval(함수, 시간) forEach(함수) %(나머지 연산자)	1/4초마다 보이는 가위바위보 이미지를 교체하여 선택의 긴장 상황을 표현하여 게임의 재미를 추가합니다.
선택	clearInterval() Math.random()	setInterval()을 해제하여 가위바위보 이미지의 교체를 중지하고, 무작위(랜덤) 값으로 최종 가위바위보를 선택합니다.
판정	if() switch()	양쪽의 가위바위보 값을 비교하여 승패를 결정한 후, 게임의 결과를 alert()로 알려주고 종료합니다.

따라 하기

◯ **게임의 흐름 준비하기**

예제 파일의 전체 코딩은 '21.가위바위보.html' 이름으로 제공됩니다. rock-paper-scissors는 가위바위보의 영어 표현입니다.

❶ **이야기 전체 흐름**　📂**예제** 21.가위바위보.html

● [배경] 컴퓨터의 선택에 따른 가위바위보 게임입니다.

● [게임의 흐름] 2명의 사용자는 컴퓨터가 랜덤으로 선택하는 가위바위보에 의해 게임의 승패를 결정하고 그 비교 결과를 출력합니다.

● [입력 정보] 랜덤값에 의한 가위바위보를 선택합니다.

● [출력 정보] 가위바위보 게임의 승패 결과를 출력합니다.

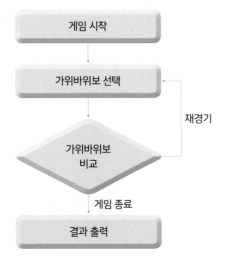

❷ 이미지 준비

● [배경] 가로 480px, 세로 360px 크기의 가위바위보 게임의 배경으로 사용할 이미지를 준비합니다. 여기서는 'rays.svg'를 사용합니다.

 tip svg(salable vector graphic)은 2차원 벡터 그래픽을 표현하기 위한 XML 기반의 파일 형식으로, 확대나 축소를 해도 이미지의 품질을 유지하는 특징이 있습니다. 'rays.png'를 이용해도 동일합니다.

● 가로 150px, 세로 150px 크기의 가위바위보 이미지를 준비합니다.

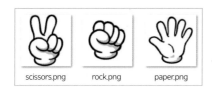

scissors.png   rock.png   paper.png

 tip 이미지의 크기를 똑같이 맞춰야 다루기 편리합니다.

❸ HTML 구성

● [영역] id를 arena로 하는 영역을 구성합니다. 가위바위보 게임이 펼쳐질 무대입니다.

● [제어 버튼] 이벤트(가위바위보 게임)의 시작과 결과 보기를 위하여 id를 control로 하는 영역을 구성합니다.

● [홈 팀] 나의 가위바위보 선택이 이루어지는 영역입니다. id를 home으로 하는 영역을 구성하고, 그 아래에 가위바위보 이미지가 들어갈 구조를 만듭니다.

● [상대 팀] 상대의 가위바위보 선택이 이루어지는 영역입니다. id를 guest로 하는 영역을 구성하고, 그 아래에 가위바위보 이미지가 들어갈 구조를 만듭니다.

```
<div id="arena">
    <div id="control">시작</div>
    <ul id="home">
        <li class="rock"></li>
        <li class="paper"></li>
        <li class="scissors"></li>
    </ul>
    <ul id="guest">
        <li class="scissors"></li>
        <li class="paper"></li>
        <li class="rock"></li>
    </ul>
</div>
```

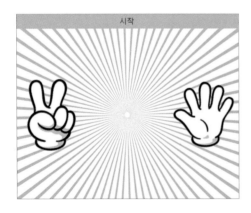

 tip
- HTML 태그를 이용하여 개체 간 영역의 관계를 잘 만들어주는 것이 중요하나 정해진 방법은 없습니다.
- 가위바위보 이미지를 배경 이미지로 만들기 위하여 class를 각각 추가합니다.

❹ CSS 구성

● [화면 영역] id가 arena인 영역은 가로 480px, 세로 360px의 크기로 설정합니다. margin의 속성값을 'auto'로 하여 화면의 가운데에 정렬합니다.

```
#arena{
    width: 480px;
    height: 360px;
    margin: 0 auto;
    background: url('image/rays.svg') no-repeat;
    position: relative;
}
```

> **tip** position의 값을 relative로 설정하여 영역 안에서 가위바위보 이미지의 위치를 상대적으로 쉽게 결정하도록 합니다.

● [제어 버튼] 이벤트의 시작과 결과 보기를 위하여 버튼 형태로 보이도록 CSS를 구성합니다.

```
#control{
    position: absolute;
    top: 0;
    left: 0;
    width: 100%;
    height: 30px;
    line-height: 30px;
    text-align: center;
    background-color: #CBC39D;
    cursor: pointer;
}
```

> **tip**
> • 무대를 레이어(layer) 형태로 만들기 위해 'position:absolute;'를 추가합니다.
> • cursor 속성값으로 pointer를 설정하여 손 모양이 보이도록 합니다.

- [홈 팀] float 속성값을 left로 설정하여 왼편에 나의 가위바위보 이미지가 보이도록 구성합니다.

- [상대 팀] float 속성값을 right로 설정하여 오른편에 상대 팀의 가위바위보 이미지가 보이도록 구성합니다.

- [가위바위보 이미지] 홈 팀과 상대 팀의 <li>에 가로 150px, 세로 150px의 크기를 설정하고, 레이어 형태로 구성하기 위하여 'position:absolute;'를 설정합니다. 그리고 클래스를 이용하여 각각의 이미지를 배경 이미지로 지정합니다.

```css
#home, #guest{
    list-style-type: none;
    padding: 0;
    margin: 0;
    position: relative;
    float: left;
}
#guest{ float: right}
#home> li, #guest > li{
    width: 150px;
    height: 150px;
    margin: 0;
    padding: 0;
    position: absolute;
    top: 105px;
    left: 0;
    visibility: hidden;
}
#guest > li{
    left: auto;
    right: 0;
}
.rock{ background: url('image/rock.png') no-repeat; }
.paper{ background: url('image/paper.png') no-repeat; }
.scissors{ background: url('image/scissors.png') no-repeat; }
```

tip
- 레이어는 평면인 브라우저의 화면이 마치 공간에 표현된 것처럼 보이도록 만들어 줍니다.
- 브라우저에서 처음에 보일 때 모두 보이지 않기 위해 'visibility:hidden;'을 설정합니다.

자바스크립트로 코딩하기

❶ 초기 설정

● [전역 변수] 게임을 시작할 때, 가위바위보 이미지를 교대로 보이기 위하여 setInterval()을 사용합니다. 그리고 setInterval()의 제어를 위하여 전역 변수 myInterval을 선언합니다.

```
var myInterval = null;

window.onload = function(){
    init();
}
```

● [초기 설정] html 문서 및 관련된 이미지 등이 모두 준비될 때 함수 init()를 호출합니다. 그리고 가위바위보의 배경 이미지가 있는 모든 리스트(<li>)에서 클래스 이름이 rock인 경우에만 화면에 보이도록 합니다.

```
function init(){
    var images = document.querySelectorAll('li');
    images.forEach(function(list){
        // console.log(list.className);
        if(list.className == 'rock'){
            list.style.visibility = 'visible';
        }else{
            list.style.visibility = 'hidden';
        }
    });
};
```

tip
● onload는 이벤트의 시작 조건을 나타내는 트리거로, 화면 구성을 위한 모든 자원(리소스)이 준비되었을 때 실행됩니다.
● 반복문 forEach(함수)에서 함수의 파라미터는 각각의 리스트(<li>)를 가리킵니다.

❷ 이벤트 트리거

● [이벤트] id를 control로 하는 영역을 클릭하면 function(){}으로 정의한 내용을 수행합니다.

```
document.querySelector('#control').onclick = function(){
    // console.log(this.childNodes[0].nodeValue);
    // console.log(this.firstChild.nodeValue); // 시작

    if(this.firstChild.nodeValue == '시작'){  // 게임 시작
        this.firstChild.nodeValue = '종료/결과';
        this.style.backgroundColor = '#9DA5CB';
        this.style.color = 'white';

        playGame();
    }else{  // 결과 보기 및 게임 종료
        this.style.backgroundColor = '#CBC39D';
        this.firstChild.nodeValue = '시작';
        this.style.color = 'black';

        stopGame();
    }
};
```

tip 이벤트 트리거는 이벤트 내용을 실행하는 신호로 여기서는 '클릭(onclick)'입니다.

● [분기] 텍스트 노드의 값이 '시작'인지를 판단하여 게임의 시작과 종료를 나누어 구분하는데, 이를 '분기'라고 합니다.

```
   요소
    ╲       어트리뷰트(속성)
     ╲      ╱          ┌─텍스트 노드
<div id="control">시작</div>
              ╲──어트리뷰트 값
```

tip `<div id="control">시작</div>`에서 '시작'은 텍스트 노드로서 this.firstChild.nodeValue로 접근할 수 있습니다.

❸ 게임 시작

● [반복] setInterval()을 이용하여 1/4초마다 반복적으로 가위바위보 이미지를 변경합니다.

● [무작위 수] Math.random()은 0부터 1 미만의 실수를 만들고, Math.random()*3은 0부터 3 미만의 실수를 만듭니다. Math.floor()는 소수점 이하의 값을 버리고, 결국 변수 showItem은 0, 1, 2 중 하나의 값이 됩니다.

● [이미지 변경] 홈 팀 및 상대 팀의 가위바위보 이미지가 담긴 리스트(<li>)는 모두 6개 입니다. 반복문 forEach()를 통해서 변수 showItem과 같은 경우만 이미지가 보이도록 합니다.

```javascript
function playGame(){
    myInterval = setInterval(function(){
        var showItem = Math.floor(Math.random()*3);
        var images = document.querySelectorAll('li');

        images.forEach(function(list, index){
            if((index % 3) == showItem){
                list.style.visibility = 'visible';
            }else{
                list.style.visibility = 'hidden';
            }
        });
    }, 250);
};
```

 tip   forEach(함수)에서 list는 현재 수행 중인 선택된 객체를, index는 현재 수행 순서로 0부터 시작하는 정수입니다.

❹ 가위바위보 선택

● [반복 해제] clearInterval()을 이용하여 가위바위보 이미지를 반복적으로 변경하는 효과를 해제합니다.

- [가위바위보 선택] 홈 팀 및 상대 팀의 가위바위보를 무작위(랜덤)로 선택합니다.
  6개의 <li> 중에서 앞의 3개는 홈 팀, 뒤의 3개는 상대 팀의 값입니다. 따라서 변수 homeItem은 0, 1, 2 중 하나의 값이 선택되고, 변수 guestItem은 3, 4, 5 중 하나의 값이 선택됩니다.

- [선택 결과] forEach()를 이용하여 <li>의 index에 따라 가위바위보가 선택된 이미지를 보이도록 하고, 변수 homeResult, guestResult에 선택된 가위바위보 클래스 이름을 저장합니다.

- [게임 승패 결정] 게임의 승패를 결정하기 위해 resultGame()을 호출합니다. 파라미터로 선택된 가위바위보 클래스 이름을 전달합니다.

```javascript
function stopGame(){
    clearInterval(myInterval);

    var homeResult, guestResult;
    var homeItem = Math.floor(Math.random()*3);
    var guestItem = Math.floor(Math.random()*3) + 3;

    var images = document.querySelectorAll('li');
    images.forEach(function (list, index){
        if(index == homeItem){
            list.style.visibility = 'visible';
            homeResult = list.className;
        }else if(index == guestItem){
            list.style.visibility = 'visible';
            guestResult = list.className;
        }else{
            list.style.visibility = 'hidden';
        }
    });

    setTimeout(function(){
        resultGame(homeResult, guestResult);
    }, 300);
};
```

 tip 결정된 가위바위보 이미지가 보여지는 로딩 시간을 감안하여 setTimeout()으로 호출합니다.

❺ 게임 승패 결정

● 홈 팀과 상대 팀의 가위바위보 클래스 이름으로 게임의 승패를 판정합니다.

● 홈 팀과 상대 팀의 가위바위보 클래스 이름이 동일할 경우 '무승부'를 알림창으로 보여줍니다.

```javascript
function resultGame(home, guest){
    if(home == guest){
        alert('무승부 -_-;');
    }else{
        switch(home){
            case 'rock':
                if(guest == 'paper'){
                    alert('졌어요ㅠㅠ');
                }else{  // scissors
                    alert('이겼다^^');
                }
                break;
            case 'paper':
                if(guest == 'scissors'){
                    alert('졌어요ㅠㅠ');
                }else{  // rock
                    alert('이겼다^^');
                }
                break;
            case 'scissors':
                if(guest == 'rock'){
                    alert('졌어요ㅠㅠ');
                }else{  // paper
                    alert('이겼다^^');
                }
                break;
        }
    }
};
```

tip

switch()문이나 if()문으로 해당 조건을 판단하여 승패를 결정하고, 그 결과를 알림창(alert)으로 알려줍니다.

연습 문제 도전하기

가위바위보 이미지 대신 주사위 이미지를 이용하여 동일한 게임을 구성해 보세요.

📁 **예제** 21.연습문제.html

1 6개의 주사위 이미지를 이용하여 애니메이션이 가능한 gif 형식의 이미지로 변경해 보세요.

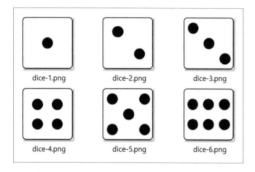

- 여러 장의 이미지를 번갈아 반복적으로 보여 주는 형식의 애니메이션은 gif의 특징입니다.
- 'animation gif online'으로 검색해 보면 gif를 제작해 주는 온라인 사이트가 있습니다.

2 가위바위보 이미지 대신 주사위 이미지를 이용하여 동일한 게임을 구성해 보세요.

단, 배경 이미지가 아닌 <img>를 이용하여 구성해 보세요.

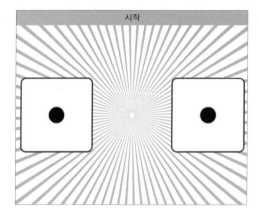

```
<div id="control">시작</div>
<div id="arena">
    <img id="home" src="image/dice-1.png" alt="home">
    <img id="guest" src="image/dice-1.png" alt="guest">
</div>
```

 6개의 이미지 중 하나의 이미지를 자바스크립트로 번갈아 보여주는 대신 애니메이션이 가능한 gif 형식으로 이미지를 만들어 구성하면 자바스크립트 코드를 줄일 수 있습니다.

22 일째 볼 바운스 게임

- 이야기 흐름을 위하여 HTML과 CSS로 화면을 구성하는 방법을 배웁니다.
- 볼을 움직이고, 벽에 닿으면 바운스(bounce)되는 효과를 이용하여 게임을 구성해 봅니다.

결과 미리 보기

첫 화면에 도움말 기능을 넣어 게임 방법을 알려 줍니다. Space Bar 키를 눌러 게임을 시작합니다. 볼이 아래로 움직이면 사용자는 ←, → 방향키로 바를 움직여서 볼을 바운스합니다. 볼을 몇 번 바운스 했는지 카운트하여 Score에 바운스 횟수를 보여줍니다.

볼이 바닥(아래)에 닿으면 게임은 종료됩니다.

△게임 시작 화면

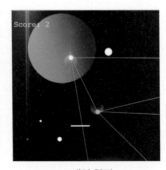

△게임 화면

△게임 종료 화면

배울 항목 살펴보기

배울 항목	구문	표현/설명
화면 구성	UI(User Interface)	HTML과 CSS를 이용하여 화면 구성을 위한 뼈대와 표현을 간결하고 효과적으로 구성합니다.
객체 생성	• var bar; • var ball;	bar 객체와 ball 객체를 정의 및 생성하여 게임을 구성합니다.
움직임 구현	. setInterval(함수, 시간)	입력된 키보드 값에 따라 bar를 움직이면서 ball을 바운스합니다.
판정	• if 문 • for 문	bar를 이용하여 ball을 바운스한 횟수가 score에 표시되며, ball이 바닥에 닿으면 게임은 종료됩니다.

 **따라 하기**

⬤ **게임의 흐름 준비하기**

예제 파일의 전체 코딩은 '22.볼바운스게임.html' 이름으로 제공됩니다. ⬅, ➡ 방향키로 바를 움직이면서 볼을 바운스하고, 몇 번을 바운스하였는지 카운트하여 게임을 진행합니다.

❶ 이야기 전체 흐름 🗂**예제** 22.볼바운스게임.html

- [도움말] 게임의 실행 및 조작 방법을 알려 줍니다.

- [게임의 흐름] Space Bar 를 눌러서 게임을 시작합니다. ⬅와 ➡를 이용하여 바를 움직이면서 볼을 바운스합니다. 볼이 아래 벽에 닿으면 게임은 종료됩니다.

- [입력 정보] 바를 움직이기 위해서 ⬅, ➡ 방향키를 입력합니다.

- [출력 정보] 바를 이용하여 볼을 몇 번 바운스하였는지 스코어로 알려 줍니다.

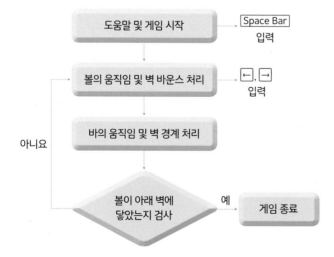

❷ 이미지 준비

● [배경] 가로, 세로 각각 400px 크기의 볼 바운스 게임의 배경으로 사용할 이미지를 준비합니다. 여기서는 'space.jpg'를 사용합니다.

 tip jpg는 jpeg(joint picture expert group)를 나타내며, 정지 화상을 위한 압축 기법을 의미합니다.

❸ HTML 구성

● [화면 영역] id를 space로 하는 가로, 세로 각각 400px 크기의 캔버스 영역을 구성합니다. 볼 바운스 게임이 펼쳐질 무대입니다.

```
<canvas id="space" width="400" height="400"></canvas>
```

● [캔버스 영역] 웹 페이지에 자유롭게 그래픽을 수행하기 위해서 캔버스 영역을 구성하고, 이 영역 안에서 볼, 바, 스코어 등의 다양한 그래픽을 구현합니다.

❹ CSS 구성

● [캔버스 영역] id를 space로 하는 영역은 배경 이미지로 image 폴더에 있는 'space.jpg' 파일을 사용합니다.

```
#space{
    margin: 0 auto;
    display: block;
    background-image: url('image/space.jpg');
}
```

❺ 캔버스 설정

● [window.onload] html 문서 및 관련된 이미지 등의 처리 준비가 되었을 때 window 객체의 onload에 등록된 함수가 실행됩니다.

● [canvas와 context 변수 설정] 그림을 그리거나 글자를 쓰기 위해서 캔버스 객체와 콘텍스트 객체를 canvas와 context 변수로 가져옵니다.

● [canvasW와 canvasH 초기화] 캔버스 객체의 속성값인 width와 height로 초기화합니다.

● [document.onkeydown] keyControl ()는 키 입력(onkeydown)이 있으면 호출됩니다.

```
// 캔버스 초기화
window.onload = function(){
    canvas = document.getElementById('space');
    context = canvas.getContext('2d');
    canvasW = canvas.width;
    canvasH = canvas.height;
    help();
    document.onkeydown = keyControl;
}
```

tip 콘텍스트 객체는 캔버스 객체의 getContext('2D')로부터 가져오며, 2차원 그래픽에 사용되는 다양한 속성과 메소드를 제공합니다.

◯ 자바스크립트로 코딩하기

❶ 초기 설정

● [전역 변수] 전체 함수에서 사용되는 변수를 전역 변수로 설정합니다.

변수명	내용
canvas, context	캔버스를 사용하기 위한 변수
intervalId	setInterval() 함수의 id를 저장하여 그래픽의 움직임을 구현
direction	바의 움직임을 제어하기 위해서 방향키의 입력을 저장
score	공이 바운스되는 수
canvasW, canvasH	캔버스의 가로, 세로 크기

```
// 전역 변수 초기화
var canvas = null;
var context = null;
var intervalId = null;
var direction = null;
var score = 0;
var canvasW, canvasH;
```

❷ 도움말

● 게임을 시작하기 전에 도움말을 보여 줍니다. 도움말은 게임 시작 및 게임 방법 등을 알려주는 기능을 하므로 매우 중요한 정보입니다.

● 'help()' 함수를 호출하여 폰트, 스타일 등을 설정하고, 화면에 도움말을 출력합니다.

```
function help(){
    context.font = '20px Courier';
    context.fillStyle = 'white';
    context.textAlign = 'center';
    context. fillText('볼 바운스 게임 도움말',200,130) ;
    context. fillText('게임 시작: space bar',200,180) ;
    context. fillText('바 조절: 왼쪽 (<-), 오른쪽 (->)',200,230) ;
}
```

 tip context.fillText('출력문자열',200,130)은 (200,130)의 위치에 '출력 문자열'을 출력합니다.

❸ 이벤트 트리거

- [keyControl()] keyControl()는 키 입력(onkeydown)이 있으면 호출됩니다.

- [event.keyCode] onkeydown에 대한 키의 값은 'event.keyCode'로 확인할 수 있으며, 이 값으로 어떤 키가 눌렸는지 알 수 있습니다.

EVENT.KEYCODE	눌린 키
32	Space Bar
37	←(left)
39	→(right)

- [키 입력에 따른 분기] Space Bar 가 입력되면, palyGame() 메소드가 호출됩니다. 그 이외의 키 (←, →)가 입력되면, direction 변수에 바가 움직일 방향('left' 또는 'right')이 입력됩니다.

```
function keyControl(){
    var selection = {
        32: 'startGame',
        37: 'left',
        39: 'right',
    };
    if(selection[event.keyCode] == 'startGame')
        playGame();
    else
        direction = selection[event.keyCode];
}
```

- [키 입력 테스트] 키 입력 테스트 코드를 이용하여 Space Bar 와 ←, → 키에 대한 출력을 테스트 해 볼 수 있습니다.

- [분기] selection 객체는 속성을 이용하여 키의 값에 대한 실행 내용을 구성합니다. startGame 키가 눌리면 playGame()이 호출되며, 그 이외의 키의 값이 눌리면 바의 방향을 제어하기 위해 direction 변수에 속성값(reft 또는 right)을 저장합니다.

```
// 입력된 키에 대한 키값과 selection값 출력
console.log('key: ' + event.keyCode + ', value: ' + selection[event.keyCode]);
```

> **tip** 객체에서 속성은 [이름:값]과 같이 쌍(pair)의 형태를 취합니다. 이름이 숫자일 경우에는 배열처럼 접근
> (selection[event.keyCode])이 가능하며, 이름이 배열의 인덱스로 사용됩니다.

❹ ball 객체 구성

● [ball 객체] ball 객체는 하나만 필요하며 객체 변수를 이용하여 객체를 생성합니다. ball 객체는
속성 5개, 메소드 3개로 구성합니다.

속성	내용		메소드	내용
x	볼의 x축 좌표		draw()	원을 그리는 메소드
y	볼의 y축 좌표		move()	원하는 x, y좌표로 볼을 이동시키는 메소드
xspeed	볼의 x축 스피드			
yspeed	볼의 y축 스피드		checkWall()	캔버스의 경계면을 체크하여 볼의 바운스를 결정하는 메소드
radius	볼의 반지름			

```
var ball = {
    x: 200,
    y: 200,
    xspeed: -2,
    yspeed: 3,
    radius: 10,
```

● [draw()] context.arc() 메소드를 이용하여 설정된 (x,y) 좌표에 반지름이 radius인 원을 그립니다.

```
draw: function(){
    context.beginPath();
    context.arc(this.x,this.y,this.radius,0,Math.PI*2);
    context.fillStyle = 'white';
    context.fill();
},
```

context.arc(200,200,10,0,2PI)

 tip
- context.arc(x좌표, y좌표, 반지름 r, 시작 각도, 끝 각도)는 (x, y) 좌표를 중심으로 하고, 반지름이 r인 원을 시작 각도에서 시작하여 끝 각도까지 그립니다.
- [context.fillStyle] 원 안에 색을 채우기 위해서 context.fillStyle 속성을 이용하여 색을 선택합니다.

● [move()] 설정된 (xspeed, yspeed)를 이용하여 볼의 위치를 조정하여 볼의 움직임을 구현합니다.

```
move: function(){
    this.x += this.xspeed;
    this.y += this.yspeed;
},
```

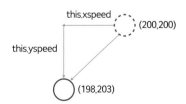

tip 볼의 방향은 현재의 위치(this.x,this.y)에서 기본적으로 아래 방향으로 이동하도록 xspeed(-2)와 yspeed(+3)로 설정합니다.

● [checkWall()] x축과 y축의 경계면 좌표와 볼의 좌표를 비교하여 안쪽으로 바운스되도록 구현합니다.

```
checkWall: function(){
    if(this.x < 0 ||  this.x > canvasW)
        this.xspeed = - this.xspeed;
    if(this.y < 0 )
        this.yspeed = - this.yspeed;
}
```

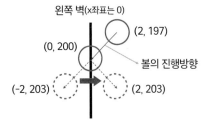

※ 볼의 x좌표가 0보다 작아지면,
xspeed를 -2에서 +2로 변경하여
왼쪽 벽 안쪽으로 볼이
움직이도록 합니다.

❺ bar의 객체 구성

● [bar 객체] bar 객체는 하나만 생성되기 때문에 단일 객체로 구성됩니다. bar 객체는 속성 6개, 메소드 3개로 구성됩니다.

속성	내용
x	바의 x축 좌표
y	바의 y축 좌표
barWidth	바의 가로 크기
barHeight	바의 세로 크기
moveSpace	볼의 x축으로의 움직임 크기
barColor	바의 색

메소드	내용
barDraw()	바를 그리는 메소드
move()	원하는 x, y좌표로 바를 이동시키는 메소드
bounceCheck()	바와 볼의 위치를 확인하여 겹치면 볼을 바운스하는 메소드

```
var bar = {
    x: 100,
    y: 300,
    barWidth: 50,
    barHeight: 3,
    moveSpace: 20,
    barColor: 'white',
```

● [draw()] 설정된 (x,y) 좌표에 barWidth, barHeight 크기의 직사각형을 만들고, 하얀색으로 칠합니다.

```
draw: function(){
    context.fillStyle = this.barColor;
    context.fillRect(this.x, this.y, this.barWidth, this.barHeight);
},
```

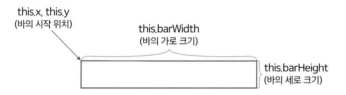

- [context.fillRect] context.fillRect(x좌표, y좌표, 가로 길이, 세로 길이) 메소드는 (x,y) 좌표를 시작으로 가로 길이, 세로 길이 크기의 바를 그립니다.
- [context.fillStyle] 사각형의 색은 context.fillStyle 속성을 이용하여 설정합니다.

- [move()] 키 입력을 확인하여(direction 변수값 확인) 오른쪽인지 왼쪽인지에 따라 bar의 위치를 변경합니다.

```
move: function(){
    if(direction == 'right'){
        this.x = this.x+this.moveSpace;
        if(this.x > canvasW - this.barWidth)
            this.x = canvasW - this.barWidth;
    }
    else if(direction == 'left'){
        this.x = this.x - this.moveSpace;
        if(this.x < 0)
            this.x = 0;
    }
    direction = ' ';
},
```

△ 바의 움직임 구현

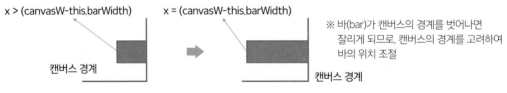

△ 바의 경계에서의 움직임 구현

- [바의 움직임] 바를 오른쪽으로 이동하려면, 현재 위치(this.x)에 움직이는 거리(this.x + this.moveSpace)만큼 더하고, 왼쪽으로 이동하려면 현재 위치에서 움직이는 거리만큼(this.x - this.moveSpace)을 덜어냅니다.
- [바의 경계에서의 움직임] 방향키가 왼쪽이나 오른쪽이면 해당 방향으로 moveSpace 만큼 옮기고, 바에서 경계까지의 거리가 moveSpace 보다 작으면 그 방향으로 움직이지 않습니다. bar의 x좌표가 (canvasW - this.barWidth)보다 크면 bar가 오른쪽 canvasW를 넘어가기 때문에 x좌표를 (canvasW - this.barWidth) 위치에 있도록 현재 위치의 좌표를 설정합니다.
- [방향 설정 후 direction] 방향키로 바를 움직인 다음에 direction의 값을 비워서(direction=' ') 다음 키가 들어올 때까지 바가 움직이지 않도록 코드를 구성합니다.

- [bounceCheck()] ball이 bar에 닿았는지 확인합니다. ball의 중심(ball.x, ball.y)이 bar의 가로와 세로 영역 안에 들어오면, ball과 bar가 충돌한 것으로 간주하고 ball을 바운스합니다.

```
bounceCheck: function(ball){
    if(ball.x >= (this.x) &&
        ball.x <= (this.x + this.barWidth) &&
        ball.y >= (this.y) &&
        ball.y <= (this.y + this.barHeight)){
        ball.yspeed = - ball.yspeed;
        score ++;
    }
}
```

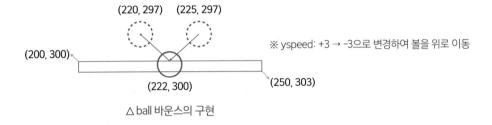

△ ball 바운스의 구현

tip
- [ball과 bar의 충돌 시 바운스] ball의 바운스는 y축 아래로 진행하는 ball의 방향을 반대로 바꾸어(-ball.yspeed) ball의 진행 방향이 위로 가도록 구현합니다.
- [score 점수] bar가 ball을 바운스하는 경우에 score에 1을 증가시킵니다.

❻ 게임 시작

- [playGame()] 'playGame()'은 시작 화면에서 [Space Bar]를 누르면 호출됩니다.

- [반복 수행] setInterval()을 이용하여 20밀리초(msec)마다 반복적으로 setInterval()에 등록된 function() 안의 내용이 수행됩니다.

- [context.clearRect()] 화면에 그려진 그래픽 요소를 지웁니다.

- [ball.draw()] 현재의 위치에 ball을 그립니다.

- [ball.move()] 다음에 위치할 ball의 위치를 설정합니다.

- [ball.checkWall()] ball이 다음의 위치로 움직일 때, ball이 벽에 닿는지를 확인합니다. 만약 ball이 벽에 닿으면 ball의 위치를 수정합니다.

- [bar.draw()] 현재의 위치에 bar를 그립니다.

- [bar.move()] 다음에 위치할 bar의 위치를 설정합니다.

- [bar.bounceCheck(ball)] bar가 다음의 위치로 움직일 때, bar와 ball이 충돌했는지 확인합니다. 만약 ball이 bar에 닿으면 ball 위치를 수정하여 ball을 바운스 합니다.

- [drawScore()] 스코어를 정해진 위치에 그립니다.

- [gameOver(ball)] 게임이 종료될 조건을 확인하고, 종료 조건이 참이면 게임을 종료합니다.

```
function playGame(){
    intervalId = setInterval(function(){
        // 화면을 지운다.
        context.clearRect(0,0,canvasW,canvasH);
        ball.draw();
        ball.move();
        ball.checkWall();
        bar.draw();
        bar.move();
        bar.bounceCheck(ball);
        drawScore();
        gameOver(ball);
    }, 20);
}
```

❼ 게임 종료와 스코어

● [gameOver(ball)] ball이 바닥에 닿으면 setInterval()을 종료시키고, 'Game Over' 텍스트를
출력하여 게임을 종료합니다.

```
function gameOver(ball){
    if(ball.y> canvasH){
        clearInterval(intervalId);
        context.font = '50px Courier';
        context.fontStyle = 'white';
        context.textBaseline = 'middle';
        context.textAlign = 'center';
        context.fillText('Game Over', canvasW/2, canvasH/2);
    }
}
```

tip [ball의 바닥 충돌 감지] ball의 y좌표가 캔버스의 y축 경계(canvasH)보다 클 경우 볼이 바닥과 충돌한 것으로 간주합니다.

● [drawScore()] 게임 점수를 캔버스의 정해진 위치(10, 30)에 출력합니다.

```
function drawScore(){
        context.font = '20px Courier';
        context.fillStyle = 'white';
        context.textAlign = 'left';
        context.textBaseline = 'top';
        context.fillText('Score: ' + score, 10, 30);
}
```

연습 문제 도전하기

앞에서 만든 볼 바운스 게임을 더 재미있게 만들어 보세요. ball에 불규칙한 움직임을 주고, 게임의 재미를 더하기 위해서 임의의 위치에 장애물(barrier)을 설치해 보세요.

📁 **[예제]** 22.연습문제.html

❶ [장애물 개수 설정] 선택 박스 메뉴로 장애물 개수를 설정할 수 있도록 게임을 구성해 보세요.

> **tip** [선택 박스] <select>와 <option>을 이용하여 구성합니다.

2 [barrier 객체] 장애물의 개수가 여러 개 있을 경우에는 생성자를 이용하여 barrier
를 구성하세요.

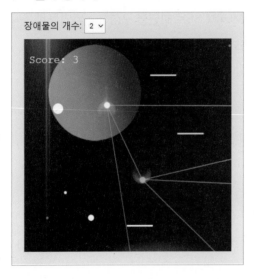

- 객체 생성할 때 function() 키워드를 이용하여 barrier 객체를 구성합니다.
- barrier 객체는 움직임이 없으므로 move()가 필요 없습니다.

보물찾기 게임

무엇을 배울까요?

- 이야기 흐름을 위하여 HTML과 CSS로 화면을 구성하는 방법을 배웁니다.
- 이벤트를 활용하여 사용자와 상호 작용하는 방법을 배웁니다.

결과 미리 보기

첫 화면에 도움말 기능을 넣어 게임 방법을 설명합니다. 임의의 위치를 클릭하여 게임을 시작하면 보물은 랜덤 위치에 숨겨지고, 클릭 위치를 기준으로 숨겨진 보물이 얼마나 떨어져 있는지와 클릭 횟수를 알려 줍니다. 클릭 위치가 보물의 위치와 일치하면 'Game Over' 텍스트를 출력하고 게임을 종료합니다.

△ 게임 시작 화면

△ 게임 화면

△ 게임 종료 화면

배울 항목 살펴보기

배울 항목	구문	표현/설명
화면 구성	HTML, CSS	HTML과 CSS를 이용하여 화면 구성을 위한 뼈대와 표현을 간결하고 효과적으로 구성합니다.
도움말 및 게임 시작	• help(); • Math.random();	화면의 구성이 시작되면 도움말과 보물의 위치를 임의로 선택하여 저장합니다.
보물찾기	onclick='findTreasure()'	임의의 위치에 숨겨진 보물과의 거리를 확인하여 보물을 찾는 함수인 findTreasure()를 사용자의 클릭 이벤트 트리거에 등록합니다.
보물 판정	• Math.floor(),Math.sqrt() • for 문 • if 문	클릭 위치와 보물과의 거리를 계산하여 일정 거리 안에 들어오면 보물 그림을 보여주고 게임을 종료합니다.

 **따라 하기**

게임의 흐름 준비하기

예제 파일의 전체 코딩은 '23.보물찾기게임.html' 이름으로 제공됩니다. 예측되는 보물의 위치를 클릭하면 보물과의 거리와 현재까지 클릭한 횟수가 화면에 보입니다. 모든 보물을 찾으면 보물 그림을 보여주며 게임을 종료합니다.

❶ 이야기 전체 흐름 📁**예제** 23.보물찾기게임.html

- [도움말] 게임 실행 및 조작 방법을 알려줍니다.

- [게임의 흐름] 마우스를 클릭하면 게임이 시작됩니다. 보물의 예측 위치에 마우스를 클릭하면 클릭한 위치와 보물의 위치 간 거리를 계산하여 출력합니다. 거리가 50보다 작으면 보물 그림을 보여주고 게임을 종료합니다.

- [입력 정보] 보물이 있는 위치를 예측하기 위해서 마우스를 클릭합니다.

- [출력 정보] 마우스 클릭 횟수, 마우스 클릭 위치와 보물 위치 간 거리가 출력됩니다.

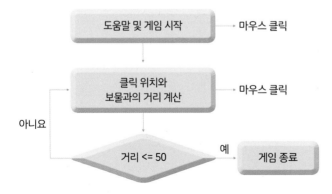

❷ 이미지 준비

● [배경] 게임 배경으로 사용할 이미지를 준비합니다. 여기서는 'treasuremap.png'를 사용합니다.

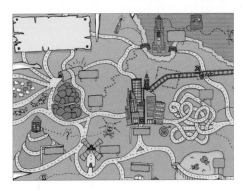

 tip png는 'Portable Network Graphics'의 약자로, 비손실 그래픽 파일 포맷의 하나입니다. 256색에 한정되던 GIF의 색 표현 한계를 극복하여 32비트 트루컬러로 표현됩니다.

❸ HTML 구성

● [화면 영역] id를 space로 하는 가로 620px, 세로 420px 크기의 캔버스 영역을 구성합니다. 보물찾기 게임이 구성될 무대입니다.

```
<div id="arena">
    <canvas id="space" width="620" height="420"></canvas>
</div>
```

❹ CSS 구성

● [캔버스 영역] id를 space로 하는 영역은 배경 이미지로 image 폴더에 있는 'treasuremap. png' 파일을 사용합니다.

```css
#space{
    margin: 0 auto;
    display: block;
    background-image: url('image/treasuremap.png');
}
```

❺ 캔버스 설정

● [window.onload] html 문서 및 관련된 이미지 등의 처리가 모두 준비되었을 때, onload에 등록된 함수가 실행됩니다.

● [canvas와 context 변수 설정] 그림을 그리거나 글자를 쓰기 위해서 캔버스 객체와 콘텍스트 객체를 canvas와 context 변수로 가져옵니다.

● canvas의 가로와 세로 길이는 전역 변수인 canvasW와 canvasH에 저장됩니다.

```javascript
// 캔버스 초기화
window.onload = function(){
    canvas = document.getElementById('space');
    context = canvas.getContext('2d');
    canvasW = canvas.width;
    canvasH = canvas.height;
    help();
}
```

 tip getContext('2d')는 2차원 그래픽에 사용되는 다양한 속성과 메소드를 제공합니다.

자바스크립트 코딩하기

❶ 초기 설정

● [전역 변수] 전체 함수에서 사용되는 변수를 전역 변수로 설정합니다.

변수명	내용
canvas, context	캔버스를 사용하기 위한 변수
canvasW, canvasH	캔버스의 가로, 세로 크기
treasureX, treasureY	보물의 x, y 좌표
treasureW, treasureH	보물의 가로, 세로 크기
clickCount	마우스 클릭 횟수 저장
Distance	마우스 클릭 위치와 보물 위치 간의 거리 저장

```
// 전역 변수 초기화
var canvas = null;
var context = null;
var canvasW, canvasH;
var treasureX = 0, treasureY = 0;
var treasureW = 70, treasureH = 70;
var clickCount = 0;
var Dist = 0;
```

❷ 도움말

● 게임을 시작하기 전에 도움말을 보여 줍니다. 도움말은 게임 시작 및 게임 방법 등을 알려주는 기능을 하므로 매우 중요한 정보입니다.

● 'help()' 함수를 호출하여 게임의 시작과 실행에 관련된 도움말을 출력합니다.

```
function help(){
    context.fillStyle = 'white';
    context.rect(40, 75, 530, 230);
    context.fill();
    context.font = '20px Courier';
    context.fillStyle = 'black';
    context.textAlign = 'center';
    context.fillText('보물찾기 게임 도움말', canvasW/2, 110);
    context.textAlign = 'left';
    context.fillText('1. 임의의 위치를 클릭하면, 게임이 시작됩니다.', 80,160);
    context.fillText('2. 보물과의 거리와 클릭 횟수가 보입니다.', 80,210);
    context.fillText('3. 보물을 발견하면, 보물 그림이 보입니다.', 80,260);
}
```

콘텍스트 속성	의미
fillStyle	채우기 색
strokeStyle	선 색
font	텍스트 폰트
textAlign	텍스트 정렬 방식 . left: 왼쪽 정렬 . center: 중앙 정렬 . right: 오른쪽 정렬

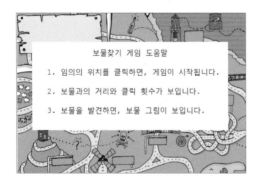

tip

context.rect(40,75,530,230)은 (40,75) 지점에서 가로 530px, 세로 230px 크기의 사각형을 그립니다.

❸ 이벤트 트리거

• [onclick 이벤트] 캔버스 영역을 마우스로 클릭할 경우, findTreasure()가 호출되도록 마우스 클릭 이벤트 트리거(onclick)에 findTreasure(event)를 설정합니다.

• [마우스 클릭] 캔버스 영역을 마우스로 클릭할 경우, findTreasure()가 호출됩니다.

```
document.getElementById('space').onclick = function(){
    findTreasure(event);
}
```

 tip   <canvas>의 onclick 이벤트 트리거에 findTreasure()가 등록됩니다.

❹ 게임 시작

• [findTreasure()] 마우스로 캔버스 영역을 클릭하여 findTreasure()를 호출합니다.

• [context.clearRect()] clearRect(0,0,canvasW, canvasH)를 이용하여, (0,0)부터 (canvasW, canvasH)까지 캔버스의 내용을 모두 지웁니다.

• [clickCount가 0인 경우] 게임이 시작됩니다. clickCount++를 실행하여 (clickCount == 0) 부분 이 다시 실행되지 않도록 합니다.

```
var findTreasure = function(event){
    if(clickCount == 0){
        context.clearRect(0,0,canvasW,canvasH);
        clickDistance();
        randomTreasurePosition();
        clickCount++;
    }
```

- [randomTreasurePosition()] 보물의 위치를 랜덤으로 생성하여 treasureX와 treasureY 변수에 저장합니다. Math.random()와 Math.floor() 함수로 임의의 x, y 좌표를 정하고, 보물 그림이 캔버스 크기를 벗어나지 않도록 보물 생성 위치를 조정합니다.

```
var randomTreasurePosition = function(){
    // 보물 위치
    treasureX = Math.floor(Math.random() * (canvasW-treasureW));
    treasureY = Math.floor(Math.random() * (canvasH-treasureH));
}
```

- [clickDistance()] 거리와 클릭 횟수를 캔버스에 보여 줍니다. clickCount와 Dist는 0으로 초기화되어 있기 때문에 화면에 해당 초깃값이 보입니다.

```
function clickDistance(){
    context.font = '30px Courier bold';
    context.fillStyle = 'blue';
    context.textAlign = 'center';
    context.textBaseline = 'middle';
    context.fillText('Click: ' + clickCount, canvasW/6, 40);
    context.fillText('Distance: ' + Dist, canvasW/5, 80);
}
```

- [clickCount가 0보다 큰 경우] 보물 위치와 클릭 위치 간의 거리를 계산합니다. 계산한 거리가 50보다 작으면 보물 이미지를 보여 주고 게임을 종료합니다.

```
else{ // 게임을 시작하는 경우
    context.clearRect(0,0,canvasW,canvasH);
    var clickX = event.offsetX;
    var clickY = event.offsetY;
    // 거리 계산
    var DistX = treasureX - clickX;
    var DistY = treasureY - clickY;
    Dist = Math.floor(Math.sqrt((DistX*DistX)+(DistY*DistY)));
    clickDistance();
    clickCount++;
    if(Dist <= 50)
        gameOver(clickX, clickY);
}
```

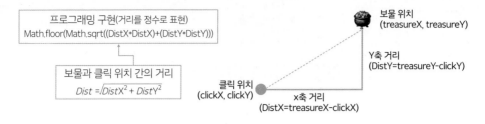

프로그래밍 구현(거리를 정수로 표현)
Math.floor(Math.sqrt((DistX*DistX)+(DistY*DistY)))

보물과 클릭 위치 간의 거리
$Dist = \sqrt{DistX^2 + DistY^2}$

보물 위치
(treasureX, treasureY)

Y축 거리
(DistY=treasureY-clickY)

클릭 위치
(clickX, clickY)

x축 거리
(DistX=treasureX-clickX)

△ 클릭 위치와 보물 위치 간 거리 계산

❺ 게임 종료

- [gameOver()] 클릭 위치에 보물 그림을 그리고 'Game Over' 텍스트를 출력합니다.

- [drawTreasure()] 클릭한 위치(posX,posY)에 보물 그림을 그립니다. 이미지 로딩이 완료되면 onload 이벤트가 실행되어 context.drawImage()로 해당 위치에 이미지를 출력합니다.

```
var gameOver = function(clickX, clickY){
    drawTreasure(clickX, clickY);
    gameOverCheck = true;
    context.font = '50px Courier bold';
    context.fillStyle = 'blue';
    context.textBaseline = 'middle';
    context.textAlign = 'center';
    context.fillText('Game Over' , canvasW/2, canvasH/2);
}
```

- [drawImage()] drawImage(출력할 이미지 객체, x좌표, y좌표, 이미지 가로 크기, 이미지 세로 크기)는 (x, y) 좌표에 이미지 가로 및 세로 크기로 이미지 객체의 내용을 출력합니다.

```
var drawTreasure = function(posX, posY){
    var treasure = new Image();
    treasure.src = 'image/treasure1.png';
    treasure.onload = function(){
        context.drawImage(treasure,posX,posY,treasureW,treasureH);
    }
}
```

연습 문제 도전하기

게임을 시작할 때, 원하는 보물을 선택할 수 있도록 프로그램을 구성하여 게임의 재미를 더해 보세요.

📁 **예제** 23.연습문제.html

라디오 버튼을 이용하여 4가지의 보물 종류를 출력하고, 매 게임 선택된 보물을 찾을 수 있도록 게임을 수정해 보세요.

[보물의 4가지 종류]

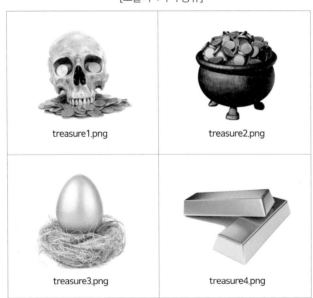

[시작 화면]　　　　　　　　　　　[게임 종료 화면]

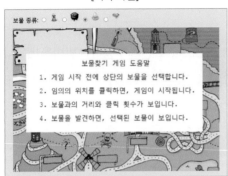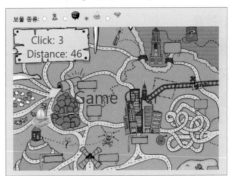

> **tip**
> - [보물 선택] <input>의 type 속성값을 radio로 하는 라디오 버튼을 구성합니다.
> - [보물 이미지] 라디오 버튼 옆의 그림은 <img>의 src 속성값을 보물의 이미지 경로로 설정합니다.
> - [보물 이미지 구성] 라디오 버튼 영역 외의 이미지를 클릭해도 선택될 수 있도록 <label>의 사용에 대해서 생각해 보세요.

24 일째 낚시 게임

무엇을 배울까요?

- 이야기 흐름을 위하여 HTML과 CSS로 화면을 구성하는 방법을 배웁니다.
- 이벤트를 활용하여 사용자와 상호 작용으로 게임을 구성하는 방법을 배웁니다.

결과 미리 보기

첫 화면에 도움말 기능을 이용하여 게임 방법을 알려 줍니다. 임의의 위치를 클릭하면 랜덤 위치에 생성된 물고기가 나타나고 3초 후에 사라집니다. 여러분은 3초 동안 물고기의 위치를 기억한 후, 그 위치를 클릭해서 물고기를 잡습니다. 화면에 클릭한 횟수가 표시되며 모든 물고기를 잡으면 게임은 종료됩니다.

△ 게임 시작 화면

△ 랜덤으로 생성된 물고기

△ 게임 화면
(3개 중 2개의 물고기를 잡은 상황)

△ 게임 종료 화면

 ## 배울 항목 살펴보기

배울 항목	구문	표현/설명
화면 구성	HTML, CSS	HTML과 CSS를 이용하여 화면 구성을 간결하고 효과적으로 구성합니다.
객체 생성	• ver fish[i] = new Fish();	객체 생성자를 이용하여 여러 개의 Fish 객체를 생성하고, 이 객체들은 배열을 이용하여 fish[i]로 관리합니다.
물고기 낚시하기	• onclick="findFish()"	마우스 클릭 이벤트 트리거에 findFish()를 설정하여 클릭 위치에 물고기가 있는지 찾는 과정을 수행합니다.
판정	• if 문 • for 문	클릭 위치와 물고기 위치 간의 거리를 계산하여 일정 거리 내에 있으면 잡은 물고기를 화면에 표시합니다.

 **따라 하기**

게임의 흐름 및 준비

　예제 파일의 전체 코딩은 '24.낚시게임.html' 이름으로 제공됩니다. 숨겨진 물고기의 위치를 기억하고 해당 위치를 마우스로 클릭하여 낚시하는 게임입니다. 전체 클릭 횟수를 비교하여 게임의 승패를 겨룰 수 있습니다.

❶ 이야기 전체 흐름　🖰**예제** 24.낚시게임.html

● [도움말] 게임 실행 및 조작 방법을 알려 줍니다.

● [게임의 흐름] 마우스를 클릭하면 게임이 시작됩니다. 임의의 위치에 물고기를 생성하고 나서 3초간 물고기를 보여 주고 사라집니다. 물고기의 위치를 기억하여 그 위치를 마우스로 클릭하면 마우스의 클릭 위치와 물고기와의 거리를 계산합니다. 거리가 50보다 작으면 해당 물고기를 보여주고, 숨겨진 물고기를 모두 잡았는지를 확인하여 모두 잡았으면 게임을 종료합니다. 물고기를 모두 잡지 못하였다면 물고기 잡기를 계속 진행합니다.

● [입력 정보] 게임 시작 및 물고기 위치를 예측하기 위해서 마우스를 클릭합니다.

● [출력 정보] 물고기 위치 예측을 위한 마우스 클릭 횟수와 찾은 물고기가 보입니다. 모든 물고기를 찾으면 'Game Over' 텍스트가 출력됩니다.

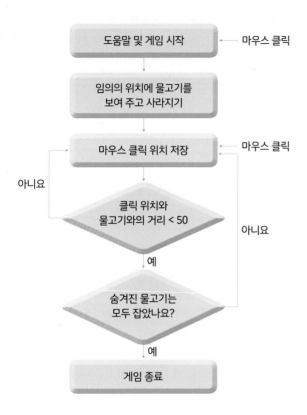

❷ 이미지 준비

- [배경] 가로 840px, 세로 600px 크기의 낚시 게임 배경으로 사용할 이미지를 준비합니다. 여기서는 'sea.png'를 사용합니다.

❸ HTML 구성

● [화면 영역] id를 space로 하는 가로 840px, 세로 600px 크기의 캔버스 영역을 구성합니다.
낚시 게임이 구성될 무대입니다.

```
<canvas id="space" width="840" height="600"></canvas>
```

❹ CSS 구성

● [캔버스 영역] id를 space로 하는 영역은 배경 이미지로 image 폴더에 있는 'sea.png' 파일을
설정합니다.

```
#space{
    margin: 0 auto;
    display: block;
    background-image: url('image/sea.png');
}
```

 tip 그림이 지정한 캔버스 영역보다 클 경우, 해당 캔버스 영역의 크기만큼만 출력됩니다.

❺ 캔버스 설정

● [window.onload] html 문서 및 관련된 이미지 등의 처리가 모두 준비되었을 때, onload에 설정
된 함수가 실행됩니다.

● [canvas와 context 변수 설정] 그림을 그리거나 글자를 쓰기 위해서 캔버스 객체와 콘텍스트
객체를 canvas와 context 변수로 가져옵니다.

- canvas의 가로와 세로 길이는 전역 변수인 canvasW와 canvasH에 저장됩니다.

```
// 캔버스 초기화
window.onload = function(){
    canvas = document.getElementById('space');
    context = canvas.getContext('2d');
    canvasW = canvas.width;
    canvasH = canvas.height;
    help();
}
```

자바스크립트로 코딩하기

❶ 전역 변수

- [전역 변수] 전체 함수에서 사용되는 변수를 전역 변수로 설정합니다.

변수명	내용
canvas, context	캔버스를 사용하기 위한 변수
canvasW,canvasH	캔버스의 가로, 세로 크기
fishNum	숨겨진 물고기의 총 개수
clickCount	마우스 클릭 횟수 저장
fish[i]	여러 개의 Fish 객체를 저장하기 위한 배열 생성

```
// 전역 변수 초기화
var canvas = null;
var context = null;
var canvasW, canvasH;
var fishNum = 3;
var clickCount = 0;
var gameOverCheck = false;
var fish = new Array();
```

❷ 도움말

● 게임을 시작하기 전에 도움말을 보여줍니다. 도움말은 게임 시작 및 게임 방법 등을 알려주는 기능을 하므로 매우 중요한 정보입니다.

● 'help()' 함수를 호출하여 게임의 시작과 실행에 관련된 도움말을 출력합니다.

```
function help(){
    context.fillStyle = 'white'; // 채울 색 설정
    context.rect(100, 80, 620, 250); // 사각형 위치 및 크기 설정
    context.fill(); // 칠함
    context.font = '20px Courier'; // 문자 크기 및 스타일
    context.fillStyle = 'black'; // 문자 색
    context.textAlign = 'center'; // 문자 위치
    context.fillText('낚시 게임 도움말',canvasW/2,120);
    context.textAlign = 'left'; // 문자 위치
    context.fillText('1. 임의의 위치를 클릭하면, 게임이 시작됩니다.', 120,160);
    context.fillText('2. 생성된 물고기의 위치가 3초간 표시되고 사라집니다', 120,200);
    context.fillText('3. 물고기의 위치를 기억한 후, 낚시를 진행합니다.', 120,240);
    context.fillText('4. 클릭 횟수를 카운트하여 표시합니다.', 120,280);
}
```

context.rect(100,80,620,250)은 (100,80) 지점에서 가로 620px, 세로 250px 크기의 사각형을 그립니다.

❸ 이벤트 처리

- [onclick] 캔버스 영역을 마우스로 클릭할 경우 findFish()가 호출되도록 구성합니다.

```
document.getElementById('space').onclick = function(){
    findFish(event);
}
```

event 객체는 마우스 클릭에 관련된 다양한 정보(클릭 위치의 좌표 등)를 갖고 있습니다.

❹ Fish의 객체 구성

- [Fish 객체] 객체 생성자를 이용하여 여러 개의 Fish 객체를 생성합니다. 앞으로 Fish 객체는 줄여서 Fish로 표현합니다.

속성	의미
this.x	Fish의 x축 좌표
this.y	Fish의 y축 좌표
this.fishW	Fish의 가로 크기
this.fishH	Fish의 세로 크기
this.fishCheck	Fish를 찾았으면 true, 찾지 못했으면 false로 설정

```
var Fish = function(){
    this.x = 100;
    this.y = 100;
    this.fishW = 50;
    this.fishH = 50;
    this.fishCheck = false;
```

● [init()] Fish의 생성 영역 안에서 Fish의 x, y 좌표를 임의로 설정하고, fishCheck를 false로 설정합니다.

```
this.init = function(){
    // 물고기 위치
    this.x = Math.floor(Math.random() * (canvasW-this.fishW));
    this.y = Math.floor(Math.random() * (canvasH-this.fishH));
    // 물고기를 찾았는지 체크
    this.fishCheck = false;
```

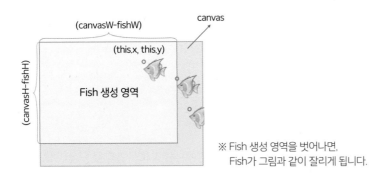

※ Fish 생성 영역을 벗어나면,
　Fish가 그림과 같이 잘리게 됩니다.

[Fish의 x, y 좌표] Fish의 x, y 좌표는 Math.random()와 Math.floor()로 설정합니다.
생성된 Fish가 캔버스 영역을 벗어나지 않도록 생성 영역의 가로 크기는 'canvasW - this.fishW'로, 세로
크기는 'canvasH - this.fishH'로 설정합니다. 이 영역을 벗어나면 Fish 이미지가 잘리게 됩니다.

● [drawFish()] (x,y)좌표에 'image/fish1.png' 이미지를 fishW(가로)와 fishH(세로) 크기로 캔버스
에 그립니다.

```
this.drawFish = function(){
    var fish = new Image();
    fish.src = 'image/fish1.png';
    var x = this.x;
    var y = this.y;
    var fishW = this.fishW;
    var fishH = this.fishH;
    fish.onload = function(){
        context.drawImage(fish, x, y, fishW, fishH);
    }
}
```

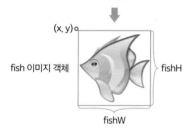

drawImage(fish, x, y, fishW, fishH);

(x, y)

fish 이미지 객체

fishH

fishW

• [drawImage()] drawImage(이미지 객체, x좌표, y좌표, 가로 크기, 세로 크기)로 설정하면 캔버스 (x,y)
좌표에 가로 및 세로 크기의 이미지 객체를 그립니다.
• [fish.onload] fish.onload는 캔버스에 이미지를 그릴 준비가 되면 등록된 함수를 호출합니다.

• [hookFishCheck()] 마우스 클릭 좌표(clickX, clickY)를 기준으로 Fish와의 거리를 확인합니다. 거리가 50보다 작으면 fischCheck를 true로 설정하여 물고기를 잡은 것으로 간주합니다.

```javascript
this.hookFishCheck = function(clickX, clickY){
    var range = 20;
    var centerX = this.x + this.fishW/2;
    var centerY = this.y + this.fishH/2;
    if (this.fishCheck == true)  // 물고기를 잡았을 경우
        this.drawFish();
    else{ // 물고기를 잡지 못했을 경우
        var distX = centerX - clickX;
        var distY = centerY - clickY;
        dist = Math.floor(Math.sqrt((distX*distX)+(distY*distY)));
        if(dist < 50){
            this.fishCheck= true;
            this.drawFish();
        }
    }
}
```

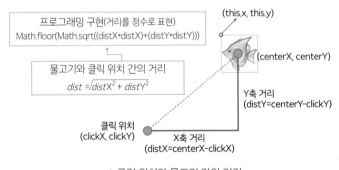

△ 클릭 위치와 물고기 간의 거리

 tip
- 이미지 좌표와 마우스 클릭 좌표와의 정확한 거리 계산을 위해 이미지의 중앙값(centerX,centerY)으로 계산합니다.
- fishCheck가 true이면 해당 물고기 이미지를 표시(this.drawFish())합니다. fishCheck가 false이면 거리를 계산하여 거리가 50보다 작으면 fishCheck를 true로 설정하고 물고기 이미지를 표시합니다.

❺ 게임 시작

● [마우스 클릭] 물고기를 잡기 위해서 마우스를 클릭하면 findFish(event)가 호출됩니다.

● [clickCount가 0인 경우] 게임이 시작됩니다.

```
if(clickCount == 0){
    context.clearRect(0,0,canvasW,canvasH);
    // Fish 객체 생성
    for(var i = 0;  i < fishNum; i++){
        fish[i] = new Fish();
        fish[i].init();
        fish[i].drawFish();
    }
    setTimeout(function(){
        context.clearRect(0,0,canvasW,canvasH);
    },3000);
    clickCount++;
}
```

tip

- [context.clearRect()] 캔버스에 표시된 도움말을 삭제합니다. (0,0)부터 (canvasW, canvasH)까지 캔버스 영역의 내용을 모두 지우기 위해 context.clearRect(0,0, canvasW,canvasH)를 실행합니다.
- [Fish 객체 생성] fishNum의 개수만큼 Fish를 생성하고 fish[i] 배열에 저장합니다. Fish의 init()와 drawFish()로 임의의 위치에 Fish 이미지를 그립니다.
- [setTimeout()] 3초 후에 캔버스에 그린 물고기 그림을 삭제합니다. setTimeout('실행 코드', 지연 시간)은 지연 시간 후에 실행 코드를 한번만 실행합니다.
- [clickCount] clickCount 값을 1 증가하여 (clickCount == 0) 부분이 다시 실행되지 않도록 합니다.

● [clickCount가 0보다 큰 경우] 물고기 위치와 클릭 위치 간의 거리를 계산하여 물고기를 잡았는지 확인하고, 클릭 횟수를 증가시킵니다.

```
else if(gameOverCheck == false){
    context.clearRect(0,0,canvasW,canvasH);
    // 찾은 물고기가 있으면 표시함
    for(var i = 0; i < fishNum; i++){
        fish[i].hookFishCheck(event.offsetX,event.offsetY);
    }
    drawClickNum();
    gameOver();
}
```

 tip fish[i]의 hookFindCheck()를 호출하여 마우스 클릭 위치와 물고기 위치를 비교하여 물고기를 잡았다면 화면에 Fish 이미지를 표시합니다. (Fish의 hookFindCheck() 참고)

● [drawClickNum()] 클릭 횟수를 캔버스(canvasW/2, 50)에 보여줍니다.

```
function drawClickNum(){
    context.font = '50px Courier';
    context.fillStyle = 'blue';
    context.textAlign = 'center';
    context.textBaseline = 'middle';
    context.fillText = 'click:  ' + clickCount, canvasW/2, 50);
    clickCount++;
}
```

❻ 게임 종료

● [gameOver()] 숨겨둔 물고기의 수(fishNum)와 fish[i].fishCheck가 true인 Fish의 수를 확인하여 숨겨둔 물고기를 모두 찾으면 게임을 종료합니다.

```
function gameOver(){
    var fishFindCount = 0;
    for(var i = 0; i < fishNum; i++){
        if(fish[i].fishCheck == true)
            fishFindCount++;
    }
    if(fishFindCount == fishNum){
        gameOverCheck = true;
        context.font = '50px Courier';
        context.fillStyle = 'blue';
        context.textBaseline = 'middle';
        context.textAlign = 'center';
        context.fillText('Game Over' , canvasW/2, canvasH/2);
    }
}
```

연습 문제 도전하기

앞에서 만든 낚시 게임을 응용해서 더 재미있는 게임을 만들어 보세요.

📂 **예제** 24.연습문제.html

1 숨겨진 바다 물고기의 개수를 설정하는 선택 박스 메뉴를 만들어 보세요. 선택 박스의 물고기 개수는 3개, 5개, 7개로 만들어 보세요.

[실행 결과]

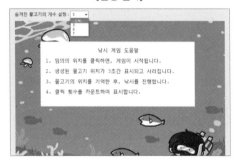

 • [선택 박스 메뉴] <select>와 <option>을 이용하여 만듭니다. 초깃값은 selected 속성을 이용하여 설정합니다.
• [선택 박스 메뉴에서 선택된 값의 접근] 선택 박스 메뉴에서 선택된 값은 <select>의 id를 이용하여 객체로 접근할 수 있습니다.

2 4가지의 바다 물고기를 저장하여 매 게임마다 임의로 선택된 물고기를 낚시할 수 있도록 게임을 구성해 보세요.

[물고기 4가지 종류]

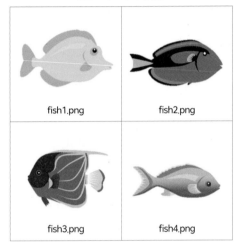

[실행 결과]

 바다 물고기 이미지의 경로는 배열로 저장하여 인덱스로 접근하면 프로그램을 효율적으로 할 수 있습니다.

25일째 강아지 똥 피하기 게임

무엇을 배울까요?

- 이벤트를 활용하여 사용자와 대화하는 방법을 배웁니다.
- 여러 개의 객체를 생성하고 운영하여 게임을 구성하는 방법을 배웁니다.

결과 미리 보기

첫 화면에 도움말을 넣어 게임 방법을 알려 줍니다. 게임을 시작하면 ←, → 방향키로 강아지를 움직여서 떨어지는 똥을 피합니다. 피하는 똥의 개수를 카운트하여, Score에 표시합니다. 강아지가 똥에 맞으면 게임이 종료됩니다.

△게임 시작 화면

△게임 화면

△게임 종료 화면

배울 항목 살펴보기

배울 항목	구문	표현/설명
화면 구성	HTML, CSS	HTML과 CSS를 이용하여 화면 구성을 위한 뼈대와 표현을 간결하고 효과적으로 구성합니다.
객체 생성	• var dong[i] = new Dong(); • var dog;	Dong 객체(Dong)와 Dog 객체(Dog)를 정의하고 생성하여 게임을 운영합니다. Dong은 여러 개가 생성되기 때문에 객체 생성자를 이용하여 생성하고 배열로 관리합니다.
움직임 구현	• setInterval(함수, 시간) • Math.random()	입력된 키보드 값에 따라서 Dog와 Dong의 움직임을 변경합니다. Dong의 위치는 임의로 설정되도록 하여 게임을 재미있게 구성합니다.
판정	• if 문 • for 문	Dong을 피한 개수는 score에 표시되며, Dog가 Dong과 부딪히면 게임은 종료됩니다.

 **따라 하기**

게임의 흐름 및 준비

예제 파일의 전체 코딩은 '25.강아지똥피하기게임.html' 이름으로 제공됩니다. ←, → 방향키로 강아지를 움직이면서 하늘에서 떨어지는 똥을 피합니다. 똥을 피할 때마다 Score 값이 증가되고, Score 값을 비교하여 승패를 가립니다.

❶ 이야기 전체 흐름 📁 **예제** 25.강아지똥피하기게임.html

- [도움말] 게임 실행 및 조작 방법을 알려 줍니다.

- [게임의 흐름] Space Bar 를 눌러 게임을 시작합니다. Dong 객체(Dong)와 Dog 객체(Dog)를 생성하고, ←와 →로 Dog를 움직여 떨어지는 Dong을 피합니다. Dog가 Dong에 부딪히면 게임은 종료됩니다.

- [입력 정보] 게임 시작은 Space Bar 를 사용하며, Dog를 움직이기 위해서 ←, → 방향키를 입력합니다.

- [출력 정보] Dog가 Dong을 피한 횟수를 카운트하여 스코어로 알려 줍니다.

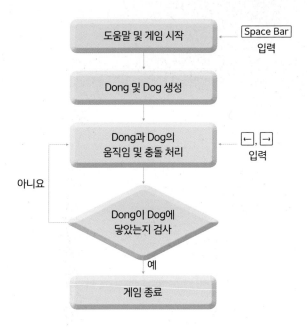

❷ 이미지 준비

● [배경] 가로 550px, 세로 500px 크기의 강아지 똥 피하기 게임의 배경으로 사용할 이미지를 준비합니다. 여기서는 'space.png'를 사용합니다.

❸ HTML 구성

● [화면 영역] id를 space로 하는 가로 550px, 세로 500px 크기의 캔버스 영역을 구성합니다. 강아지 똥 피하기 게임이 구성될 무대입니다.

```
<canvas id="space" width="550" height="500"></canvas>
```

❹ CSS 구성

● [캔버스 영역] id를 space로 하는 영역은 배경 이미지로 image 폴더에 있는 'space.png' 파일을 사용합니다.

```
#space{
    margin: 0 auto;
    display: block;
    background-image: url('image/space.png');
}
```

● [스크립트 영역] 자바스크립트 코드를 객체별로 'Dong.js'와 'Dog.js'로 나누어 구성하고, <script>를 이용하여 해당 코드를 현재 html 문서에 포함시킵니다.

```
<script src="js/dong.js"></script>
<script src="js/dog.js"></script>
```

❺ 캔버스 설정

● [window.onload] html 문서 및 관련된 이미지 등의 처리가 모두 준비되었을 때 onload에 설정된 함수가 실행됩니다.

- [canvas와 context 변수 설정] 그림을 그리거나 글자를 쓰기 위해서 캔버스 객체와 콘텍스트 객체를 canvas와 context 변수로 가져옵니다.
- canvas의 가로와 세로 길이는 전역 변수인 canvasW와 canvasH에 저장됩니다.

```
// 캔버스 초기화
window.onload = function(){
    canvas = document.getElementById('space');
    context = canvas.getContext('2d');
    canvasW = canvas.width;
    canvasH = canvas.height;
    document.onkeydown = keyControl;
    help();
}
```

자바스크립트로 코딩하기

❶ 초기 설정

- [전역 변수] 전체 함수에서 사용되는 변수를 전역 변수로 설정합니다.

변수명	내용
canvas, context	캔버스를 사용하기 위한 변수
intervalId	setInterval() 함수의 id를 저장하여 그래픽의 움직임을 구현
direction	Dog의 움직임을 제어하기 위해서 방향키 저장
score	똥을 피한 횟수 저장
canvasW, canvasH	캔버스의 가로, 세로 크기

```
// 전역 변수 초기화
var canvas = null;
var context = null;
var intervalId = null;
var direction = null;
var canvasW = 0, canvasH = 0;
var score = 0;
```

❷ 도움말

- 게임을 시작하기 전에 도움말을 보여줍니다. 도움말은 게임 시작 및 게임 방법 등을 알려주는 기능을 하므로 매우 중요한 정보입니다.

- 'help()' 함수를 호출하여 게임의 시작과 실행에 관련된 도움말을 출력합니다.

```
function help(){
    context.font = '20px Courier';
    context.fillStyle = 'blue';
    context.textAlign = 'center';
    context.textBaseline = 'middle';
    context.fillText('강아지 똥 피하기 게임 도움말', 270,130);
    context.fillText('게임 시작: space bar', 270,180);
    context.fillText('강아지 움직임: 왼쪽(<-), 오른쪽(->)', 270,230);
}
```

❸ 이벤트 처리

- [keyControl()] onkeydown 이벤트 트리거에 등록되어 있는 keyControl()은 키 입력이 있으면 호출됩니다. 이벤트에 대한 키의 값은 event.keyCode로 어떤 키가 눌렸는지 알 수 있습니다.

- [키 입력 테스트] 키 입력 테스트 코드를 이용하여 Space Bar, ←, → 키에 대한 출력을 테스트해 볼 수 있습니다.

- [분기] selection 객체는 속성을 이용하여 키의 값에 대한 실행 내용을 구성합니다. startGame 키가 눌리면 playGame()이 호출되고, 그 이외의 키가 눌리면 Dog의 방향을 제어하기 위해서 direction 변수에 속성값(reft 또는 right)을 저장합니다.

    console.log('key:' + event.keyCode + ', value: ' + selection[event.keyCode]);

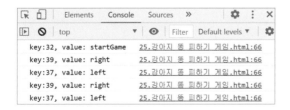

❹ Dong의 객체 구성   📁 **예제** dong.js

● [Dong 객체] 객체 생성자를 이용하여 여러 개의 Dong 객체를 생성합니다. 앞으로 Dong 객체
는 줄여서 Dong으로 표현합니다.

속성	내용
this.x	Dong의 x축 좌표
this.y	Dong의 y축 좌표
this.yspeed	Dong의 움직일 때의 스피드
this.dongW	Dong의 가로 크기
this.dongH	Dong의 세로 크기

메소드	내용
draw()	Dong의 이미지를 그리는 메소드
move()	원하는 좌표로 Dong을 이동시키는 메소드
checkCollision()	캔버스의 경계면을 체크하여 Dong의 충돌을 감지하는 메소드

```
var Dong = function(){
    this.yspeed = 1;
    this.dongW = 40;
    this.dongH = 40;
    this.x = Math.floor(Math.random() * (canvasW-this.dongW));
    this.y = Math.floor(Math.random() * canvasH/3);
```

374

● [Dong 초기 위치] Dong의 초기 위치는 임의의 위치로 설정합니다.

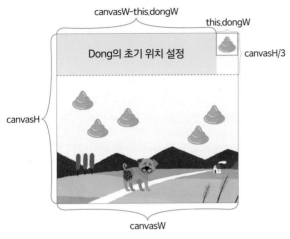

△ Dong의 초기 위치 설정

 tip

[Dong의 생성 영역] Dong의 x와 y좌표는 Math.random()와 Math.floor()로 설정됩니다. 생성된 Dong이 캔버스 영역을 벗어나지 않고, Dog에 너무 가까이 생성되지 않도록 초기 Dong의 생성 위치를 조정합니다. Dong의 생성 영역은 가로는 (canvasW − this.dongW)으로 세로는 (canvasH/3)으로 그림과 같이 설정합니다.

● [this.draw()] (this.x,this.y) 좌표에 'image/dong.png' 이미지를 this.dongW(가로)와 this.
dongH(세로) 크기로 캔버스에 그립니다.

```
this.draw = function(){
    var dong = new Image();
    dong.src = 'image/dong.png';
    context.drawImage(dong, this.x,this.y,this.dongW,this.dongH);
}
```

 tip

- [drawImage()] drawImage(이미지 객체, x좌표, y좌표, 가로 크기, 세로 크기)로 설정하면 캔버스의 (x,y) 좌표에 가로 및 세로 크기로 이미지 객체를 그립니다.
- [dong.onload] 캔버스에 이미지를 그릴 준비가 되면 등록된 함수를 호출합니다.

● [this.move()] 설정된 this.yspeed를 이용하여 Dong의 y좌표에 this.yspeed를 더하여 아래로 떨어지는 움직임을 구현합니다.

```
this.move = function(){
    this.y += this.yspeed;
}
```

● [checkCollision()] Dong과 Dog의 충돌 및 바닥과의 충돌을 감지합니다. Dong이 Dog와 충돌하면 게임은 종료됩니다. 만약 바닥과 충돌하면 Dog가 Dong을 피한 것이기 때문에 score를 1만큼 증가시킵니다.

```
this.checkCollision = function(dog){
    // Dog와의 충돌
    var centerX = this.x+this.dongW/2;
    var centerY = this.y+this.dongH/2;
    var collideRange = 10;
    if (centerX >= (dog.x-collideRange) &&
        centerX <= (dog.x+dog.dogW+collideRange) &&
        centerY >= (dog.y-collideRange) &&
        centerY <= (dog.y+dog.dogH+collideRange))
    {
        gameOver();
    }
    // 바닥과의 충돌
    if (centerY > 450){
        this.x = Math.floor(Math.random() * (canvasW-this.dongW));
        this.y = Math.floor(Math.random() * (canvasH/3));
        score++;
    }
}
```

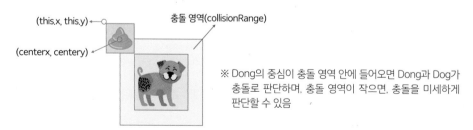

(this.x, this.y)
충돌 영역(collisionRange)
(centerx, centery)

※ Dong의 중심이 충돌 영역 안에 들어오면 Dong과 Dog가 충돌로 판단하며, 충돌 영역이 작으면, 충돌을 미세하게 판단할 수 있음

△ 충돌 영역을 이용한 Dong과 Dog의 충돌 감지

충돌 판정　　　　바닥
(y축으로 350px 지점)

△ 바닥과의 충돌 판정

- **[Dong과 Dog의 충돌 판정]** Dong의 원래 위치 좌표(this.x, this.y)는 이미지의 왼쪽과 위쪽 끝 좌표이기 때문에 해당 좌표를 이용하여 Dog와의 충돌을 감지하기에 한계가 있습니다. 따라서 Dong의 중심점 (centerX, centerY)이 Dog 객체의 충돌 영역 안에 들어오면 충돌을 감지하도록 구현합니다.
- **[충돌 영역]** 충돌 영역의 값이 작으면 덜 예민하게 충돌을 감지하고, 충돌 영역의 값이 크면 예민하게(Dog 객체 근처에만 와도 충돌 감지) 충돌을 감지합니다.
- **[바닥과의 충돌 판정]** Dong의 중심이 바닥(y축으로 350px 지점)과 충돌하면 score를 1만큼 증가시키고, Dong을 임의의 초기 위치로 이동시킵니다.

❺ Dog의 객체 구성　　📁 **예제** dog.js

● **[Dog 객체]** 객체 변수를 이용하여 1개의 Dog 객체를 생성합니다. 앞으로 Dog 객체는 줄여서 Dog로 표현합니다.

속성	내용		메소드	내용
x, y	Dog 객체의 x, y 좌표		draw()	Dog의 이미지를 그리는 메소드
dogW, dogH	Dog 객체의 가로, 세로 크기		move()	원하는 좌표로 Dog를 이동하는 메소드
moveSpace	Dog 객체의 움직임 속도			

```
var Dog = {
    x: 100,
    y: 400,
    dogW: 80,
    dogH: 80,
    moveSpace: 20,
```

- [draw()] (this.x,this.y) 좌표에 'image/dogRight.png' 이미지를 this.dogW(가로)와 this.dogH(세로) 크기로 캔버스에 그립니다.

```
draw: function(){
    this.dog = new Image();
    this.dog.src = 'image/dogRight.png';
    context.drawImage(this.dog,this.x,this.y,this.dogW,this.dogH);
}
```

- [move()] 오른쪽인지 왼쪽인지 키 입력을 확인하여 이동합니다.

```
move: function(){
    if (direction == 'right'){
        this.x = this.x+this.moveSpace;
        if( this.x > canvasW-this.dogW)
            this.x = canvasW-this.dogW;
    }
    if (direction == 'left'){
        this.x = this.x-this.moveSpace;
        if( this.x < 0)
            this.x = 0;
    }
    direction = ' ';
}
```

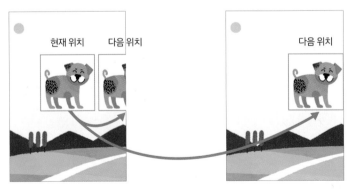

※ Dog의 이미지를 오른쪽 경계에 맞추어 이동

△ Dog의 캔버스 경계면에서의 처리

tip
- [Dog의 움직임] 오른쪽이면 x좌표를 moveSpace 만큼 더하고, 왼쪽이면 x좌표를 moveSpace만큼 빼줍니다.
- [Dog의 캔버스 경계면에서의 처리] Dog가 경계면을 넘어가면, 객체 이미지가 반만 출력되는 문제가 발생됩니다. 이를 막기 위해 Dog의 x좌표를 다음 위치로 설정하였을 때, 경계를 넘어가면 다음 위치는 (canvasW - this.dogW)로 설정하여 경계면에서 움직이지 않도록 합니다. 왼쪽 경계면에서도 같은 방법으로 Dog의 움직임을 조정합니다.
- [direction] direction 변수의 내용에 따라 Dog의 방향이 결정되며, 방향 결정 후에는 direction을 비워서 다음 방향키가 입력될 때까지 움직임이 없도록 합니다.

❻ 게임 시작

- [playGame()] [Space Bar]를 누르면 playGame() 함수가 호출되어 게임을 시작합니다. 게임의 주요 객체인 Dong과 Dog를 생성합니다.

```
function playGame(){
    var dongNum = 5;
    var dong = new Array();
    for(var i = 0; i < dongNum; i++)
        dong[i] = new Dong();
```

- [Dong 객체 생성] 객체 생성자를 이용하여 dongNum의 개수만큼 Dong 객체를 생성하고, 생성된 객체는 dong[i] 배열로 저장됩니다. 현재 dongNum에 5가 설정되어 있으므로 5개의 Dong 객체가 dong[0]부터 dong[4]에 저장됩니다.

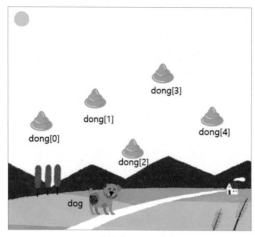

△ 생성된 Dong 객체

● [setInterval()] setInterval()을 이용하여 20밀리초(msec)마다 반복적으로 등록된 함수의 내용이 실행됩니다.

● [ctx.clearRect()] 화면에 그려진 그래픽 요소를 지웁니다.

● [dong[i] 객체 처리] dong[i] 객체는 draw()를 이용해서 dongNum 개수만큼 move()로 이동합니다. 그리고 checkCollision()를 순서대로 실행시킵니다.

● [Dog 객체] 입력된 방향키에 따라서 Dog의 위치를 이동(move())시키고, Dog 이미지(draw())를 출력합니다.

```
intervalId = setInterval(function(){
    context.clearRect(0,0,canvasW,canvasH);
    for(var i = 0; i < dongNum; i++){
        dong[i].move();
        dong[i].draw();
        dong[i].checkCollision(Dog);
    }
    Dog.move();
    Dog.draw();
    drawScore();
}, 20);
```

● [drawScore()] 스코어를 정해진 위치에 그립니다.

```
function drawScore(){
    context.font = '20px Courier';
    context.fillStyle = 'blue';
    context.textAlign = 'left';
    context.textBaseline = 'top';
    context.fillText('Score: ' + score, 10, 30);
}
```

❼ 게임 종료

● [gameOver()] Dong이 Dog와 충돌하면 gameOver()가 호출됩니다. clearInterval()을 이용하여 setInterval()을 종료시키고, 'Game Over' 텍스트를 출력하여 게임을 종료합니다.

```
function gameOver(){
    clearInterval(intervalId);
    context.font = '50px Courier';
    context.fontStyle = 'blue';
    context.textBaseline = 'middle';
    context.textAlign = 'center';
    context.fillText('Game Over', canvasW/2, canvasH/2);
}
```

연습 문제 도전하기

앞에서 만든 강아지 똥 피하기 게임을 더 재미있게 만들어 보세요.

📁 **예제** 25.연습문제.html/ dong_example.js/ dog_example.js

1 방향키에 따라서 Dog 이미지를 다르게 출력하도록 프로그램을 구성해 보세요.

⬅ 키를 누르면 [dogLeft.png] 이미지가 출력되고, ➡ 키를 누르면 [dogRight. png] 이미지가 출력되도록 프로그램을 구성하세요.

[출력 결과 1]

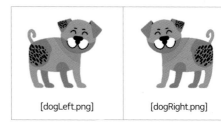

[dogLeft.png] [dogRight.png]

> **tip** [dog.src] Dog의 출력 이미지 변경은 이미지 객체 선언 후에 src 속성을 바꾸면 이미지가 변경됩니다.

2 Dong의 종류를 달리하여 아래와 같이 게임을 구성해 보세요.

DONG 모양	설명
 dongFast.png	• Dog가 dongFast.png로 설정된 Dong과 충돌 시 게임은 종료되지 않음. • 충돌 시 해당 이미지는 dong.png로 바뀜. • 해당 Dong의 떨어지는 속도는 현재의 2배가 됨.

[출력 결과 2]

> **tip** [this.yspeed] 떨어지는 속도의 변화는 Dong 객체의 yspeed 속성값을 1에서 2로 변경하면 속도가 2배로 빨라집니다.

부록

- 연습 문제 풀이
- HTML 태그
- CSS 핵심 속성
- 자바스크립트 핵심 정리
- 웹 서버(Web Server) 만들기

연습 문제 풀이

정답

 6일째. 변수와 데이터 타입

96쪽 ▶ 06.연습문제1.html

코드 및 설명

```javascript
var myBox;
var yourBox; = null;

console.log(myBox, typeof myBox);
console.log(yourBox, typeof yourBox);

console.log('==', null == undefined);
console.log('===', null === undefined);
```

설명

● [공통점] undefined와 null은 '=='로 평가하는 값이 true로 동일합니다.

tip '=='은 수학에서의 등호(equal) 표시로 왼편과 오른편의 값이 동일한 경우에는 true를, 다른 경우에는 false를 반환하는 연산자입니다.

● [차이점] undefined와 null의 데이터 타입이 서로 다릅니다. null의 데이터 타입은 object입니다.

tip '==='은 값의 동일 여부를 판단하는 '=='와 데이터 타입의 동일 여부를 판단하는 부분을 합쳐서 true와 false로 평가합니다. 값은 같지만 데이터 타입이 다르므로 false로 평가합니다.

97쪽 ▶ 06.연습문제2.html

코드 및 설명

```
var myBox = '';
var yourBox = '    ';

console.log(myBox == yourBox);

console.log(typeof myBox, typeof yourBox);
```

설명

● 공백은 데이터로 취급됩니다.

tip 아무런 값 없이 Space Bar 로 공간을 만드는 공백도 데이터(값)입니다. 따라서 공백이 없는 값과 공백이 있는 값은 서로 다릅니다.

● 따옴표로 표현하는 글자, 숫자, 공백은 모두 String입니다.

tip 공백이 있거나 없는 경우의 따옴표 표현은 데이터 타입이 모두 String(스트링, 문자열)입니다.

7일째. 표현식과 연산자

106쪽 ▶ 07.연습문제1.html

코드 및 설명

```
var height = 170;
var weight = 50;
var normal = 23; // BMI 정상 수치

var BMI = ( weight/((height/100)*(height/100)));
BMI = BMI.toFixed(0);

console.log('신장: ' + height);
console.log('몸무게(kg): ' + weight);
console.log('BMI: ' + BMI);
var result = (BMI > normal) ? '비만입니다.' : '비만이 아닙니다.';
console.log('판정 결과: ' + result);
```

- [괄호 A] 산술연산자를 이용하여 BMI를 계산합니다.
- [괄호 B] BMI 계산 결과를 기초로 삼항 조건 연산자를 이용하여 참과 거짓일 경우를 나타냅니다.

107쪽 ▶ 07.연습문제2.html

코드 및 설명

```javascript
var x = 1, y = 1, z = 1;
y = x ++;
console.log('1번 x = ' + x + ' y = ' + y);
z = ++ x;
console.log('2번 x = ' + x + ' z = ' + z);
y += z;
console.log('3번 y = ' + y + ' z = ' + z);
```

설명

- [1번] x를 먼저 y에 넣으면 y는 1이 됩니다. 그리고 x를 1 증가시키면 x의 값은 2가 됩니다.
- [2번] x 값을 먼저 1 증가시키면 x는 3이 됩니다. 그리고 x의 값을 z에 넣으면 z도 3이 됩니다.
- [3번] 'y += z'는 'y = y + z'를 축약한 연산입니다. 먼저 y + z를 연산한 값이 4이므로, y의 값은 4가 됩니다. z는 변화가 없으므로 3이 됩니다.

8일째. 조건문과 반복문

122쪽 ▶ 08.연습문제1.html
코드 및 설명

```
var week = prompt('요일을 입력하세요.(월-금)');

if( week == '월' || week == '수' || week == '금')
    console.log('정상 수업');
else if(week == '화' || week == '목')
    console.log('수업 없음');
else
    console.log('잘못 입력');
```

설명

● [괄호 A] 입력되는 요일이 월, 수, 금요일이면 '정상 수업'이 출력되도록 논리 연산자 '||'를 사용하여 3 개의 조건을 연결합니다.

● [괄호 B] 화 또는 목요일은 '수업 없음'이 출력되도록 논리 연산자 '||'를 사용하여 2개의 조건을 연결 합니다.

123쪽 ▶ 08.연습문제2.html
코드 및 설명

```
var ID = 'Car'; // 저장된 아이디
// 저장된 아이디와 입력된 아이디가 같은지 체크
for(var i = 0; i < 3; i++){
    var idInput = prompt('아이디를 입력하세요.');
    if(idInput == ID){
        console.log(idInput + '님 반갑습니다.');
        break;
    }else{
        console.log('ID가 잘못 입력되었습니다.');
    }
}
```

● [괄호 A] 입력된 아이디(idInput)와 저장된 아이디(ID)가 같은지를 비교하는 조건문을 입력합니다.

● [괄호 B] 입력된 아이디(idInput)와 저장된 아이디(ID)가 같으면 반복문(for문)을 수행할 필요가 없기 때문에 break 문을 이용하여 반복문을 빠져나옵니다.

 # 9일째. 함수와 코드의 재활용

136쪽 ▶ 09.연습문제1.html

코드 및 설명

```
// 함수 정의
function multipleCheck(a, b){
    if(a <= 0 || b <= 0){
        console.log('양수를 입력하세요.');
        return;
    }
    if(a%b ==  0) console.log('a는 b의 배수입니다');
    else console.log('a는 b의 배수가 아닙니다.');
}
var a = -10, b = 2;
multipleCheck(a,b);
a = 10, b = 2;
multipleCheck(a,b);
```

설명

● [괄호 A] a와 b의 값이 양수인지를 검사하는 자바스크립트 코드입니다.

● [괄호 B] 만약 a와 b의 값이 양수가 아니면, 함수를 종료하는 break 문을 입력합니다.

코드 및 설명

```javascript
var starX = 1;
function printStar(Num){
    for(starX = 1; starX < = Num; starX++){
        printStarX(starX);
    }
}

function printStarX(Num){
    var starX;
    for(starX = 1; starX < = Num; starX++){
        console.log('*');
    }
}

printStar(3);
```

설명

● [함수 호출] printStar()에서 파라미터가 3이므로 printStarX() 함수는 3번 호출됩니다.

● [지역 변수, 전역 변수] 전역 변수 starX=1이 설정되어 있지만, printStarX() 함수 안의 지역 변
수 starX가 우선순위에 의해서 사용됩니다. 결과적으로 printStar()로부터 printStarX(1),
printStarX(2), printStarX(3)이 호출되어 총 6개의 별(*)이 출력됩니다.

10일째. 객체와 배열

155쪽 ▶ 10.연습문제1.html

코드 및 설명

```javascript
function digitalTV(company, size, channel){
    this.company = company;
    this.size = size;
    this.channel = channel;
    this.showDigitalTV = function(){
        console.log(this.company +
        '의 제품이고, 크기는 ' + this.size + '입니다.');
    };
    this.upChannel = function(){
        this.channel++;
        console.log('현재 채널은 ' + this.channel + '입니다.');
    };
    this.downChannel = function(){
        this.channel--;
        console.log('현재 채널은 ' + this.channel + '입니다.');
    };
}
```

설명

● [괄호 A] company, size, channel 속성을 생성하고, 초기화합니다.

● [괄호 B] upChannel()은 this.channel 속성값을 1 증가시키는 코드를 입력합니다.

코드 및 설명

```
var cars = ['소형차', '중형차', '대형차'];

cars.unshift('스포츠카');
console.log('1. ' + cars);

cars.push('버스');
console.log('2. ' + cars);

cars.splice(2,1);
console.log('3. ' + cars);

cars.sort();
console.log('4. ' + cars);
```

설명

- [unshift()] cars 배열의 원소 맨 앞에 '스포츠카'를 삽입하는 코드는 cars.unshift('스포츠카') 메소드를 이용합니다.

- [push()] cars 배열의 마지막 원소에 '버스'를 삽입하는 코드는 cars.push('버스') 메소드를 이용합니다.

- [splice()] '중형차' 원소는 2번째 원소에서 첫 번째 원소이므로 cars.splice(2,1)로 설정합니다.

- [sort()] cars의 배열의 원소를 가나다순으로 나열하기 위해서 cars.sort() 메소드를 이용합니다.

 **11일째. 문자열**

코드 및 설명

```
var userPhone = prompt('연락처(형식: 010-1111-2222)');
var part = userPhone.split('-');
console.log(part[0] + '-' + part[1] + '-' + '****');
```

설명

● [괄호 A] userPhone.split('-')는 '-' 문자를 이용하여 문자열을 분리합니다.

　part 배열(part[0]='010', part[1]='1111', part[2]='2222')에 저장됩니다.

● [괄호 B] part 배열에 저장된 값 중에서 전화번호의 2번째 부분은 'part[1]'로 접근 가능합니다.

코드 및 설명

```
var userEmail = prompt('이메일(입력형식(js@naver.com))');

// '@'가 있는지 체크
if(userEmail.indexOF('@') > 0)
    console.log('좋습니다.');
else
    console.log('다시 입력하세요.');
```

설명

● [괄호 A] 입력된 메일은 userEmail에 문자열로 저장되며, 문자열에서 '@'가 있는지를 검색하기 위해

　서 userEmail.indexOf('@')를 사용합니다. 찾는 문자가 있으면 해당 문자의 인덱스를 반환하고, 없

　다면 -1을 반환합니다.

12일째. 수학과 날짜

180쪽 ▶ 12.연습문제1.html

코드 및 설명

```
var date = new Date(2021,4,5);
var year = date.getFullYear();

var christmas = new Date(year,11,25); // 크리스마스 날짜 정보

var diffTime = christmas - date; // 크리스마스까지 남은 날짜 계산 (밀리세컨트)

var diffDay  = diffTime / (1000*60*60*24); // 남은 날짜 계산 (밀리세컨트 --> 날짜로)

console.log('크리스마스까지 남은 날: ' + Math.ceil(diffDay));
```

설명

● [괄호 A] '2021, 4, 5'로 연월일 순서로 배치됩니다.(월 정보는 0부터 시작)

● [괄호 B] 'year, 11, 25'로 연월일 순서로 배치합니다.(월 정보는 0부터 시작)

181쪽 ▶ 12.연습문제2.html

코드 및 설명

```
var randomNum = Math.floor(Math.random() * 6);
var trial = 0;
var find = false;
while(find == false){
   var predictNum = prompt('0~5사이의 숫자를 예측하시오.');
   trial ++;
   if(predictNum == randomNum){
      console.log('임의의 숫자는 ' + predictNum + '입니다.');
      find = true;
   }
   else if(predictNum > randomNum){
      console.log('예측값이 임의의 숫자보다 큽니다.');
   }
```

```
    else{
        console.log('예측값이 임의의 숫자보다 작습니다.');
    }
}
console.log(trial + '번 만에 임의의 숫자를 찾았습니다.');
```

> **설명**

- [괄호 A] 0에서 5 사이의 난수를 발생시키려면 Math.random()을 이용합니다. 0에서 1 사이의 임의의 숫자를 발생시킨 후, 6을 곱하여 0~5.999..로 난수의 범위를 확장합니다.
- 발생한 수를 정수로 변환하기 위해서 Math.floor()를 이용하여 소수점 이하를 무조건 내림하면 0에서 5 사이의 난수가 됩니다.

 ## 13일째. 이벤트(Events)

194~195쪽 ▶ 13.연습문제.html

코드 및 설명

```html
<input type="text" name="search" onkeydown="mySearch(event)"
placeholder="검색어 입력 후, 엔터를 클릭하세요.">
```

> **설명**

- <input>을 이용하여 검색창을 구성합니다. 검색창에 검색어를 입력하여 검색합니다.

tip 키보드의 Enter↵는 onkeydown과 onkeypress를 모두 인식하지만, 연습 문제에서는 onkeydown으로 구성합니다.

```
<style>
input[name="search"]{
    width: 250px;
    padding: 5px;
    border: 2px solid ■ #aaa;
}
</style>
```

설명

● <input>의 속성을 선택자로 하여 CSS 스타일을 구성합니다.

tip <input>에 padding 속성을 추가할 경우, 너비에 따라 'box-sizing: border-box;'를 고려합니다.

```
<script>
function mySearch(event){
    if(event.which == 13){ // 엔터(Enter) 클릭
        console.log(event.target);
        alert(event.target.value);
    }
}
</script>
```

설명

● event.which 또는 event.keyCode로 Enter↵ 의 키 코드(keycode)를 확인할 수 있습니다.

Enter↵ 키 코드는 13으로 event.which의 결과와 비교하여 Enter↵ 가 눌렸음을 확인할 수 있습니다.

● 검색어를 입력하고 Enter↵ 를 누르면 콘솔(Console)창에 event.target 정보가 표출되고, 알림창 (alert)으로 입력한 검색어를 확인할 수 있습니다.

tip ● event.target은 검색창의 HTML 요소인 <input type="text" name="search">를 가리킵니다.
● <input type="search">와 onsearch 이벤트를 이용하여 똑같은 효과를 구현할 수 있습니다.

14일째. 선택자(Selectors)

206~207쪽 ▶ 14.연습문제.html

코드 및 설명

```html
<button type="button" onclick="change()">변경</button>
<ul>
    <li class="coral">첫 번째 리스트입니다.</li>
    <li>두 번째 리스트입니다.</li>
    <li class="green">세 번째 리스트입니다.</li>
    <li>네 번째 리스트입니다.</li>
    <li id="third" class="blue">다섯 번째 리스트입니다.</li>
</ul>
```

설명

● <button>과 <ul>,<li>를 이용하여 버튼과 목록(리스트)을 구성합니다. <li>의 홀수 번째에는 서로

다른 클래스를 추가합니다.

tip 마지막 <li>에는 id 속성을 추가하여 이것의 클래스 이름을 변경할 선택자로 사용합니다.

코드 및 설명

```html
<style>
    .coral {background-color: ▦ lightcoral}
    .green {background-color: ▦ lightgreen}
    .blue {background-color: ▦ lightblue}
</style>
```

설명

● 서로 다른 배경색을 정의하는 클래스 3개를 추가합니다.

```
<script>
function change(){
    var elms = document.getElementsByClassName('coral');
    var items = document.querySelectorAll('.coral');

    console.log('[byClassName 전] ', elms.length);
    console.log('[selectorAll 전] ', items.length);

    document.getElementById('third').className = 'coral';

    console.log('[byClassName 후] ', elms.length);
    console.log('[selectorAll 후] ', items.length);
}
</script>
```

설명

● getElementsByClassName()과 querySelectorAll()을 이용하여 클래스 coral의 개수를 확인합니다. 그리고 마지막 <li>의 클래스를 coral로 변경한 후 다시 개수를 확인하여 두 메소드 간의 차이점을 살펴봅니다.

tip 선택한 요소의 개수는 element.length로 확인할 수 있습니다.

● 버튼을 누르기 전의 화면에서는 홀수 번째의 각 클래스에 따라 서로 다른 배경색이 보입니다.

● 버튼을 눌러 마지막 목록의 클래스를 coral로 변경한 모습입니다. 콘솔(Console)창으로 버튼을 클릭하기 전과 후의 클래스 coral의 개수를 확인합니다.

tip querySelectorAll()은 동적으로 변한 상황을 인지하지 못하는 한계가 있습니다.

15일째. 고급 이벤트

221~223쪽 ▶ 15.연습문제.html

코드 및 설명

```
<ul id="mylist">
    <li>1번째 목록</li>
    <li>2번째 목록</li>
    <li>3번째 목록</li>
</ul>
```

설명

● <ul>과 <li>를 이용하여 목록을 구성합니다.

tip <ul>은 순서가 없는 목록(unordered list)을 구성하고, <ol>은 순서가 있는 목록(ordered list)을 구성합니다.

코드 및 설명

```
#mylist{
    list-style-type: none;
    padding: 0;
}
#mylist > li{
    line-height: 2em;
    margin: 5px 0;
    border: 1px solid ■ #ccc;
    cursor: pointer;
    background: url("bullet.png") no-repeat;
    text-indent: 32px;
}
.clicked{
    background-color: ■ lightgreen !important;
}
```

설명

● <ul>에 list-style-type 속성을 none으로 하여 목록 앞의 목록 표식을 없애고, <li>의 배경 이미지로 목록 표식을 구현합니다.

tip .clicked에 !important 키워드를 추가하여 CSS의 적용 우선순위를 최상위로 높여 스타일이 적용되도록 합니다.

```
var lists = document.querySelectorAll('#mylist > li' );

for(var i=0; i<lists.length; i++){
    lists[i].addEventListener('mouseover', function(){
        this.style.backgroundColor = '#eee';
    });

    lists[i].addEventListener('mouseout', function(){
        this.style.backgroundColor = 'transparent';
    });

    lists[i].onclick = clickList;
}
function clickList(){
    if(this.className == 'clicked'){
        this.className = '';
    }else{
        this.className = 'clicked';
    }
}
```

설명

● 선택자 querySelectorAll()를 이용하여 모든 목록을 선택하고, 반복문으로 각각의 목록에 이벤트를
추가합니다.

tip ● mouseout 트리거에 배경색을 'transparent'로 할당하여 mouseover에서 적용된 배경색을 없애도록 합니다.
● 목록을 클릭할 때 해당 목록에 clicked 클래스가 있다면 없애 주고, 없다면 추가하여 배경색이 바뀌도록 합니다.

● 각 목록을 클릭할 때 배경색을 보여주거나 배경색을 없애도록 하여, 선택된 상태이거나 선택하지 않
은 상태가 구분되도록 표현합니다.

● 1번째 목록
● 2번째 목록
● 3번째 목록

16일째. 문서 객체 모델(DOM)

237~239쪽 ▶ 16.연습문제.html
코드 및 설명

```html
<!-- 3글자 이상 내용 입력 후 엔터(enter) -->
<input type="text" name="append" placeholder="내용 입력 후 엔터!">
<ul id="mylist">
    <li>1번째 목록</li>
</ul>
```

설명

● <input>으로 검색창을 만들고, 그 아래에 <ul>과 <li>를 이용하여 목록을 구성합니다.

tip 검색창에 검색어를 입력하고 Enter↵를 누르면 마지막 목록에 입력한 검색어가 추가되도록 구성합니다.

코드 및 설명

```css
input[name="append"]{
    padding: 5px;
    width: 80%;
}
#mylist{
    list-style-type: none;
    padding: 0;
}
#mylist > li{
    line-height: 2em;
    margin: 5px 0;
    border: 1px solid ▨ #ccc;
    cursor: pointer;
    background: url("bullet.png") no-repeat;
    text-indent: 32px;
}
```

설명

● 검색창과 목록에 대한 CSS 스타일을 구성합니다.

```
var newList = document.querySelector('input[name="append"]' );

newList.onkeydown = function(event){
    if(event.which == 13 && event.target.value.length > 2){
        var elm = document.createElement('li');
        var txt = document.createTextNode(this.value);
        elm.appendChild(txt);

        document.getElementById('mylist').appendChild(elm);
    }
}
```

설명

● 검색창을 선택하여 onkeydown으로 Enter⏎가 눌렸는지 확인합니다. 그리고 입력한 검색어가 2글 자보다 클 경우에만 처리되도록 제한합니다.

tip 조건에 맞는 검색어일 경우 createElement()로 <li>를 생성하고, appendChild()로 목록의 마지막에 추가하도록 구성 합니다.

● 검색창에 3글자 이상의 검색어를 입력하고, Enter⏎를 누르면 목록에 입력한 검색어가 추가됩니다.

tip 추가된 목록은 CSS에 정의된 스타일에 의해 동일한 모양으로 보이게 됩니다.

여기 내용이 리스트로 추가됩니다.
● 1번째 목록
● 여기 내용이 리스트로 추가됩니다.

17일째. 브라우저 객체 모델(BOM)

코드 및 설명

```html
<fieldset>
    <legend>alert()</legend>
    <input type="text" name="alert" value="클릭하세요.">
</fieldset>

<fieldset>
    <legend>confirm()</legend>
    <button type="button">confirm()</button>
    <hr>
    <input type="text" name="confirm" readonly="readonly">
</fieldset>

<fieldset>
    <legend>prompt()</legend>
    <input type="button" value="prompt()">
    <hr>
    <input type="text" name="prompt" disabled="disabled">
</fieldset>
```

설명

- 알림창을 띄우는 alert(), 참과 거짓을 답변으로 묻는 형식인 confirm(), 그리고 서술형 답변을 묻는

  형식인 prompt() 예제를 구성합니다.

tip `<input>`의 속성으로 readonly는 입력 글을 읽기 전용으로 처리하며, disabled는 읽기 전용은 물론 입력 글을 서버로
전송하지 않도록 처리합니다.

코드 및 설명

```css
fieldset{ margin: 10px; }
legend{
    padding: 5px;
    background-color: ▨ lightblue;
}
```

```
input[type="txet"]{
    box-sizing: border-box;
    padding: 5px;
    width: 100%;
}
```

● 영역과 그 영역을 설명하는 범례로 구성된 <fieldset>, <legend>, <input>에 대한 CSS 스타일을 구

성합니다.

코드 및 설명

```javascript
var myAlert = document.querySelector('input');
myAlert.onclick = function(){
    alert(this.value);
}

var myConfirm = document.querySelector('button');
myConfirm.onclick = function(){
    var ans = document.querySelector('input[name="confirm"]');
    if(confirm('자바스크립트 재밌고 쉽죠?')){
        ans.value = '멋져요~~';
    }else{
        ans.value = '조금만 더 힘을 내요~';
    }
}

var myPrompt = document.querySelector('input[type="button"]');
myPrompt.onclick = function(){
    var yourname = prompt('이름을 입력하세요', '홍길동');
    var ans = document.querySelector('input[name="prompt"]');
    if (yourname == null || yourname == ''){
        ans.value = '이름을 입력하지 않았어요';
    }else{
        ans.value = yourname + ' 님 안녕하세요~';
    }
}
```

● 첫 번째는 <input>에 문자열을 입력한 후 클릭하면 입력한 글자가 알림창에 보이도록 합니다. 2번째는 버튼 클릭하면 질문에 대하여 yes, no 혹은 true, false로 답변하는 조건문을 처리하도록 합니다. 3번째는 버튼을 클릭하면 서술형 질문에 대한 답변으로 문자열을 만들도록 구성합니다.

tip 사용자에게 정보를 보여주거나, 사용자의 의도나 답변에 따라 다른 정보를 만들기 위한 용도로 사용합니다.

● <input>과 <button>을 클릭하여 alert(), confirm(), prompt()의 활용을 확인합니다.

18일째. 애니메이션

268~269쪽 ▶ 18.연습문제.html

코드 및 설명

```
<style>
#box{
    position: relative;
    height: 200px;
    background-color: ■ orange;
}
#box > div{
    position: absolute;
    top: 75px;
    left: 0;
    width: 50px;
    height: 50px;
    background-color: ■ purple;
    border-radius: 50%;
    cursor: pointer;
}
</style>

<div id="box">
    <div></div>
</div>
```

● \<div\> 2쌍을 이용하여 포함 관계를 만들고, 밖에 있는 요소에 id를 추가하여 식별할 수 있도록 합니다.

tip 부모(parent)와 자식(child) 관계로 id 값이 box라는 부모 요소 내부에 자식 요소를 구성합니다.

● id값이 box인 요소는 오렌지색의 사각형 영역으로 만들고, 그 안에 원형의 자식 요소의 위치를 설정

하기 위해서 position 속성을 relative로 설정합니다.

● 자식 요소는 position 속성을 absolute로 설정하여 부모 요소 기준으로 위치를 설정합니다.

코드 및 설명

```
var myTimeout;
var flag = false;

document.querySelector('#box > div').onclick = function(){
    this.style.left = 0;
    flag = !flag
    doMove(this);
}

function doMove(obj){
    if(flag){
        console.log(obj.style.left);
        obj.style.left = parseInt(obj.style.left) + 10 + 'px';
        myTimeout = setTimeout(doMove, 250, obj);
    }else{
        clearTimeout(myTimeout);
    }
}
```

● 선택자 querySelector()를 이용하여 보라색 원을 클릭하면 함수 doMove(this)를 호출하도록 구성

합니다.

tip this는 '#box > div'를 가리키며 클릭이 되는 보라색 원입니다.

● 변수 flag를 추가하여 보라색 원을 클릭할 때마다 true나 false 값을 변경합니다.

tip 선택할 때마다 true나 false 값을 바꿔주는 형태를 toggle 버튼이라고 합니다. 전등 스위치처럼 한번 누르면 켜지고 다시 누르면 꺼지는 형태입니다.

● flag가 true라면 현재의 left값에 10을 더하여 오른쪽으로 이동하고, setTimeout()을 재귀형태로

호출하여 계속 반복하도록 합니다.

19일째. 사용자 입력 폼

286~287쪽 ▶ 19.연습문제.html

코드 및 설명

```html
<fieldset>
    <legend>라디오 박스</legend>
    <input type="radio" name="book" id="js" value="js">
    <label for="js">자바스크립트</label>

    <input type="radio" name="book" id="python" value="py">
    <label for="python">파이썬</label>

    <input type="radio" name="book" id="scratch" value="sc">
    <label for="scratch">스크래치</label>
</fieldset>

<fieldset>
    <legend>선택 박스</legend>
    <select>
        <option value="0">::선택하세요::</option>
        <option value="js">자바스크립트</option>
        <option value="py">파이썬</option>
        <option value="sc">스크래치</option>
    </select>
</fieldset>
```

설명

● 같은 선택 목록을 갖는 <input> 라디오 박스와 <select>를 구성하고, 서로를 동기화하도록 코드를 구성합니다.

tip 라디오 박스에서 목록을 선택하면 선택 박스에 동일한 목록의 결과가 나오고, 선택 박스에서 특정 목록을 선택하면 동일한 목록의 라디오 박스가 선택되도록 구성합니다.

코드 및 설명

```css
input[type="radio"]:checked + label{
    color: ■ red;
    font-weight: bold;
}
select{ padding: 5px; }
```

408

● HTML 요소 간의 부모(parent), 자식(child), 형제자매(sibling) 관계를 이용하여 CSS 선택자로 스타일을 구성합니다.

코드 및 설명

```javascript
var books = document.querySelectorAll('input[name="book"]');
var select = document.querySelector('select');

for(var i=0; i<books.length; i++){
    books[i].onchange = function(){
        for(var j=0; j<select.options.length; j++){
            if(select.options[j].value == this.value){
                select.options[j].selected = true;
            }
        }
    }
}

select.onchange = function(){
    for(var k=0; k<books.length; k++){
        books[k].checked = false;
        if(books[k].value == this.value){
            books[k].checked = true;
        }
    }
}
```

● 라디오 박스는 각 목록을 배열로 처리하기 때문에 반복문을 이용하여 각 목록에 이벤트를 추가합니다. 선택 박스의 <option>을 배열로 처리합니다.

tip ● 라디오 박스에서 선택한 값과 선택 박스의 <option>의 값을 비교하여 해당 <option>의 나열 순서에 동기화하고 selected=true 형식으로 선택되도록 합니다.
   ● 라디오 박스의 선택은 반복문으로 값을 비교하여 checked=true 형식으로 선택되도록 합니다.

● 라디오 박스에서 목록을 선택하면 자바스크립트를 이용해서 선택 박스에서도 동일한 목록이 선택되고, 선택 박스의 목록을 선택하면 라디오 박스에서 동일한 목록이 선택됩니다.

20일째. 멀티미디어

300~301쪽 ▶ 20.연습문제.html

코 드 및 설 명

```
<canvas id="canvas"></canvas>
```

> **설명**

● 사이즈 300*150 크기로 <canvas>를 구성합니다.

코 드 및 설 명

```
canvas{
    background-color: ☐ #eee;
}
```

> **설명**

● 배경색은 CSS로 정의하여 영역을 구분합니다.

코 드 및 설 명

```
var canvas, ctx, width, height, x, y;
var dx = 6;
var dy = 5;

window.onload = function(){
    canvas = document.getElementById('canvas');
    ctx = canvas.getContext('2d');

    width = canvas.width;
    height = canvas.height;
    x = canvas.width;
    y = canvas.height;

    setInterval(move, 20);
}
```

● 웹 페이지의 로딩이 끝난 후 <canvas>에 자바스크립트로 그래픽 작업을 준비합니다. 0.02초마다 setInterval()을 이용하여 함수 move()를 실행하도록 합니다.

tip 일정한 시간 간격으로 그림을 그렸다가 지우고, 다시 이웃한 위치에서 그림을 그리는 작업을 반복하는 애니메이션 효과를 나타낼 수 있습니다.

코드 및 설명

```
function move(){
    ctx.clearRect(0, 0, width, height);
    circle(x, y, 10);

    if(x + dx > width  ||  x + dx < 0){
        dx = -dx;
    }
    if(y + dy > height  ||  y + dy < 0){
        dy = -dy;
    }

    x += dx;
    y += dy;
}
```

● clearRect()로 캔버스 영역을 지우도록 하고, circle()로 도형을 그립니다. x, y는 도형의 중심점으로 이동 거리 dx, dy에 의해 실행할 때마다 값이 변경됩니다.

tip width와 height는 캔버스의 크기이자 영역의 경계입니다. 도형(그래픽)의 중심과 값을 비교하여 캔버스의 영역을 벗어나지 않도록 이동 거리의 방향을 바꿔주도록 합니다.

코드 및 설명

```
function circle(x,y,r){
    ctx.beginPath();
    ctx.arc(x, y, r, 0, 2*Math.PI);
    ctx.fillStyle = '#336699';
    ctx.fill();
}
```

21일째. 가위바위보 게임

318~319쪽 ▶ 21.연습문제.html

코드 및 설명

```css
#arena{
    width: 480px;
    height: 360px;
    margin: 0 auto;
    background: url('image/rays.svg') no-repeat;
    background-size: cover;
}
#home{
    margin: 105px 10px;
    float: left;
}
#guest{
    margin: 105px 10px;
    float: right;
}
#control{
    width: 480px;
    margin: 20px auto 0;
    height: 30px;
    line-height: 30px;
    text-align: center;
    background-color: ■ #CBC39D;
    cursor: pointer;
}
```

● 온라인 사이트에서 여러 개의 이미지를 업로드하여 gif를 만듭니다.

http://gifmaker.me

tip ● 포토샵을 이용하여 애니메이션 gif 이미지를 만드는 방법입니다. 다음 링크를 참고하세요.
- https://goo.gl/ih9u2i(단축 링크)
- https://helpx.adobe.com/kr/photoshop/how-to/make-animated-gif.html

● 본문의 CSS를 참고하여 연습 문제의 CSS를 다음과 같이 구성합니다. 여기서는 position없이 float 만을 이용하여 화면을 배치했습니다.

코드 및 설명

```javascript
document.querySelector('#control').onclick = function(){
    if(this.firstChild.nodeValue == '시작'){ // 게임 시작
        this.firstChild.nodeValue = '종료/결과';
        this.style.backgroundColor = '#9DA5CB';
        this.style.color = 'white';

        playGame();
    }else{ // 결과 보기 및 게임 종료
        this.style.backgroundColor = '#CBC39D';
        this.firstChild.nodeValue = '시작';
        this.style.color = 'black';

        stopGame();
    }
};

function playGame(){
    document.querySelector('#home').src = 'image/dice.gif';
    document.querySelector('#guest').src ='image/dice.gif';
};

function stopGame(){
    var homeItem = Math.floor(Math.random()*6) + 1;
    var guestItem = Math.floor(Math.random()*6) + 1;

    document.querySelector('#home').src = 'image/dice-'+homeItem+'.png';
    document.querySelector('#guest').src = 'image/dice-'+guestItem+'.png';
```

```
setTimeout(function(){
    if(homeItem > guestItem){
        alert('이겼다^^');
    }else if(homeItem == guestItem){
        alert('무승부 -_-;');
    }else{
        alert('졌어요ㅠㅠ');
    }
}, 500);
};
```

설명

- [이벤트] id를 control로 하는 영역을 클릭하여 게임을 시작하고 종료하는 코드를 작성합니다. 게임을 시작할 때는 playGame()을 호출하고, 게임의 결과 보기 및 게임 종료를 할 때는 stopGame()을 호출합니다.

- [이미지 변경] <img>의 src 값을 애니메이션 gif로 변경하여 계속 이미지를 바꾸는 효과를 줍니다.

- [승패] 각각의 랜덤값을 생성하여 그 값을 <img>의 src 값으로 구성된 이미지로 변경합니다. 이후에 승패를 판정합니다.

tip 이미지의 이름은 코드의 결과를 참고해서 붙이면 효율적인 코드를 구성할 수 있습니다.

 ## 22일째. 볼 바운스 게임

336~337쪽 ▶ 22.연습문제.html

코드 및 설명

```
#parameter{
    line-height: 30px;
    padding: 10px 25px;
}
select{
    padding: 5px;
    box-sizing: border-box;
}
```

```
    }
    #space{
        margin: 0 25px 25px;
        background-image: url('image/space.jpg');
    }

    <div id="arena">
        <div id="parameter">
            장애물의 개수:
            <select id="barrierNum">
                <option value="0" selected>0</option>
                <option value="1">1</option>
                <option value="2">2</option>
                <option value="3">3</option>
            </select>
        </div>
        <canvas id="space" width="400" height="400"></canvas>
    </div>
```

설명

● [선택 박스 메뉴 생성] id="parameter"를 갖는 <div> 태그와 id="barrierNum"를 갖는 <select>와

<option> 태그를 이용하여 선택 박스 메뉴를 구성합니다.

tip 선택 박스 메뉴 영역으로 인해 게임 영역을 마진(margin)으로 조정합니다.

코드 및 설명

```
function barrier(x,y){
    this.x = x;
    this.y = y;
    this.barWidth = 50;
    this.barHeight = 3;
    this.barColor = 'yellow';
    // 블록 객체에 사각형을 만드는 메소드 생성
    this.draw = function(){
        context.fillStyle = this.barColor;
        context.fillRect(this.x,this.y,this.barWidth,this.barHeight);
    };
    // 벽에 충돌을 감지하기
    this.bounceCheck = function(ball){
        if( ball.x >= (this.x) &&
            ball.x <= (this.x+this.barWidth) &&
```

```
            ball.y >= (this.y) &&
            ball.y <= (this.y+this.barHeight)){
            ball.yspeed = - ball.yspeed;
        }
    };
}
```

설명

● [barrier 객체] barrier 객체 생성자는 bar 객체와 같으며, move()는 제외합니다.

tip barrier의 생성 위치를 설정하기 위해 위치 정보를 파라미터로 받아들여 해당 위치에 barrier를 그립니다.

코드 및 설명

```
function barrierGen(barrierArray, barrierNum){
    var locationW = canvasW-bar.barWidth;
    var locationH = bar.y - 100;
    var barrierX, barrierY;

    for( var i =0; i < barrierNum; i++){
        barrierX = Math.floor(Math.random() * locationW);
        barrierY = Math.floor(Math.random() * locationH);
        barrierArray[i] = new barrier(barrierX, barrierY);
    }
}
```

설명

● [barrierGen()] barrierGen()는 barrierNum 개수만큼 임의의 위치(barrierX, barrierY)에 barrier
를 생성하여 barrierArray에 저장합니다.

tip • [barrier 생성 위치] 임의의 위치에 생성하면 barrier가 잘리는 경우가 있으므로, barrier의 생성 범위 안에서만 생성
되도록 프로그램을 구성합니다.
  • [barrier 생성 좌표] barrier 객체의 x좌표는 0~locationW (canvasW~bar. barWidth (bar와 같은 크기)) 범위 안에서 생성
됩니다. barrier 객체의 y좌표는 0 ~ locationH (bar.y ~ 100) 범위 안에서 생성됩니다. 여기서 100은 bar와의 거리를 위
해서 설정합니다. 100보다 작으면, ball이 barrier를 맞고 바로 아래로 떨어지기 때문에 난이도가 높아집니다.

<barrier객체 생성 범위>

코드 및 설명

```
// barWall 3개 생성
var barrierId = document.getElementById('barrierNum');
var barrierIdx = barrierId.selectedIndex;
var barrierNum = barrierId.options[barrierIdx].value;
var barrierArray = new Array();
barrierGen(barrierArray, barrierNum);
```

설명

● [palyGame()] barrierNum 값은 선택 박스 메뉴로 설정되며, 해당 개수만큼 barrierGen()을 호출하

여 barrier 객체를 생성합니다.

tip ● [barrierNum] <select>의 id('barrierNum')를 이용하여 선택된 값을 barrierNum 변수에 저장합니다.

● [<option>의 배열 처리] <option>은 여러 개로 구성되기 때문에 options[]라는 배열로 접근하여 선택된 값을 가져
옵니다.

23일째. 보물찾기 게임

348~349쪽 ▶ 23.연습문제.html

코드 및 설명

```html
<div id="arena">
    <div id="treasureType">
        보물 종류 :
        <label>
            <input type="radio" name="treasureSel" value="image/treasure1.png" checked>
            <img src="image/treasure1.png" alt="treasure1">
        </label>
        <label>
            <input type="radio" name="treasureSel" value="image/treasure2.png">
            <img src="image/treasure2.png" alt="treasure2">
        </label>
        <label>
            <input type="radio" name="treasureSel" value="image/treasure3.png">
            <img src="image/treasure3.png" alt="treasure3">
        </label>
        <label>
            <input type="radio" name="treasureSel" value="image/treasure4.png">
            <img src="image/treasure4.png" alt="treasure4">
        </label>
    </div>
    <canvas id="space" width="620" height="420"></canvas>
</div>
```

```css
#treasureType{
    line-height: 30px;
    padding: 10px 30px;
}
#treasureType img{
    width: 30px;
    height: 30px;
}
#space{
    margin: 0 30px 30px;
    background-image: url('image/treasuremap.png');
}
```

● [CSS/HTML] 라디오 버튼 메뉴는 CSS의 margin 속성을 이용하여 상단에 위치하도록 하고, <input>와 <img>를 이용하여 구성합니다.

코드 및 설명

```
function treasureSelection(){
    var treasurePath = null;
    var treasureSel = document.getElementsByName("treasureSel");
    for(var i = 0; i < treasureSel.length; i++){
        if(treasureSel[i].checked == true)
            treasurePath = treasureSel[i].value;
    }
    return treasurePath;
}
```

● [treasureSelection()] 라디오 버튼의 name 속성값은 document.getElementsByName()로 체크된 라디오 버튼의 값을 가져옵니다.

tip ● document.getElementsByName("treasureSel")은 name 속성값이 'treasureSel'인 라디오 버튼들의 값을 가져오기 때문에 배열을 이용하여 반환값을 처리합니다.
● treasureSel[i].checked가 true라면 treasureSel[i]를 선택했다는 의미로 해당 treasureSel[i].value가 이미지의 경로값이 됩니다.

코드 및 설명

```
function drawTreasure(posX,posY){
    var treasure = new Image();
    treasure.src = treasureSelection();
    treasure.onload = function(){
        context.drawImage(treasure,posX,posY,treasureW,treasureH);
    }
}
```

● [drawTreasure()] treasureSelection()의 반환값은 라디오 버튼에서 선택된 이미지의 경로를 나타냅니다. 이 값을 treasure.src의 값으로 설정하여 선택된 이미지를 출력합니다.

24일째. 낚시 게임

코드 및 설명

```
<div id="arena">
    <div id="fishNum">
        숨겨진 물고기의 개수 설정 :
        <select id="fishNumId">
            <option value="">::선택::</option>
            <option value="3" selected="selected">3</option>
            <option value="5">5</option>
            <option value="7">7</option>
        </select>
    </div>
    <canvas id="space" width="840" height="560"></canvas>
</div>

#fishNum{
    line-height: 30px;
    padding: 10px 25px;
}
select{
    padding: 5px;
    box-sizing: border-box;
}
#space{
    margin: 0 25px 25px;
    background-image: url('image/sea.png');
}
```

> **설명**

- [HTML/CSS 수정] 선택 박스의 메뉴는 CSS의 margin 속성을 이용하여 상단에 위치하도록 설정하고, <select>와 <option>을 이용하여 선택 박스 메뉴를 구성합니다.

  tip <select>에 id="fishNumId"를 설정하여 선택된 <option>의 값에 접근합니다. selected 옵션은 디폴트로 설정된 값을 의미합니다.

```
this.fishPath = ['image/fish1.png', 'image/fish2.png',
                 'image/fish3.png', 'image/fish4.png',];
// 임의의 물고기 종류 선택
this fishIndex = Math.floor(Math.random() * this.fishPath.length);
```

설명

- [Fish 객체] Fish에 바다 생물 이미지 경로를 저장하기 위해서 fishPath 배열을 선언하고, 각 이미지 에 대한 경로를 설정합니다.

- [init()] fishPath 배열에서 임의의 물고기를 선택하기 위해서 랜덤으로 인덱스를 생성하여 fishIndex 에 저장합니다.

tip 물고기 종류의 개수(fishPath.length)를 이용하여 랜덤으로 물고기의 인덱스를 생성합니다.

```
// 선택된 인덱스에 따른 물고기 종류를 src에 저장
fish.src = this.fishPath[this.fishIndex];
```

설명

- [drawFish()] fishIndex를 이용하여 fishPath에 있는 해당 물고기 이미지의 경로를 fish.src에 설정 합니다.

```
// 선택 박스 메뉴에 의해서 물고기의 개수 설정
function fishNumSelection(){
    var fishNumId = document.getElementById('fishNumId');
    var fishNumIndex = fishNumId.selectedIndex;
    fishNum = fishNumId.options[fishNumIndex].value;
    console.log(fishNum);
}
```

코드 및 설명

```
if(clickCount == 0){
    context.clearRect(0,0,canvasW,canvasH);
    fishNumSelection();
```

설명

● [findFish()] fishNum(숨겨진 바다 생물의 개수)를 설정하기 위해 fishNumSelection()를 호출합니다.

25일째. 강아지 똥 피하기 게임

382~383쪽 ▶ 25.연습문제.html/ dong_example.js/ dog_example.js

코드 및 설명

```
dogImage: 'image/dogRight.png',
```

설명

● [Dog 객체: dogImage 속성] Dog의 이미지 변경을 위해서 이미지 위치의 경로와 파일 이름을 저장
하는 속성을 추가합니다.

코드 및 설명

```
draw: function(){
    var dog = new Image();
    dog.src = this.dogImage;
    context.drawImage(dog,this.x,this.y,this.dogW,this.dogH);
}
```

● [Dog 객체: draw()] 이미지 객체의 소스(src) 속성에 this.dogImage를 설정하여 Dog의 출력 이미지를 변경합니다.

코드 및 설명

```
if(direction == 'right'){
   this.x = this.x+this.moveSpace;
   if(this.x > canvasW-this.dogW)
      this.x = canvasW-this.dogW;
   this.dogImage = 'image/dogRight.png';
}

if(direction == 'left'){
   this.x = this.x-this.moveSpace;
   if(this.x < 0)
      this.x = 0;
   this.dogImage = 'image/dogLeft.png';
}
```

● [Dog 객체: move()] this.dogImage 속성에 [image/dogRight.png]와 [image/dogLeft.png]를 설정하여 방향키(←, →)를 눌렀을 때, draw()에서 변경된 이미지가 출력되도록 합니다.

코드 및 설명

```
this.dongImage = 0;
this.draw = function(){
   var dong = new Image();
   if(this.dongImage == 0)
      dong.src = 'image/dong.png';
   else
      dong.src = 'image/dongFast.png';

   context.drawImage(dong,this.x,this.y,this.dongW,this.dongH);
}
```

● [Dong 객체: this.draw()] Dong의 객체 정의에 dongImage 속성을 추가하고, this.dongImage=0 이면 dong.png를 this.dongImage=1 이면 dongFast.png를 출력하도록 설정합니다.

코드 및 설명

```
this.dongImageSel = function(selNum){
    this.dongImage = selNum;
}
```

● [Dong 객체: this.dongImageSel()] Dong 객체에 dongImage 속성을 설정하기 위해 해당 메소드를 추가합니다.

코드 및 설명

```
this.checkCollision = 0;
this.checkCollision = function(dog){
    // Dog와의 충돌
    var centerX = this.x+this.dongW/2;
    var centerY = this.y+this.dongH/2;
    var collideRange = 10;

    if(centerX >= (dog.x-collideRange) &&
       centerX <= (dog.x+dog.dogW+collideRange) &&
       centerY >= (dog.y-collideRange) &&
       centerY <= (dog.y+dog.dogH+collideRange))
    {
        if(this.dongImage == 0)
            gameOver();
        else // if(this.dongImage == 1)
            this.collideCheck = 1;
    }

    // 바닥과의 충돌
    if(centerY > 450){
        this.x = Math.floor(Math.random() * (canvasW-this.dongW));
        this.y = Math.floor(Math.random() * canvasH/3);
        score++;
```

```
            // Dong의 이미지가 1이고, Dog와 충돌하면,
            if(this.dongImage == 1 && this.collideCheck == 1)
            {
                this.dongImage = 0; // Dong 모양을 0 --> 1 바꿈
                this.yspeed += 1; // 속도 1 증가
            }
        }
    }
```

설명

◉ [Dong 객체: this.checkCollision()] this.checkCollision 변수 생성 및 초깃값은 0으로 설정합니다.

> **tip** • [충돌된 Dong 이미지] Dong이 Dog와 충돌할 때, Dong의 이미지가 dong.png (this. dongImage=0)이면 게임을 종료
>   하고, dongFast.png(this.dongImage=1)이면 this.checkCollision 값을 1로 설정합니다.
>   • [Dong 이미지 변경] this.collideCheck가 1이고 dongImage가 1이면 dongImage를 0으로 설정하여 Dong 이미지
>   를 dong.png로 변경합니다. 그리고 yspeed를 1만큼 더하여 속도를 2배로 증가시킵니다.

코드 및 설명

```
for(var i =0;  i < dongNum; i++){
    dong[i] = new Dong();
    // 임의의 Dong 이미지 선택
    var num = Math.floor(Math.random() * 2);
    dong[i].dongImageSel(num);
}
```

설명

◉ [playGame()] Dong 생성 시 초기의 Dong 이미지를 설정하기 위해 0과 1사이에 임의의 수를 생성
하고 dongImageSel()로 dongImage를 설정합니다. num=0이면, dongImage 속성은 0(dong.
png)이 설정되며 num=1이면, dongImage 속성은 1(dongFast.png)이 설정됩니다.

HTML 태그

1. 루트(root) 및 기타 요소

태그 이름	설명
<!DOCTYPE>	문서의 타입을 정의합니다. 예 HTML5
<html>	HTML 문서의 시작을 정의합니다.
<head>	문서의 정보를 정의합니다.
<body>	문서의 내용(body)을 정의합니다.
<!-- ... -->	주석(comment)을 정의합니다.

2. head 요소

태그 이름	설명
<meta>	HTML 문서의 메타데이터(metadata)를 정의합니다. 메타데이터는 데이터를 위한 데이터로, 데이터 또는 문서의 형태나 분류 등을 정의합니다.
<base>	문서의 모든 상대 경로에 대한 기반 URL이나 타깃(target)을 정의합니다.
<link>	문서와 외부 리소스와의 관계를 정의합니다. 보통 외부 리소스는 CSS 파일입니다.
<title>	문서의 제목을 정의합니다.
<style>	문서에 대한 CSS를 정의합니다.
<script>	문서에 대한 자바스크립트를 정의합니다. <script>는 <head>나 <body> 안에 모두 사용 가능합니다.

3. 콘텐츠 영역

태그 이름	설명
<address>	문서의 저자나 소유자의 연락처 정보를 정의합니다.
<article>	아티클(article) 영역을 정의합니다.
<aside>	문서의 콘텐츠 외의 내용을 정의합니다.
<footer>	문서나 영역의 꼬리말 영역을 정의합니다.
<header>	문서나 영역의 머리말 영역을 정의합니다.
<h1>~<h6>	heading의 약자로, 내용(body)의 제목 부분을 정의합니다.
<main>	문서의 메인 콘텐츠를 정의합니다.
<nav>	메뉴 영역의 내비게이션 영역에서 링크를 정의합니다.
<section>	문서의 콘텐츠 영역을 정의합니다.

 ## 4. 텍스트 콘텐츠

태그 이름	설명
<blockquote>	격언이나 속담 등의 인용문을 표현하는 영역을 정의합니다.
<dl>	설명글(description list)을 목록화합니다.
<dt>	<dl> 자식 요소로 용어 이름을 정의합니다.
<dd>	<dl> 자식 요소로 용어에 대한 설명을 정의합니다.
<div>	블록 요소의 기본 형태로, 내용(body) 영역을 정의합니다.
<figure>	보통 이미지 영역을 정의합니다.
<figcaption>	<figure> 자식 요소로 <figure> 콘텐츠의 설명이나 제목을 표현합니다.
<hr>	콘텐츠에서 주제를 바꿀 때 사용하는 구분자 역할을 합니다.
<ol>	ordered list의 약자로 순서화된 목록을 정의합니다.

<ul>	unordered list의 약자로, 순서화되지 않은 목록을 정의합니다.
<li>	<ol> 또는 <ul>의 자식 요소로 목록 내용을 기술합니다.
<main>	문서의 메인 콘텐츠를 정의합니다.
<p>	콘텐츠의 단락(paragraph)을 정의합니다.
<pre>	preformatted text의 약자로, 표현한 형태대로 화면에 출력합니다.

 ## 5. 텍스트 의미 요소

태그 이름	설명
<a>	문서의 이동(hyperlink)을 정의합니다.
<abbr>	용어의 축약어(약어)를 정의합니다.

	줄을 바꿔 다음 줄에서 시작합니다.
<del>	문서에서 지워진 텍스트를 정의합니다.
<em>	글자(text)를 강조합니다. 이탤릭체처럼 기울임 형태로 표현합니다.
<i>	대체 음성에서 텍스트 부분을 정의합니다.
<ins>	문서에 삽입된 텍스트를 정의합니다.
<kdb>	키보드의 입력을 정의합니다.
<mark>	주목받는 텍스트를 정의합니다.
<q>	짧은 인용구를 정의합니다.
<s>	문법에 어긋나거나 올바르지 않은 텍스트를 정의합니다.
<small>	한 단계 작은 폰트 크기의 텍스트를 정의합니다.
<span>	내용(body) 영역을 정의합니다. 인라인 요소의 기본 형태입니다.
<strong>	중요한 글자로 표현합니다. 굵은(bold) 글씨체 형태로 표현합니다.
<sub>	아래 첨자를 정의합니다.
<sup>	위 첨자를 정의합니다.
<time>	시간이나 날짜를 정의합니다.

태그 이름	설명
<u>	텍스트에 밑줄을 표시하여 주목을 받도록 표현합니다.

6. 멀티미디어 요소

태그 이름	설명
<area>	이미지 맵의 영역 내부를 정의합니다.
<audio>	사운드를 정의합니다.
<img>	이미지를 정의합니다.
<map>	이미지 맵을 정의합니다.
<video>	동영상을 정의합니다.

7. 임베디드 콘텐츠

태그 이름	설명
<embed>	외부 애플리케이션을 연결하는 컨테이너를 정의합니다.
<iframe>	문서 내의 프레임을 정의합니다.
<object>	임베디드 객체를 정의합니다.
<param>	<object>의 자식 요소로 파라미터를 정의합니다.
<picture>	여러 개의 이미지를 위한 컨테이너를 정의합니다.
<source>	<video> 또는 <audio>의 자식 요소로 여러 개의 미디어 정보를 정의합니다.
<canvas>	자바스크립트를 이용해 그래픽을 그리는 영역을 정의합니다. <canvas>는 임베디드 콘텐츠가 아니지만 여기에 포함합니다.

8. 테이블 콘텐츠

태그 이름	설명
<caption>	테이블의 제목이나 설명을 정의합니다.
<col>	<colgroup>의 자식 요소로 각 열(column)에 대한 속성을 정의합니다.
<colgroup>	테이블의 정렬을 위해 다수의 열(column)을 그룹화합니다.
<table>	테이블을 정의합니다.
<tbody>	테이블의 보디(body) 콘텐츠를 그룹화합니다.
<td>	테이블의 셀(cell)을 정의합니다.
<tfoot>	테이블의 푸터(footer) 콘텐츠를 그룹화합니다.
<th>	테이블의 헤더 셀(cell)을 정의합니다.
<thead>	테이블의 헤더(header) 콘텐츠를 그룹화합니다.
<tr>	테이블의 행(row)을 정의합니다.

 9. 사용자 폼

태그 이름	설명
<button>	클릭 가능한 버튼을 정의합니다.
<datalist>	입력값(input)을 제어하기 위해 미리 정의된 옵션값 목록을 정의합니다.
<fieldset>	폼(form)에서 관련 있는 요소를 그룹으로 표현합니다.
<form>	사용자의 입력을 위한 HTML 폼을 정의합니다.
<input>	입력폼의 제어를 정의합니다.
<label>	<input> 요소에 대한 레이블을 정의합니다.
<legend>	<fieldset>의 자식 요소로 영역의 제목이나 설명을 정의합니다.
<optgroup>	선택 박스(select)에서 관련 있는 옵션(option)을 그룹화합니다.

<option>	선택 박스(select)에서 옵션(option)을 정의합니다.
<progress>	일의 진척을 표현합니다.
<select>	선택 박스(드롭다운 리스트)를 정의합니다.
<textarea>	문자열의 여러 줄 입력을 정의합니다.

flex-shrink	플렉스 컨테이너의 공간에 상대적으로 축소할 크기를 설정합니다.
flex-wrap	아이템이 플렉스 컨테이너의 영역보다 커질 때 보이는 형태를 설정합니다.
justify-content	아이템이 플렉스 컨테이너의 공간보다 작을 때 정렬하는 방법을 설정합니다.
order	아이템의 정렬 순서를 설정합니다.

4. 포지셔닝(Positioning)

속성 이름	설명
bottom	부모 요소의 아래쪽으로부터의 위치를 설정합니다.
left	부모 요소의 왼쪽으로부터의 위치를 설정합니다.
position	요소를 위치시키는 방법을 설정합니다.
right	부모 요소의 오른쪽으로부터의 위치를 설정합니다.
top	부모 요소의 위쪽으로부터의 위치를 설정합니다.
z-index	포지션 된 요소의 가상 쌓기 구조(stack)에서 순서를 정의합니다.

5. 타이포그래피(Typography)

속성 이름	설명
color	텍스트의 색깔을 설정합니다.
font-family	텍스트에 대한 폰트 이름을 정의합니다.
font-size	텍스트에 대한 폰트 크기를 설정합니다.
font-style	텍스트에 대한 폰트 스타일을 설정합니다.

font-weight	폰트의 굵기를 설정합니다.
font	폰트 선언의 축약형입니다.
letter-spacing	텍스트에서 문자의 간격을 늘이거나 줄입니다.
line-height	행간의 높이를 설정합니다.
text-align	텍스트의 정렬을 설정합니다.
text-decoration	텍스트에 추가 꾸미기를 정의합니다.
text-indent	텍스트 블록의 첫 번째 줄에서 들여쓰기를 설정합니다.
text-overflow	텍스트가 영역을 넘쳐 표현될 때를 설정합니다.
text-shadow	텍스트에 그림자 효과를 추가합니다.
white-space	요소 안의 여백이 어떻게 보일지 설정합니다.
word-break	텍스트가 요소의 영역 끝에 왔을 때 줄 바꿈 여부를 설정합니다.
word-spacing	텍스트에서 단어의 간격을 늘이거나 줄입니다.

자바스크립트 핵심 정리

 ## 1. 배열(Array) 메소드

메소드	설명
concat()	2개 이상의 배열(array)을 결합합니다.
indexOf()	배열에서 특정 원소를 찾아서 위치를 리턴합니다.
join()	배열의 모든 원소를 결합하여 문자열로 출력합니다.
lastIndexOf()	배열에서 특정 원소를 뒤에서부터 찾아서 위치를 리턴합니다.
pop()	배열의 마지막 원소를 제거하고, 해당하는 원소를 리턴합니다.
push()	배열의 마지막에 새로운 원소를 추가하고, 새로운 배열의 길이를 리턴합니다.
reverse()	배열 원소의 순서를 거꾸로 정렬합니다.
shift()	배열의 첫 번째 원소를 제거하고, 해당하는 원소를 리턴합니다.
slice()	배열의 일부분을 선택하고, 선택한 원소를 리턴합니다.
sort()	배열의 원소를 정렬합니다.
splice()	배열에서 원소를 추가하거나 삭제합니다.
toString()	배열을 문자열로 변환하고, 그 결과를 리턴합니다.
unshift()	배열의 앞쪽에 새로운 원소를 추가하고, 새로운 배열의 길이를 리턴합니다.
valueOf()	배열의 초깃값을 리턴합니다.

2. 문자열(String) 메소드

메소드	설명
charAt()	특정 위치(인덱스)에 있는 문자를 리턴합니다.
charCodeAt()	특정 위치에 있는 문자의 유니코드(unicode)를 리턴합니다.
concat()	2개 이상의 문자열을 결합하고, 새롭게 결합된 문자열을 리턴합니다.
fromCharCode()	유니코드 값을 문자로 변환합니다.
indexOf()	문자열에서 특정 값이 발견되는 최초의 위치를 리턴합니다.
lastIndexOf()	문자열에서 특정 값이 발견되는 마지막 위치를 리턴합니다.
match()	정규 표현 형식으로 최초의 매칭 문자를 검색하고, 그 값을 리턴합니다.
replace()	문자열에서 특정 값을 찾아 새로운 값으로 교체합니다.
search()	문자열에서 특정 값을 찾아 그 위치를 리턴합니다.
slice()	문자열 일부를 추출하고, 추출된 값을 리턴합니다.
split()	문자열을 특정 조건으로 분리하여 문자열의 배열로 리턴합니다.
substr()	특정 위치에서 특정한 길이의 문자를 추출합니다.
substring()	특정 시작 위치와 특정 끝 위치 사이의 문자를 추출합니다.
toLowerCase()	문자열을 소문자로 변환합니다.
toUpperCase()	문자열을 대문자로 변환합니다.
valueOf()	문자열의 처음 값을 리턴합니다.

 ## 3. 윈도우(Window) 메소드

메소드	설명
alert()	특정 메시지의 경고창을 표출합니다.
blur()	현재 윈도우에서 포커스를 제거합니다.

clearInterval()	setInterval()에서 설정한 타이머를 해제합니다.
clearTimeout()	setTimeout()에서 설정한 타이머를 해제합니다.
close()	현재 윈도우를 닫습니다.
confirm()	특정 메시지의 질문을 확인/취소 버튼 형태로 선택하는 창을 표출합니다.
focus()	현재의 윈도우를 포커스 합니다.
moveBy()	현재 위치에서 윈도우를 상대적으로 이동합니다.
moveTo()	특정 위치로 윈도우를 이동합니다.
open()	새로운 브라우저 윈도우를 오픈합니다.
print()	현재 윈도우의 콘텐츠를 프린트합니다.
prompt()	서술형 입력창을 표출합니다.
resizeBy()	현재의 크기에서 특정 값만큼 계산하여 윈도우 크기를 재설정합니다.
resizeTo()	특정 크기로 윈도우 크기를 재설정합니다.
scrollBy()	특정 값만큼 문서를 스크롤합니다.
scrollTo()	특정 위치의 좌표로 문서를 스크롤합니다.
setInterval()	특정 간격의 주기로 함수를 호출합니다.
setTimeout()	특정 시간 후에 함수를 호출합니다.

 4. DOM 메소드

메소드	설명
addEventListener()	특정 원소에 이벤트 핸들러를 추가합니다.
appendChild()	마지막 자식 노드에 새로운 요소를 추가합니다.
cloneNode()	원소를 복제합니다.
createAttribute()	속성(어트리뷰트) 노드를 생성합니다.
createElement()	원소 노드를 생성합니다.
createTextNode()	텍스트 노드를 생성합니다.

getAttribute()	특정 속성(어트리뷰트)의 값을 리턴합니다.
getElementById()	특정 값을 갖는 ID 속성의 원소를 리턴합니다.
getElementsByTagName()	특정 값을 갖는 태그 이름의 원소를 리턴합니다.
getElementsByClassName()	특정 값을 갖는 클래스 속성의 원소를 리턴합니다.
hasAttribute()	특정 속성의 존재 여부를 True/False로 리턴합니다.
hasChildNodes()	특정 자식 노드의 존재 여부를 True/False로 리턴합니다.
insertBefore()	특정 자식 노드 앞쪽에 새로운 자식 노드를 삽입합니다.
querySelector()	특정한 CSS 선택자를 만족하는 첫 번째 요소를 리턴합니다.
querySelectorAll()	특정한 CSS 선택자를 만족하는 모든 요소를 리턴합니다.
removeAttribute()	원소에서 특정한 속성(어트리뷰트)을 제거합니다.
removeChild()	원소에서 자식 노드를 제거합니다.
replaceChild()	원소에서 자식 노드를 교체합니다.
setAttribute()	특정 속성(어트리뷰트)을 특정 값으로 설정하거나 변경합니다.

웹 서버(Web Server) 만들기

◉ 설치할 컴퓨터의 시스템 종류를 확인하기 위해 **[제어판 > 시스템]**을 확인합니다.

32비트인지 64비트인지를 확인해 주세요.

◉ 아파치 라운지(Apache Lounge) 사이트에 접속한 후, 왼쪽의 **[다운로드]** 메뉴를 클릭하여 서버를 다운로드(downloads)할 수 있는 페이지로 이동합니다.

> **tip** ● 서버: [Apache 2.4.47]
> https://www.apachelounge.com
> ● 서버 동작 환경: [Microsoft Visual C++ 재배포 가능 패키지]
> https://support.microsoft.com/ko-kr/help/2977003/the-latest-supported-visual-c-downloads

◉ 아파치 웹 서버를 설치하기 전에 웹 서버의 동작 환경(런타임)을 먼저 구성합니다.

VS16은 비주얼(visual) C++의 현재 최신 버전입니다.

tip ●비주얼 C++ 런타임 환경을 시스템 종류에 맞게 다운로드합니다. 64비트는 'vc_redist_x64', 32비트는 'vc_redist_x32'
를 다운로드합니다.

    ●아파치 웹 서버(Apache 2.4.47 Win64/32)를 시스템 종류에 맞게 다운로드합니다.

◉ 비주얼 C++ 런타임 환경을 먼저 설치합니다.

tip 소프트웨어 사용권 계약서를 읽어 보고, 이에 대한 동의를 체크한 다음 [설치] 버튼을 눌러 설치합니다.

◉ 아파치 웹 서버를 설치하고자 하는 위치로 옮긴 후, 압축 파일을 풉니다.

tip 예제에서는 [C:_server] 폴더를 만들고, 그 아래에 '반디집'이라는 무료 압축 프로그램을 이용하여 마우스 오른쪽 버튼
을 눌러 '여기에 풀기'를 합니다.

● 아파치 웹 서버의 압축을 풀고 난 후의 폴더 모습입니다. [Apache24] 폴더와 2개의 설명 파일이 있습니다.

● [Apache24] 폴더를 클릭하여 그 안으로 들어갑니다. 폴더의 위치를 확인하세요.

● [Apache24] 폴더 속에 [conf]라는 폴더 안으로 들어온 상태입니다. [conf] 폴더는 웹 서버의 환경 설정(configuration)을 위한 설정 파일(httpd.conf)이 있는 곳입니다. 여기의 파일을 우리의 설치 환경에 맞게 수정할 것입니다.

● [httpd.conf] 파일을 비주얼 스튜디오 코드에서 파일을 열고 줄 번호 37번으로 이동합니다. 아파치 웹 서버 설치 파일이 있는 위치를 나타냅니다.

```
36    #
37    Define SRVROOT "C:/_server/Apache24"
38
39    ServerRoot "${SRVROOT}"
40
```

tip [SRVROOT]는 아파치 웹 서버의 설치 파일이 있는 최상위 위치입니다. 우리는 'C:/_server/Apache24'로 위치를 수정하고, 윈도우의 역슬래시(₩)를 슬래시(/)로 바꿔서 표기합니다. 수정을 모두 마쳤으면 저장합니다.

● 윈도우의 시작 버튼을 눌러 윈도우 시스템을 찾아 관리자 권한으로 '명령 프롬프트'를 실행합니다.

tip [명령 프롬프트]를 관리자 권한으로 실행시켜야 하므로 이미지를 확인하여 해당 메뉴를 클릭합니다.

● 명령 프롬프트에서 아파치 웹 서버의 실행 폴더로 이동합니다. 'cd C:₩_server₩Apache24₩bin'을 입력한 후 Enter↵를 눌러 이동합니다. 이동한 후 'httpd.exe -k install'을 입력한 후 Enter↵를 눌러 아파치 웹 서버를 윈도우의 서비스로 등록합니다.

tip cd는 'change directory'의 의미로, 현재 디렉터리 위치를 변경하는 명령어입니다. 명령 프롬프트의 모든 글은 대소문자를 정확히 구별하여야 합니다.

● 'httpd.exe -k install'을 입력한 후 Enter↵를 누르면 '설치 성공 안내'가 나옵니다.

tip 윈도우 서비스에 등록하면 컴퓨터가 부팅될 때 자동으로 아파치 웹 서버를 실행합니다.

● [제어판 > 관리 도구 > 서비스]로 이동하면, 이미지와 같이 우리가 설치한 Apache2.4가 서비스로 등록된 것을 확인할 수 있습니다.

tip 상태 탭을 보면 아직 실행되지 않았습니다. 다음에서 아파치 웹 서버를 실행시킵니다.

● 파일 탐색기로 'C:_server\Apache24\bin'으로 이동한 후, 'ApacheMonitor.exe'를 마우스로 클릭합니다. 그다음 모니터의 오른쪽 맨 아래에 있는 트레이(tray)를 눌러 보면 아파치 웹 서버 실행 아이콘이 있습니다.

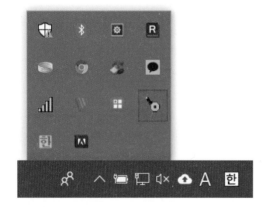

● 트레이에 있는 아파치 웹 서버 실행 아이콘을 마우스의 왼쪽 버튼으로 클릭한 후 나오는 메뉴 위에 마우스를 올리면 서버의 실행 메뉴가 나옵니다. 거기서 [start]를 클릭하여 아파치 웹 서버를 실행시킵니다.

● 실행 후 이미지와 같이 초록색 삼각형이 보이면 서버가 잘 실행된 것입니다.

● 우리가 작업한 예제 파일을 웹 서버에서 확인하기 위해 파일을 'C:₩_server₩Apache24₩htdocs'에 가져다 놓습니다. 이곳이 웹 서버의 파일 창고로 여기에 보관한 파일을 클라이언트로 보내주게 됩니다.

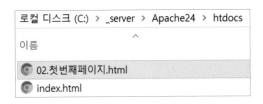

● 먼저 브라우저로 아파치 웹 서버가 설치될 때 기본으로 설치된 파일(index.html)을 브라우저에서 확인합니다. 브라우저의 주소창에 'http://localhost'를 입력하고 Enter↵ 를 눌러 확인합니다.

브라우저에 다음과 같이 나왔다면 서버가 잘 설치된 것입니다.

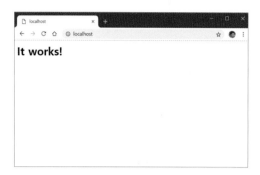

● htdocs에 복사한 파일을 브라우저에서 확인합니다. 'http://localhost/02.첫번째페이지.html'을 브라우저 주소창에 입력한 후 Enter↵ 를 눌러 확인합니다.

tip korea.co.kr'과 같은 도메인 주소가 있다면 localhost 대신 도메인 주소를 연결할 수 있습니다.

MEMO

MEMO